智能交通系统及应用

张俊友　王树凤　谭德荣　编著

哈尔滨工业大学出版社

内容简介

本书系统全面地介绍了智能交通系统(ITS)的基本概念、基础理论、支撑技术与解决交通问题的科学方法,重点介绍了ITS各系统的应用,并从应用的角度介绍了该系统的技术、原理及系统组成等。本书注重理论与实践相结合的方法,从交通研究与工程实施的角度培养本科生、研究生的理论学习能力,拓展学生的视野,根据工程需要指导实践。内容体系包括:智能交通的研究体系框架与发展、技术基础、交通规划与管理、交通管控平台、交通信息服务系统、先进的公共交通系统、先进的车辆控制系统、商用车辆管理监控调度系统、ITS系统的典型等。

本书紧跟社会需求与市场发展,案例丰富、深入浅出,可作为高等院校交通工程、交通运输等本科专业,交通运输系统规划与管理、交通信息工程及控制等学科的研究生教材或教学参考书,也可以作为从事交通规划、交通管理等有关的政府决策者、工程技术人员的参考书。

图书在版编目(CIP)数据

智能交通系统及应用/张俊友,王树凤,谭德荣编著.—哈尔滨:哈尔滨工业大学出版社,2017.7(2025.3 重印)
ISBN 978-7-5603-6565-7

Ⅰ.①智… Ⅱ.①张…②王…③谭… Ⅲ.①交通运输管理-智能系统-研究 Ⅳ.①U495

中国版本图书馆 CIP 数据核字(2017)第 061833 号

策划编辑	闻 竹
责任编辑	王晓丹
封面设计	北京图言文化传播有限公司
出版发行	哈尔滨工业大学出版社
社　　址	哈尔滨市南岗区复华四道街10号 邮编150006
传　　真	0451-86414749
网　　址	http://hitpress.hit.edu.cn
印　　刷	哈尔滨圣铂印刷有限公司
开　　本	787mm×1092mm 1/16 印张19 字数435千字
版　　次	2017年7月第1版 2025年3月第3次印刷
书　　号	ISBN 978-7-5603-6565-7
定　　价	42.00元

(如因印装质量问题影响阅读,我社负责调换)

前　言

随着计算机技术、信息技术、人工智能、通信、移动互联网等技术的发展,智能交通系统(ITS)的理论研究、技术开发及市场应用进入发展的快车道,基于"互联网+"的ITS应用逐渐走进了人们的生活。在交通工程与交通运输等本科专业,交通运输系统规划与管理、交通信息工程及控制等学科的研究生教学中,选用教材的标准是以广博的理论为基础,在技术基础、系统应用等方面与实际应用相结合,注重理论与实践的统一。因此,在山东理工大学研究生院的资助下,展开了本书的编著工作。

交通系统涉及的内容点多面广,包括政府的发展和改革委员会、国土资源、规划、城乡建设、交通运输、公路、交通警察等管理部门,公共交通、地铁、交通运输集团、铁路、航空等不同交通方式的建设与运营单位。ITS的建设与应用是协调出行、服务、管理的主客关系,平衡交通出行的服务规划、建设、运行、管理与需求,保证交通出行的畅通、安全、效率的基本目标,实现交通系统的可持续发展。本书从不同角度以点带面介绍ITS的系统集成、应用建设,为读者按照分析抽象问题、研究系统应用以解决问题的思维方式展示ITS。ITS应对交通问题的基本理念是利用信息技术科学管理、疏导交通出行,缓解交通拥堵,提高交通系统的舒适、安全和效率,ITS的理念、方法在交通相关学科的本科生和研究生培养体系中至关重要。

在为交通行业管理、建设单位提供咨询服务从业多年的基础上,作者深切感受到理论学习的认识只有通过实践提高,才能转化为分析与解决问题的能力。本书注重理论与实践相结合,从交通研究与工程实施的角度培养研究生的理论学习能力,拓展学生的视野,根据工程应用的需要指导实践。本书内容是作者多年来针对交通规划、交通管理、智能交通方面的工作经验与研究,并结合山东理工大学的汤瑞、宋博文、高静、崔玮等硕士论文的总结,内容体系包括:智能交通的国内外发展现状、研究体系框架、技术基础、评价体系、先进的交通管理系统、先进的交通信息系统、先进的物流系统、车路协同、车联网等。

本书内容参考了小桔科技、海康威视、大华、海信网络科技、北京市公交公司、依厂物流等行业领先单位的技术理念,并借鉴深圳市交通运输委员会等政府管理机构的研究成果,感谢各单位及部门的支持和理解,在此不一一列举。

除封面署名作者外,目前指导的李鹏飞、李鹏程、廖亚萍、孙贺、韩健、张大伟、孙文盛、张钧鑫等研究生参与了本书部分章节内容的整理与校对,在此一并表示感谢。本书的工作得到山东理工大学研究生教材建设项目的资助。

由于ITS的发展日新月异,理论与技术不断推陈出新,对于文中的不完善以及错漏之处,还望业内人士和广大读者批评指正。

作　者

2016年12月

目 录

第1章 绪论 ·· 1
　1.1 ITS 起源 ··· 1
　1.2 ITS 内涵 ··· 3
　1.3 国外 ITS 发展历程及现状趋势 ··· 5
　1.4 我国 ITS 发展 ·· 8
　本章参考文献 ·· 10

第2章 ITS 的体系框架及发展趋势 ··· 12
　2.1 概述 ·· 12
　2.2 国外 ITS 体系框架 ·· 15
　2.3 中国 ITS 体系框架 ·· 22
　2.4 ITS 体系框架研究的趋势 ·· 25
　2.5 ITS 标准化 ··· 26
　2.6 ITS 评价 ·· 29
　本章参考文献 ·· 36

第3章 ITS 技术基础 ··· 37
　3.1 概述 ·· 37
　3.2 交通信息采集技术 ·· 38
　3.3 交通信息处理分析系统 ·· 66
　3.4 交通信息传输技术 ·· 69
　3.5 交通智能控制技术 ·· 71
　3.6 仿真技术 ·· 72
　3.7 交通信息发布与显示 ··· 73
　本章参考文献 ·· 73

第4章 交通规划与交通管理 ·· 75
　4.1 交通规划 ·· 75
　4.2 交通管理 ·· 82
　4.3 交通规划与交通管理协调及反馈 ·· 88
　4.4 综合交通规划模型 ·· 89
　本章参考文献 ·· 90

第5章 交通综合管控平台 ... 91
5.1 智能交通综合管控平台解决方案 ... 91
5.2 交通信息系统 ... 92
5.3 综合业务平台 ... 96
5.4 技术支撑系统 ... 99
5.5 海信(网络科技)交通管理综合信息平台 ... 103
本章参考文献 ... 111

第6章 交通信息服务系统 ... 113
6.1 概述 ... 113
6.2 交通信息服务系统的主要内容 ... 114
6.3 交通信息服务系统应用实例 ... 122
本章参考文献 ... 140

第7章 交通控制与诱导系统 ... 142
7.1 交通信号控制的设置 ... 142
7.2 交通诱导系统 ... 143
7.3 交通控制与诱导 ... 144
7.4 路网交通状态判别 ... 149
7.5 基于TransModeler的城市交通仿真系统 ... 159
7.6 基于交通子区的交通信号控制 ... 166
本章参考文献 ... 168

第8章 先进的公共交通系统 ... 170
8.1 概述 ... 170
8.2 海信BRT智能系统 ... 174
8.3 公交优先系统控制理论研究 ... 182
8.4 TransModeler公交优先系统仿真 ... 195
本章参考文献 ... 214

第9章 先进的车辆控制系统 ... 215
9.1 概述 ... 215
9.2 AVCS系统组成与工作原理 ... 217
9.3 先进车辆系统的关键技术 ... 224
9.4 自动驾驶技术 ... 231
本章参考文献 ... 236

第10章 商用车辆监控调度系统 ... 238
10.1 概述 ... 238
10.2 商用车辆运营管理系统 ... 240

  10.3　危化品车辆监控调度系统 ……………………………………………… 245
  10.4　校车监控调度管理系统 ………………………………………………… 249
  本章参考文献 ………………………………………………………………… 252

第 11 章　高速公路管理系统 ……………………………………………………… 254
  11.1　高速公路运营管理系统 ………………………………………………… 254
  11.2　高速公路综合管控系统 ………………………………………………… 258
  11.3　高速公路交通安全智能管控系统 ……………………………………… 262
  本章参考文献 ………………………………………………………………… 266

第 12 章　ITS 典型应用 …………………………………………………………… 268
  12.1　电子警察与卡口系统 …………………………………………………… 268
  12.2　停车管理系统 …………………………………………………………… 280
  12.3　物联网 …………………………………………………………………… 288
  本章参考文献 ………………………………………………………………… 293

第1章 绪 论

1.1 ITS 起源

1.1.1 交通问题致因分析

交通是随着人类生产和生活的需要发展起来的,实现了人和物的位移及信息传输。交通运输在社会生产中分为生产过程的运输和流通过程的运输,是实现人和物空间位置变化的活动,运输方式包括铁路、公路、水路、航空和管道五种,是道路交通系统的基础。随着社会经济的发展,城市化进程加快,社会对交通运输的需求持续增加,汽车保有量迅速增长,交通运输业得到迅猛发展,交通运输在国民经济和现代社会发展中的地位日益突出。由于土地、财政等资源有限,交通系统供需失衡,交通拥挤、交通事故、环境污染、能源短缺等问题已经成为世界各国面临的共同问题。无论是发达国家,还是发展中国家,都承受着不断加剧的交通问题的困扰。目前主要交通问题及致因表现如下:

(1)城市规划和用地规划不合理,城市建设的生活配套和交通配套设施不完善,导致交通出行量大,交通拥挤,交通系统服务水平低。

(2)交通枢纽建设滞后,公共交通的通达性、覆盖率及便捷程度受财政等投入制约,公共交通负担率低。

(3)由于道路交通流量大,交叉口的通行能力低,导致交叉口排队长,交通延误增大;在城市的高峰时段、繁忙路段,车辆拥堵、车速下降、机动车尾气污染加剧。

(4)交通秩序差,交通事故多发。

(5)交通信息服务设施欠缺,服务能力较差。

1.1.2 交通问题的解决方法

交通系统是一个复杂的巨系统,为了让人们能享受人畅其行、货畅其流的舒适生活和工作环境,世界各国都在积极尝试各种方法、技术措施,传统思路通常采取新建和改建道路、增加供给等措施以缓解交通拥挤、堵塞等供需矛盾。截至2016年底,我国公路总里程已达424万千米,其中高速公路13万千米;全国铁路营业里程12.4万千米,其中高铁运营里程已达2.2万千米。截至2016年,中国大陆有42个城市修建地铁,包括4个直辖市(北京、上海、天津和重庆)、5个计划单列市(深圳、厦门、宁波、青岛、大连)、大部分的省会城市(部分规模较小的省会城市除外)以及苏州、东莞、佛山、无锡、常州、徐州、南通、芜湖、洛阳等经济与人口规模较大的城市。由于城市可用于道路、铁路、机场等交通基础设施建设的土地供给、财政资金不可能无限制地满足日益增长的交通需求,依靠传统的交通管理方式、粗放式交通发展模式已经不能适应经济和社会发展的交通需求。

因为交通系统涉及政府城乡规划、土地规划、交通建设、交通管理、财政等不同部门和行业,难以成立一个政府部门统一负责交通系统的建设管理,在解决交通问题的机制创新方面,各级政府进行了大量的探索。北京市交通管理委员会(简称为交通委,北京市人民政府办公厅京政办发[2003]12号,北京市人民政府办公厅关于调整组建北京市交通委员会的通知)的委员由专职委员和兼职委员组成,专职委员包括市交通委主任、副主任,兼职委员包括计委、规划委、市政管委、财政局等部门的主管领导以及市公安局公安交通管理局、北京交通发展研究中心的主要负责人。根据北京市政府要求,涉及全市交通行政管理的重大事项,由市交通委全体委员会议讨论决定或按规定权限审核报批。交通委整合了交通系统的部分职能,在行业管理规划方面建立了集中统一的交通管理体制。

智能交通系统(Intelligent Transportation System, ITS)是未来交通系统的发展方向,是将先进的信息技术、电子传感技术、控制技术及计算机技术等有效地集成运用于交通管理系统,以缓解交通拥堵,提高交通设施利用率、安全性和舒适性为目标,减少交通负荷和环境污染,提高运输效率,让出行者优化出行选择,让管理者提高决策能力,让运营者降低成本、提高效益。智能交通系统把交通基础设施、交通运载工具和交通参与者综合起来系统考虑,使人、车、路及不同交通方式之间相互协调,如图1.1所示。道路交通系统是交通运输系统的基础和核心,是解决交通供需矛盾的核心和关键,其他交通方式的出发与到达皆需道路交通集结与疏散。

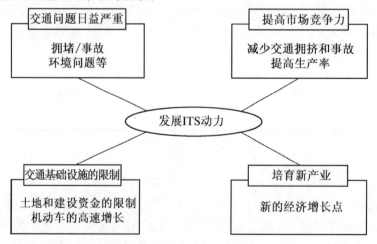

图1.1 ITS发展动力示意图

1.1.3 ITS 发展背景与动因

1. 汽车发展的社会化

汽车化社会带来的诸如交通阻塞、交通事故、能源消费和环境污染等社会问题日趋恶化,造成巨大的经济损失,满足交通需求的思维模式从提高供给转向采取供、需两方面共同管理的技术和方法。

2. 人类环境的可续化

随着城市和交通基础设施的大力开发,由于道路拥挤、排放量剧增,给环境带来恶劣影响,需要调整运输结构,通过交通系统管理(Transportation System Management,TSM)和交通需求管理(Transportation Demand Management,TDM)、大运量轨道及实施公交优先政策,建立对能源均衡利用和环境保护最优化的交通运输体系,实现社会可持续化发展的目标。

3. 信息技术智能化

交通管理的科学化、信息化、智能化是交通综合治理的目标,随着计算机科学、传感器、全球定位系统(Global Position System,GPS)、地理信息系统(Geographic Information System,GIS)、信息通信、网络等技术的应用和发展,ITS 在交通管理中发挥了很大作用。

4. 新的经济增长点

智能交通系统产业链包含零部件制造商、设备提供商、系统集成商、道路运营商和道路使用者等多个参与者,自上而下分别为算法/芯片、集成电路/数据提供商、软件/硬件产品提供商、咨询服务/系统集成商、运营服务商和终端客户。发达国家和企业纷纷投入 ITS 的产业,创造了大量的就业机会,中国 ITS 的发展带动相关信息、数据通信传输、电子传感、电子控制以及计算机处理等众多高技术的全面发展,创造了大量的就业机会。

1.2 ITS 内涵

智能交通系统是将先进的信息技术、数据通信传输技术、电子传感技术、控制技术及计算机技术等有效地集成运用于整个地面交通管理系统而建立的一种在大范围内、全方位发挥作用的、实时、准确、高效的综合交通运输管理系统。它的突出特点是以信息的收集、处理、分析、共享与利用为主线,为客运、货运的出行提供便捷、安全的服务。

1.2.1 ITS 概念

交通系统的基本要素是人、车、路和环境,人是能动因素,但人在环境感知、判断决策等方面受到距离、生理和心理等方面的限制,如光线不好的情况下、疲劳和分神时反应能力不够等,ITS 增强人的感知能力、执行能力及交通工具、环境的智能化。

ITS 是交通运输领域各种高科技技术系统的一个统称,ITS 这一国际性术语于 1994 年被正式认定,国际标准化组织(International Organization for Standardization,ISO)为 ITS

设立专项 ISO/TC-204,使用的术语是 TICS(交通运输信息与控制系统)。国家 ITS 体系框架中的定义:ITS 是在较完善的道路设施基础上,将先进的电子技术、信息技术、传感器技术和系统工程技术集成运用于地面交通管理所建立的一种实时、准确、高效、大范围、全方位发挥作用的交通运输管理系统。主要应用范围:包括交通枢纽运行管理系统,城市交通智能调度系统,高速公路智能调度系统,运营车辆调度管理系统,车辆自动控制系统等。

1.2.2　ITS 特点

智能交通系统主要通过交通信息的广泛应用与服务,提高现有交通设施的运行效率,通过人、车、路的和谐、密切配合提高交通运输效率,提高路网通过能力,缓解交通阻塞,减少交通事故,降低能源消耗,减轻环境污染。

由于人、车、路与环境是非常复杂的,其要求不同行业以及不同部门综合交通工程、信息工程、通信技术、控制工程、计算机技术等众多科学领域之间协同工作,共同完成智能交通系统的建设。

1.2.3　ITS 组成

ITS 由交通信息采集系统、信息处理分析、信息发布系统与控制系统组成,利用 GPS 车载终端、手机、摄像机、红外雷达检测器、线圈检测器、光学检测仪、无线射频识别(Radio Frequency Identification,RFID)等信息采集设备,实时采集交通系统的信息并通过通信系统上传到信息服务器,通过专家系统、GIS 应用系统、人工决策系统进行数据分析与处理,互联网、手机、车载终端、广播、电子情报板、电话服务台等提供信息服务,并调整交通信号控制系统等。

从系统组成的角度,ITS 一般由交通管理系统、交通信息服务系统、商用车辆调度、车辆控制系统、货运管理系统、电子收费系统、智能车路协同等子系统组成。

1.2.4　ITS 优势

ITS 建设给人们的交通出行带来了极大的便利,具有巨大的经济和社会效益,ITS 与物联网、云计算、大数据、移动互联等技术的融合与发展,是智慧城市建设各个细分领域中最具前景的行业,体现在以下 3 个方面:

(1)提高交通系统的效能。通过智能交通管理系统和交通信息服务系统的建设,合理引导出行方式、出行时间、路线的选择,提高交通方式之间衔接的效率,使得综合交通系统运行更加完善,有效减少交通出行延误。

(2)提高交通系统的安全性。发展智能化交通运输工具和公路系统,提高交通工具的信息采集、分析和执行能力,可以减少交通事故。ITS 在技术上能实现限制超速、提醒防止疏忽、辅助驾驶与自动驾驶,将极大减少交通事故。

(3)提高交通环保能力。交通运输工具的信息化、智能化以及道路的畅通,能够减少交通工具的启停次数,有效减少废气排放,有利于环境保护。

1.3 国外 ITS 发展历程及现状趋势

ITS 起步于 20 世纪 60 到 70 年代，经过美国、日本、欧洲等发达国家对 ITS 多个阶段的开发研究，在从单个交通要素的智能化向交通要素一体化的方向发展，通过不断地整合子系统，全面提升 ITS 应用，提高交通运输的效率和安全性。

从 ITS 系统发展的历程和现状来看，各国都以道路和车辆为基础，以传感技术、信息处理与通信技术为核心，以出行安全和行车效率为目的，并将道路交通基础设施的智能化及其与车载终端一体化系统的协调合作作为研发方向和突破重点，车路、车车协同系统已经成为现阶段各国发展的重点。

1.3.1 ITS 在美国

美国在 20 世纪 60 年代末就已研究开发电子导航系统（Electronic Route Guidance System, ERGS）。1989 年，联邦运输部向国会提出了一个研发运用高科技成果改善道路交通的长达 30 年的战略计划，定名为智能车辆公路系统（Intelligent Vehicle Highway System, IVHS），制定了 IVHS 的研究总目标、研究的分系统及研究内容等，美国民间组织 Mobility - 2000 自发开展有关促进协调研究 IVHS 的工作。

1990 年，美国正式成立智能车辆道路协会（Intelligent Vehicle Highway Society - America, IVHS America），作为美国运输部的咨询机构，协助推动全国道路交通智能化工作。1991 年，美国国会通过了"综合地面运输效率法案"（Intermodal Surface Transportation Efficiency Act, ISTEA），被美国交通运输界誉为确立美国交通运输新政策的一部划时代的交通运输建设新法案，开启了正式智能车路系统 IVHS 的研究。

1994 年 9 月，美国根据 IVHS 的研究项目认为 IVHS 的名称已不能覆盖其全部内容，美国交通部将智能车辆道路协会 IVHS America 更名为美国智能交通协会（Intelligent Transportation Society of America, ITS America），标志着智能运输系统研究不再仅仅限于车辆和道路，而是以推进整个交通系统智能化为目标。1995 年 3 月，美国运输部首次正式发布"国家智能运输系统项目规划"，明确规定了智能运输系统的 7 大领域和 29 个用户服务功能，并确定了到 2005 年的年度开发计划；其中 7 大领域包括出行和交通管理系统、出行需求管理系统、公交运营系统、商务车辆运营系统、电子收费系统、应急管理系统、先进的车辆控制和安全系统。1998—2003 年，《21 世纪交通运输公平法》（Transportation Equity Act for the 21st Century, TEA21）实施过程中，其研究开发工作已从研究开发为中心转入到业务配备的开展和向综合化方向推进。

在 2002 年颁布的智能运输系统 10 年规划中指出：实现无缝连接的战略目标，包括提供多种运输方式，对不同人群、货物的无缝多式联运；公共政策和私人企业将抓住机遇使 ITS 成为 21 世纪交通的领航者。未来的交通将通过使用综合集成计算机、通信和传感技术的系统提供完整信息，使交通更加可靠、有消费导向和制度创新。

2015 年颁布的《智能交通系统战略规划（2015—2019 年）》中指出，在未来 5 年，对智能交通系统的研发、运用实践进行项目分类,战略规划的主题为"改变社会移动的方式",将"实现车联网"与"推进车辆自动化"作为各部门当前及未来智能交通系统工作的主要技术驱动力。

2015年,美国ITS车联网技术报告分析了通信技术给车载应用领域带来的挑战与机遇,报告对车间通信(V2V)、车与设备之间的通信(V2I)涉及的数据传输过程进行了特别分析。预测到2020年,美国生产的车辆都将安装支持蜂窝网通信模块以及支持本地互联的Wi-Fi通信模块车联网设备以支持车联网应用。

美国智能运输技术研究的发展历程根据研究目标、特点和关注的重点分为两个方面。第一方面是从20世纪90年代到20世纪末,主要特点为研究的范围全而广,研究领域涉及交通监控、交通信号智能控制、不停车收费、车路协同及自动驾驶等领域,表现为研究内容宽泛,项目相对分散;第二方面从21世纪初开始,在战略上进行了调整,由"全面开展研究"转向"重大专项研究",重点关注"车辆安全及车路协调技术"战略,并从综合交通运输体系的角度开展智能运输与安全技术的研究,研究内容包括综合运输协调技术、车辆安全技术等,特点是更加注重实效,促进相关技术产业化。

1.3.2 ITS在日本

由于日本狭小的领土面积和高度机械化的国情,发展交通是日本的基本国策。日本最早开始研究汽车交通方面的应用信息、通信技术,提出力求道路和汽车更加协调、交通更加系统化,并有助于减少交通拥堵和交通公害,提高交通安全性的构想。

20世纪70年代,日本开始了ITS研究与应用,80年代开始了车路通信以及汽车交通信息化的研究,代表性的有:建设省为主导的路车间通信系统(Road/Automobile Communication System,RACS:1984—1989),以警察厅为主导的新汽车交通信息通信系统(Advanced Mobile Traffic Information and Communication System,AMTICS:1987—1988)。90年代,在AMTICS的基础上,开发了"新交通管理系统"(Universal Traffic Management System,UTMS),又升级为"21世纪交通管理系统"(Next Generation Universal Traffic Management System,UTMA21)。

20世纪90年代,日本政府为推进本国ITS的发展,分别设立了相应的推进机构,中央有由五省厅,即警察厅、通产省、运输省、邮政省、建设省负责人参加的联络会议(五省厅联络会议),在地方有各地的ITS促进会。集中RACS和AMTICS的成果和优缺点于一体,开发并投入运行了"车辆信息与通信系统"(Vehicle Information & Communication System,VICS)。1994年1月,日本设立了专门负责在5个省厅、大学和科研机构以及民间企业之间联络和ITS的促进机构——车辆、道路、交通智能化推进协会(Vehicle Road Traffic Intelligence Society,VERTIS),后来于2001年改名为ITS Japan。

随着ITS的快速发展,日本制定了21世纪ITS发展的4个阶段:

第一阶段(2000年前后):交通信息主要提供给已经运行ITS的相关系统,交通阻塞信息和最佳路线信息将提供给车载导航系统,使驾驶员能够减少出行时间并提高旅行的舒适性。2000年4月正式施行不停车收费系统计划(Electronic Toll Collection,ETC),通过使用电子收费系统,达到减少收费站拥堵的目的。ETC 是目前世界上最先进的路桥收费方式。

第二阶段(2005 年前后):通过逐步引入用户服务的思想开始交通系统的革命,ITS 将有关目的地的服务信息和公共交通信息直接提供给用户。在这一阶段,通过驾驶员安全驾驶系统和行人安全保护系统来减少交通事故的发生。另外,公共交通的舒适性和便利性也将得到极大的提高。

第三阶段(2010 年前后):ITS 将被推进到一个更高的水平,基础设施、车载装置、法律和社会系统将促使 ITS 成为一个稳固的社会系统。ITS 的作用将是全国性的,通过对 ITS 更多更高级功能的认识,自动驾驶将全方位地发挥作用,汽车将成为一个安全和舒适的处所。

第四阶段(2010 年之后):ITS 的所有系统都已经投入使用,整个社会进入到一个成熟的时期。由于 ITS 布设的大量光纤网和建立的各个服务系统,整个社会进入高度信息化的时代;自动驾驶的需求在这一阶段将会大大增加。ITS 作为一个基本的系统会被整个社会所接受,尽管交通量在不断增加,但交通事故将极大地减少。道路已经不再拥堵,道路环境与整个地球环境更加和谐。

总体来说,日本智能交通技术比较成熟,许多重大 ITS 项目取得成功,如 VICS、ETC、自动公路系统与智能导航等,加上政府的大力支持,使其走在世界的前列,其发展历程基本也经历了两个阶段。第一阶段从 20 世纪 90 年代到 21 世纪初,研究领域虽然涉及交通安全辅助驾驶、导航系统、电子收费、交通管理优化、道路管理效率化、公共交通支援、卡车效率化、行人辅助、紧急车辆的运行辅助等方面,但重点集中在导航系统、自动收费系统和先进的车辆系统,并在这些技术上都取得了突破,尤其是导航系统和自动收费系统已经得到广泛应用;第二阶段从 21 世纪初开始,研究重点转移到道路交通安全性的提高、交通顺畅化及环境负荷的减轻、个人便利性与舒适性的提高、地方活力的发挥和公共平台建设以及国际标准化促进,更加注重系统集成与人性化的交通服务以及技术的推广应用。

1.3.3 ITS 在欧洲

欧洲由于地域广大、国家众多,且各国运输环境不同,早期多是各国分散进行有关 ITS 研究,发展规划不一致。早在 20 世纪 70 年代末 80 年代初就开始交通出行信息的研发工作,主要有两条主线:以车辆的研究开发为主体的欧洲高效安全的交通计划(Programme for European Traffic with Highest Effcieney and Unprecedented Safety,PROMETHUS,由以奔驰汽车公司为主的欧洲 14 家汽车公司共同研究)研究计划和以道路基础设施为主体的欧洲保障车辆安全的道路基础设施(Dedicated Road Infrastructure for Vehicle Safety in Europe,DRIVE)研究计划。其中 DRIVE 研究计划主要涉及了需求管理和城市公共交通信息服务系统。1995 年进行了欧洲交通运输方案(Programme for Mobility in Transportation in Europe,PROMOTE),PROMOTE 不是 PROMETHUS 的简单继续,该研究计划重点研究的是车辆的交通管理系统和安全系统,具体是车路间通信、防止碰撞、自动收费系统等,其研究内容从车辆技术移向交通管理系统与安全系统;参与者不仅是汽车制造商,也包括电子公司和道路管理者。为加快欧洲 ITS 的快速发展,1991 年,欧洲各国政府单位、交通运输产业、电信与金融产业组成了欧洲智能运输系统协会(European Road Transport Telematics Implementation Coordination Organization, ERTICO,别称又作 ITS Europe),成为欧洲推动 ITS 的主要组织。ERTICO 于 2003 年 9 月提出欧洲道路安全行动计划的概念,其主要内容是充分利用先进的信息与通信技术,加快安全系统的研发与集成应用,为道路交通提供全面的安全解决方案。2005 年 5 月该组织颁布的智能运输系统战略框架中指出关注的重点领域还有智能运输体系框架与标准、智能运输信息基础技术以及综合运输协同技术。该战略框架同时制定了欧盟智能运输与安全领域的发展目标。其中短期发展目标是获取高质量的数据、大部分车辆装备通信装置;中期发展目标是构建开放、可靠的交通信息平台,提供更丰富的服务;远期目标是实现车车、车路的实时通信。

由于欧盟作为一个包括多个国家的组织所具有的特殊性,它的 ITS 发展重点落在了标准的制定、促进标准化和一体化发展上。欧洲 ITS 的发展模式是先统一标准,再进行系统整合。从 20 世纪 90 年代末到 21 世纪初,欧盟制定了许多措施或指南,如 1996 年 7 月欧盟正式通过了《跨欧交通网络(TEN-T)开发指南》,标志着欧盟开始采取一系列措施致力于通过交通信息促进信息社会的发展,致力于开发跨国界的服务。1997 年制订了《欧盟道路交通信息行动计划》,该行动计划涉及研究开发、技术融合、协调合作和融资、立法等多方面,提议了 ITS 的 5 个关键优先发展领域。2000 年的《电子欧洲行动计划》目的是在交通等关键领域推动欧洲向信息社会发展。2001 年欧盟将 ITS 计划纳入了未来 10 年交通政策白皮书中,提出了实现 ITS 一体化市场的建议,着重强调了 ITS 将成为欧洲交通领域发展中不可分割的一部分。2011 年,欧委员会决定设立欧洲 ITS 咨询小组,在一定程度上促进了 ITS 发展的进程。

2012 年举行的 ITS 世界大会上,包括大众、奥迪、宝马等在内的 12 个主要汽车制造商共同签署的合作系统部署备忘录正式发布,备忘录的目标是在 2015 年正式生产出支持合作系统的车辆,车辆安装有车车通信和安全辅助驾驶终端。

1.4 我国 ITS 发展

1.4.1 我国 ITS 政府支持

随着我国国民经济的快速发展和城市化进程的加快,如何解决城市交通拥挤问题已经成为城市可持续发展的一个重要课题,城市道路交通管理工作也面临着严峻的挑战。从政府管理者角度讲,需要更好地利用现有的交通运输基础设施,提高安全性,改善环境。我国智能交通系统研究和实施起步较晚,1997 年将 ITS 作为我国科技发展及高新技术产业发展战略的重要组成部分,国家科技部组织交通运输部、铁道部、公安部、住房和城乡建设部等有关部门建立了中国 ITS 政府协调小组。

"九五"期间,交通部提出"建立智能公路运输的工程研究中心",同时指出:"结合我国实际情况,分阶段地开展交通控制系统、驾驶员信息系统等 5 个领域的研究开发、工程化和系统集成。在此基础上,使成熟的科技成果转化成为可提供使用的技术和产品,该工程研究中心也逐步发展成为我国智能公路运输系统产业化基地。"1999年组织编写国家ITS体系框架,2000年成立了全国智能运输系统发展协调指导小组及办公室、专家咨询委员会。

"十五"期间,由科技部牵头,国家智能交通系统工程技术研究中心承担,全国20余所高校和研究所参与了国家重大攻关项目"ITS体系框架"和"ITS标准体系及关键标准制定"。

"十一五"期间,智能运输系统研究与建设列入《国家中长期科学和技术发展纲要》,是智能运输系统技术体系和智能型综合交通系统形成期。国家科技支撑重大项目"国家综合智能交通技术集成应用示范"以提高人性化交通运输服务、发展交通系统智能化技术和安全高速的交通运输技术作为研究重点,包括:北京奥运智能交通管理与服务综合系统、上海世博会智能交通技术综合集成系统、广州亚运会具体综合信息平台系统、国家高速公路网不停车收费和服务系统等项目。

"十二五"期间,交通领域863计划瞄准国家智能交通技术发展热点问题,对智能车路协同、区域交通协同联动控制等技术进行了部署。国家科技项目的实施推动和提升了我国智能交通行业的总体水平,培养形成了我国智能交通专业研究队伍和基地。2011—2015年,是智能交通在我国提升发展的时期,车路协同、大城市区域交通协同联动控制、交通枢纽智能化管控等智能交通系统关键技术和前沿技术得到国家科技计划的支持,智能交通系统建设在全国普遍展开,交通运输部、公安部等行业部门部署实施了一系列智能化管理和智能化服务的项目工程,畅通工程、公交都市建设、快速公交、交通信息服务示范等带动了智能交通系统建设应用规模的提升和产业的创新发展。

和谐的道路交通环境关系着人民群众的生命财产安全和经济社会的健康发展,是构建和谐社会的要求。

我国发展ITS旨在实现以下目标:

(1)统筹规划,合理安排,扩大网络,优化结构,完善系统,推进改革,建立健全畅通、安全、便捷的现代综合运输体系。

(2)充分发挥各种运输方式的优势,发展和完善城市间快速客运、大城市旅客运输、集装箱运输、大宗物资运输和特种货物运输五大系统。

(3)以信息化、网络化为基础,加快智能型交通的发展。

1.4.2 ITS发展需求与现状

随着城市信息化步伐加快,汽车数量爆发式增长,交通问题也越来越明显。大力发展智能交通不仅可以解决交通拥堵、交通事故、环境污染等问题,还能缓解能源短缺,是培育新兴产业、增强国际竞争力、提升国家安全的战略措施。

目前我国ITS正在迅速发展成长,在公路、城市交通、水运及航空运输等领域都开展了智能交通系统的建设,其中公路和城市智能交通系统的建设广受关注。城市智能交通系统的智能公交系统、出租车调度系统、智能停车系统、智能交通信号控制系统、城市出行信息服务系统等方面,均有较为出色的应用成果,北京、上海等大城市智能交通系统还历经了奥运会、世博会的考验。在很多地区建立了公路桥梁管理信息系统、高速公路联网监控系统、不停车收费系统、部省道路信息化及联网工程、超限超载联网监控系统、公众出行信息服务系统等。

我国智能交通发展进入一个新的时期,随着中国《交通运输行业智能交通发展战略(2012—2020年)》的出台,标志着智能交通已经上升到了国家战略层面。2014年智能交通行业基础建设基本成型,注重应用成为发展主方向,投资增长率将接近30%,预计应用投资规模超过500亿元。2016年第五届中国智能交通市场年会在上海召开,预计未来5年内,我国智能交通系统行业的投入将接近3 800亿元,面向建设综合交通、智慧交通、绿色交通、平安交通的重大需求,迎接大数据时代为智能交通技术发展所带来的机遇和挑战,立足国情,运用新技术手段,结合智慧城市建设,构建中国特色的新一代智能交通系统,将是我国智能交通发展的重要方向。智能交通背后是一条完整的产业链。国内目前从事智能交通相关的企业超过了2 000家,预计到2020年国内智能交通领域的投入也将达到上千亿元,智能交通产业将进入新一轮的快速发展轨道。面对当今世界全球化、信息化发展,智能交通是未来发展的必然选择,我国智能交通行业正处于加速发展阶段,成长性高、盈利确定,未来巨大的市场空间令人期待。

本章参考文献

[1] 本刊专题报道.我国智能交通系统发展迅速,取得显著成效[J].科技促进发展,2014(04):62-66.

[2] 关积珍.智能交通发展动态与趋势[J].交通与港航,2016(01):21-24.

[3] 金茂菁.我国智能交通系统技术发展现状及展望[J].交通信息与安全,2012(05):1-5.

[4] 司小平,胡刚,郭海涛.广东省与发达国家智能交通系统的比较研究[J].科技管理研究,2007(05):94-96.

[5] 迟铁军,高鹏.国外智能交通系统发展状况分析及对我国的启示[J].黑龙江交通科技,2009(02):111-112,114.

[6] 韩惠婷.国外智能交通系统建设机制研究综述[J].科教导刊(上旬刊),2013(06):188-191.

[7] 李瑾南,万娟,李凯,等.智能交通系统发展及趋势分析[J].工业技术创新,2014(03):374-380.

[8] 徐勇.赴美国学习考察智能交通系统(ITS)的思考[J].青海交通科技,2016(01):28-31.

[9] 王东柱,杨琪.欧洲合作智能交通系统发展现状及相关标准分析[J].公路交通科技,2013(09):128-133.

第2章 ITS 的体系框架及发展趋势

2.1 概 述

在交通系统中,人、运输工具、运输工具载体以及客货运输对象是交通系统的基础构成,道路交通是人与货在交通方式间的集疏通道,并与各种交通方式互为补充与竞争。选择运输方式主要考虑成本、时间、效率、便捷程度、舒适性、安全性等因素。交通系统的形成与发展、交通的需求与供给、交通运输方式衔接与换乘需要信息支持,交通信息是交通运转的核心,为政府决策、交通规划、建设、运营者、使用者提供服务,如图2.1所示。

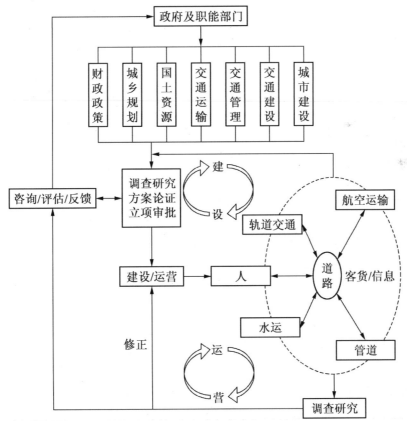

图 2.1 政府各职能部门与各交通运输方式的关系示意图

交通系统的可持续发展,与财政投入、供需平衡、服务水平等一致,智能运输系统可提高各种交通方式之间的协调性,充分利用有限的土地、资金资源,实现交通规划与运行、交通工具、交通管理的信息化、智能化,提高交通系统的运行效率。

2.1.1 ITS 体系框架的定义与组成

ITS 体系框架是对复杂系统的整体描述,解释了 ITS 中所包含的各个功能域及其子功能域之间的逻辑、物理构成及相互关系。从开发流程的角度来说,ITS 体系框架开发主要包括用户服务、逻辑框架、物理框架 3 部分内容,从不同角度对 ITS 进行解释。用户服务是从用户的角度对 ITS 能提供的服务内容进行描述;逻辑框架是从系统如何实现 ITS 服务的角度进行分析,给出 ITS 应具有的功能及功能之间的数据流关系;物理框架则是把 ITS 逻辑功能落实到现实实体,如车载设备、道路设施、管理中心等设备或组织。由于体系框架各组成都是围绕着用户服务展开的,因此从用户服务和其他组成关系的角度来解释各组成的含义,其关系描述见表2.1。

表2.1 ITS 体系框架主要组成与用户服务的关系描述

组成部分名称	描述
用户主体	被服务的对象,明确了服务中的一方
服务主体	提供服务方,明确了服务中的另一方
用户服务	明确用户需要系统提供什么样的服务
逻辑框架	对服务进行功能分解并对逻辑功能进行组织
物理框架	提出物理实体,落实逻辑功能,具体提供服务

1. 用户服务

用户服务是从用户角度对 ITS 系统提出要求,是问题定义的过程。用户服务是 ITS 体系框架的基础,它决定了 ITS 体系框架是否完整,是否满足用户需求。获得完整用户服务首先需要明确系统用户,即用户主体。而用户主体的确定需要以 ITS 系统与外界的清晰界定为基础,即需要明确 ITS 系统和系统终端。

2. 逻辑框架

逻辑框架是组织复杂实体和关系的辅助工具,它定义了为提供各项用户服务而必须拥有的功能和必须遵从的规范,同时定义了各功能之间变换的信息和数据流,其重点是功能性处理和信息流情况。它包括功能域、功能、子功能、过程等多个层次及其之间的数据流。逻辑框架是 ITS 体系框架开发的重要环节,其作用是明确完成用户服务需要的功能支持及功能之间的数据流交互,给出详尽的数据流属性。从用户服务到逻辑框架的转化,是一个不断细化用户服务需求并重新组合的过程,它不仅从宏观上把握了 ITS 所需功能,而且从微观上对功能进行了重组,由此使得 ITS 体系框架的构建具有严密的逻辑关系,为物理框架的构建提供了基础。

3. 物理框架

物理框架是 ITS 的物理视图,它是关于系统应该如何提供用户所要求的功能的物理表述。它是以逻辑框架中的过程和数据流为基础形成的高层框架,定义了组成 ITS 的实体(子系统和终端),以及各实体间的框架流。物理框架把逻辑框架中给出的过程分配到各子系统中,并且把数据流组合成为框架流,这些框架流和它们之间的通信需求定义了各子系统间的界面,成为目前标准化工作的基础。物理框架是由逻辑框架中的功能进行组合得到的,其组合原则大致完整地包含逻辑功能,与现实世界存在的系统相一致或相似,具有一定的可操作性。

2.1.2 ITS 体系框架的开发方法与过程

由于 ITS 涉及面广,关系复杂,借鉴软件工程中的面向对象、面向过程的分析方法。

1. 开发方法

面向对象分析方法是能模拟人类习惯的思维方式,开发方法与过程接近人类认识世界解决问题的方法和过程,把系统划分成相互协作而又彼此独立的对象集合。首先,确定对象或实体及其与其他对象之间的关系;然后,确定每个对象执行的功能,围绕数据对象或实体组织功能,形成单一的相互关联的视图。

面向过程分析是对事物逻辑思考的过程,基本思想就是自上而下地将整个系统划分为若干个子系统,子系统再分子系统(或模块),层层划分,然后再自上而下地逐步设计。系统划分的一般原则是:子系统要具有相对独立性,各子系统之间数据的依赖性尽量小,数据冗余小,而且子系统的设置应考虑今后管理发展的需要,子系统的划分应便于系统分阶段实现。

面向过程方法和面向对象方法在 ITS 体系框架构建中的特点见表 2.2。

表 2.2 面向过程与面向对象的研究方法对比

比较因素	面向过程方法	面向对象方法	比较
思维方式	从功能进程的角度对 ITS 各项服务进行分析,它认为 ITS 由各功能共同作用完成	从 ITS 涉及的对象的角度分析,认为 ITS 系统可由对象及其间关系组成	前者分析起来较为简单;后者则较符合人类认识世界的习惯
更新维护	当修改、新增服务时,需要按照框架开发步骤进行一遍操作,并要与已有内容相融合	当修改、增加服务时,找到相关的对象类型,对其中的内容进行修改	前者更新需要涉及整个框架内容的更新,容易遗漏;后者则是针对相关的对象类型更改相关内容;相比之下,后者具有一定的优势
逻辑框架部分建模简易程度	主要通过数据流图表现其逻辑功能元素及其关系	需要建立对象模型、动态模型、功能模型才可对逻辑功能元素描述清楚	前者较为简单,只相当于后者的功能模型;后者逻辑建模相对复杂

续表 2.2

比较因素	面向过程方法	面向对象方法	比较
模块化便利性	针对层次清晰的逻辑功能元素进行评价时,需要考虑所对应的用户服务	针对每项用户服务对应的逻辑功能元素进行分析,分析量很大	对逻辑功能元素进行模块化,需要对各逻辑功能元素的物理实现进行多方面的分析,工作量上后者较大些
物理框架方法			两者在物理框架构建上影响不大

2. 开发过程

美国开发 ITS 体系框架的路线:用户服务—逻辑框架—物理框架。框架的构建路线包括问题定义、需求分析、概要设计、维护调整 4 个过程,实现用户服务与问题定义相对应、逻辑框架与需求分析相对应、物理框架与概要设计相对应、框架修订完善与维护调整相对应。图 2.2 为 ITS 体系框架开发步骤示意图。

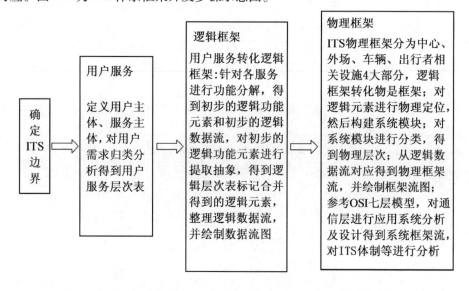

图 2.2 ITS 体系框架开发步骤示意图

ITS 体系框架具体开发步骤为:

①界定 ITS 系统边界,以终端不分配功能为原则。

②考虑本功能域的用户主体,从用户的角度提出需求,针对用户需求进行归类,制定出服务领域。

③从用户服务到逻辑功能转化。从系统如何实现服务的角度,针对交通信息服务领域中的各子服务进行功能分析。

④整合逻辑功能层次表。按照上述步骤,分别对上述子服务进行功能分析,整合后得到交通基础设施管理逻辑功能层次表。

⑤按照逻辑框架构建步骤，在整合逻辑功能的过程中，对合并而成的逻辑功能进行标记，顺序绘制过程级数据流图、功能级数据流图。

⑥从逻辑框架到物理框架的转化。从实现地点、功能近似、便于集成等方面进行考虑，依靠定性分析的方法进行物理系统模块化，得到交通基础设施管理物理元素层次。

⑦以逻辑框架流和物理框架层次表为基础，对物理框架流进行组合，并绘制框架流图。针对物理框架流需要给出其属性，具体包括：包含的数据流、数据内容、可能的通信方式、已有的标准、标准需求等。

⑧应用系统分析。交通基础设施管理所涉及的应用系统有：高等级公路综合信息管理平台、高速公路监控调度系统、高速公路运营管理系统、路政管理系统、养护管理系统。应用系统框架流即各应用系统所包含的系统模块间及系统模块与终端间的框架流。

⑨对 ITS 建设所需社会环境、机构组织等进行研究。

2.2 国外 ITS 体系框架

2.2.1 美国 ITS 体系框架

1992 年，IVHS American（ITS American 的前称）向美国运输部正式推荐调动国有、私立机构联合攻关的 ITS 体系框架开发方法。1993 年，美国 ITS 体系框架的开发计划启动，以面向过程方法为指导。

1. 用户服务与用户服务要求

满足用户服务和用户服务要求是对 ITS 体系结构的基本要求，美国 ITS 体系框架的用户服务定义了 8 大领域、33 项具体的用户服务，见表 2.3。

表 2.3 美国 ITS 用户服务内容

开发领域	服务内容	设定服务内容的出发点		
		主要利用者	需求	状况
1. 出行交通管理系统	1.1 出行前信息	驾驶员出行者	获取各种实时、多模式的出行信息	从出发地到目的地的移动
	1.2 出行中驾驶员信息		获得各种交通情况、事件、施工、公交时刻表和其他模式的选择信息	路径以及目的地选择；信息获取
	1.3 路径诱导		获得到达特定目的地的方向信息	根据各种实时信息生成建议路径
	1.4 出行者服务信息		获得与出行相关的服务和设施信息	提供一个商务名录或"黄页"

续表2.3

开发领域	服务内容	设定服务内容的出发点		
		主要利用者	需求	状况
1.出行交通管理系统	1.5 乘车匹配和预定	运输业出行者	拥挤时刻快速便捷出行	提供乘车匹配和预定信息
	1.6 交通控制	管理者	提高交通的流动性,最小化交通阻塞	提供快速路和普通道路系统的自适应控制和整合
	1.7 事件管理		提高事件管理效率和提升运输部门、公共安全部门、事件处理部门的响应能力	通过传感器、数据处理和通信实时获得事件信息
	1.8 出行需求管理		减少交通阻塞对环境和社会的影响	生成一些管理和控制策略,以此来减少单独驾车出行者的数量,并且增加大容量车辆的使用
	1.9 排放测试和缓解		保护环境	监测和执行一些策略,以此变更空气质量敏感区域交通流的行驶路径,或者控制进入该类区域的交通流。
	1.10 高速路和铁路交叉点		减少高速路和铁路上车辆在此类交叉点处的撞击	利用ITS技术来提供改进的高速路和铁路控制
2.公共交通的支援	2.1 公共运输管理	管理者运输企业	提升公交运营和维护功能	自动生成公共交通系统的运营、规划和管理功能
	2.2 出行中的公交信息	管理者驾驶员	协助出行者做出合理的决定	为选择公交运输的出行者提供途中信息
	2.3 个性化的公交服务	驾驶员管理者运输企业	提高公交服务出行服务水平	支持公交车辆灵活地选择路径
	2.4 公交出行安全系统	管理者驾驶员运输企业	为公共运输乘客和操作者创建了一个安全的环境	监控公交设施环境
3.电子付款	3.1 电子付款服务	驾驶员运输企业管理员	方便快捷付费	使用一个共用的电子付款媒介来为所有运输模式和功能付费

续表2.3

开发领域	服务内容	设定服务内容的出发点		
		主要利用者	需求	状况
4. 商务车辆运营	4.1 商务车辆电子通关	管理者	确保商务车辆安全	选择非法的或有潜在安全隐患的车辆进行检查
	4.2 自动路侧安全检查	驾驶员管理者	确定符合安全驾驶要求	允许更有选择性和快速的检测
	4.3 车内安全和安全监控		实现驾车安全监控	以非入侵的方式监测驾驶员、载客车辆和货运车辆
5. 紧急管理	5.1 商务车辆管理过程	驾驶员管理员	实现车辆电子管理	通过自动电子服务来收集和报告燃油与里程信息
	5.2 危险物品安全和事件响应	驾驶员	对危险情况的快速反应	提供当前关于危险物品类型和数量的信息
	5.3 货运可达性	运输业货主	提高货运效率	为驾驶员、调度员与多模式运输提供者提供信息纽带
	5.4 紧急通知和个人安全	驾驶员管理者	及时报警和请求援助	提供了一个通知紧急反应人员在紧急或非紧急情况下协助请求的平台
	5.5 紧急车辆管理	管理者	提高救援车效率	增强救援车辆和调度中心的通信能力
	5.6 灾害响应和清理	管理者	增强地面交通系统对灾难的响应能力	提供灾难邻近区域运输系统的更全面准确的信息
6. 先进车辆安全系统	6.1 纵向避撞系统	驾驶员	避免纵向碰撞	为车辆操作者提供车辆前端和后端纵向避撞的帮助
	6.2 侧向避撞系统	驾驶员	避免侧向碰撞	系统包括车道变换(盲点)情况展示碰撞警告和控制,同时还有车道(道路)驶离警告和控制
	6.3 交叉口避撞系统	驾驶员	保障交叉口安全	为车辆操作者提供交叉口避撞的协助
	6.4 防撞视觉增强系统	驾驶员	在视觉条件不良情况下确保安全	系统可以减少在可见性差的情况下,车辆撞击的数量
	6.5 安全驾驶预警系统	驾驶员	保障行车安全,减少事故危害	为他们自己的驾驶行为、车辆情况、道路情况提供警告

续表2.3

开发领域	服务内容	设定服务内容的出发点		
		主要利用者	需求	状况
6.先进车辆安全系统	6.6 碰撞预防系统	驾驶员	减少由车辆碰撞引起的伤亡数量	预测潜在碰撞,在碰撞效应产生之前或在碰撞发生之后能及时地驱动乘客安全系统
	6.7 自动车辆驾驶系统(AVO)	驾驶员管理者	减少或消除驾驶负荷	在不经操作者干预的情况下,提供一个完全自动的车路系统
7.信息管理	7.1 数据仓库	管理者	利用相关的ITS数据实现ITS规划、安全、操作和研究的工作	提供一个ITS历史数据仓库
8.维护和施工管理	8.1 维护和施工运营系统	管理者	实现资源的最佳利用	系统可以整合关键技术

2. 逻辑框架

美国的ITS逻辑框架以面向过程开发为指导,对如何实现各项用户服务进行细化,给出分层的逻辑功能元素以及各元素间的数据流联系,包括9个逻辑功能、57项子功能,其逻辑框架图如图2.3所示。

3. 物理框架

美国ITS组件分为4类19个子系统,即:中心子系统、路侧子系统、车辆子系统、出行者子系统。ITS子系统之间的通信定义了4种类型的通信媒体,即:有线通信(固定—固定)、广域无线通信(固定—移动)、专用短程通信(固定—移动)和车车通信(移动—移动)。

美国ITS把运输系统分成3层:运输层、通信层和体制层。运输层执行运输功能,通信层为运输层组件之间的连接提供通信服务,体制层反映政策制定者、规划者和其他ITS用户之间的关系。图2.4是美国ITS物理框架顶层构架互连图,显示了美国ITS分属4类的19个子系统(用矩形框表示)及其交换信息的4种基本通信连接方式(用椭圆形框表示),该图也可被看成是美国ITS物理结构之运输层和通信层的最高级视图。

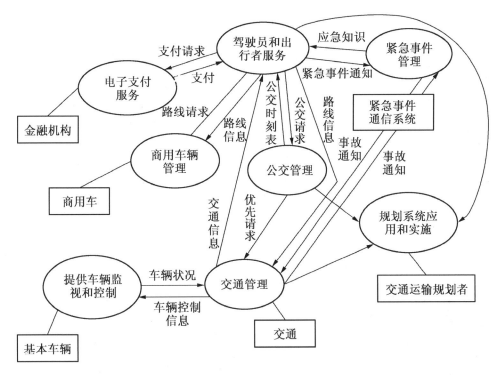

图 2.3 美国国家 ITS 逻辑框架

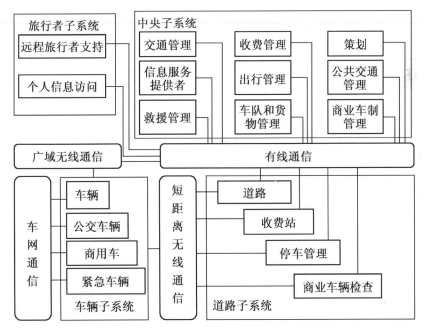

图 2.4 美国国家 ITS 物理框架顶层构架互连图

2.2.2 日本 ITS 体系框架

1998 年 1 月,日本启动国家 ITS 体系框架,采用面向对象的方法来建立系统的逻辑框架和物理框架,1999 年 1 月完成。用户服务包括自动收费系统、交通管理优化等 8 类服务领域,共 20 项用户服务。通过对 ITS 抽象,建立信息模型描述 ITS 涉及的各对象间的信息关系,通过建立控制模型实现各项用户服务,逻辑结构主要包括信息模型和控制模型两部分,通过分层结构把信息组织为 7 大类:地点、路线、道路、移动物、方案、运行机构、外部机构,信息集位于逻辑结构的最高层,图 2.5 为信息集之间的关系。

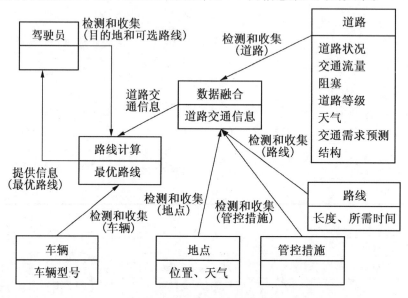

图 2.5 管理模型示意图

日本 ITS 物理框架包括:高层子系统、子系统、底层子系统、单个独立的物理模型、整体物理模型以及信息流。其中,高层子系统以地点为划分标准;底层子系统以逻辑框架中控制模型为基础提出,基本原则是针对控制模型中每一个控制模块给出一个独立的底层子系统,也存在一个底层子系统对应包含多个控制模块的情况。与美国的物理框架类似之处在于:以人、车、路、中心、环境为基本的物理系统划分原则,针对用户服务提出了相应的物理模型。

2.2.3 欧盟 ITS 体系框架

与包罗万象、内容覆盖全面的美国 ITS 体系框架相比,欧盟 ITS 体系框架在内容上选取典型系统进行详细分析,并非以"全"为目的。

欧盟 ITS 体系框架是作为欧盟开发欧洲框架架构项目的一部分于 2000 年 9 月发布的,主要针对道路相关交通系统而言。总体上来讲,欧盟 ITS 体系框架开发指导方法采用面向过程方法,但其目标不是提供全面的 ITS 系统构成,而是示范给出创建某项 ITS 服务的体系框架所应采取的方法,以便用户根据需要进行相应体系框架的开发和扩展。在实际构建过程中,欧盟 ITS 体系框架的用户服务、逻辑框架构建方法与美国类似。图 2.6 为欧盟 ITS 逻辑框架。

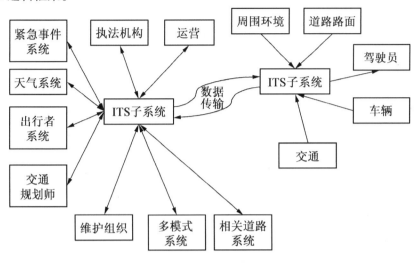

图 2.6　欧盟 ITS 逻辑框架

与美国不同的是,欧盟 ITS 的物理框架不像美国有一个总体的架构,每个子系统,如出行辅助和路线指导系统、电子收费系统等,在逻辑框架的基础上都分别构建了各自的物理框架,如图 2.7、图 2.8 分别给出了欧盟 ITS 的各子系统(出行辅助和路线指导系统、电子收费系统)的物理框架。

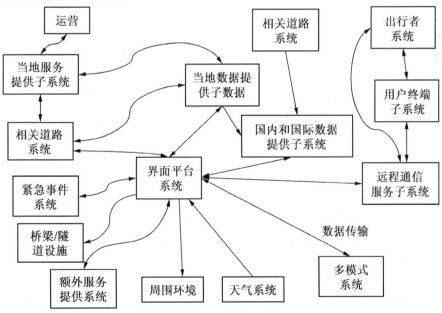

图 2.7　出行辅助和路线指导系统物理框架

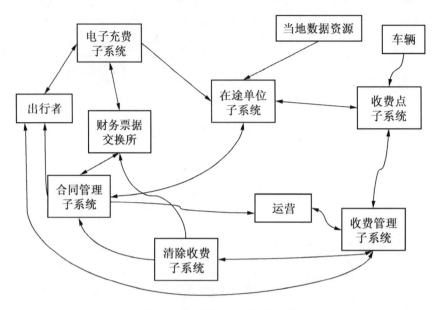

图 2.8 电子收费系统物理框架

在推出了欧洲 ITS 体系框架后,欧洲各国如意大利、法国等在此基础上构建了适合本国国情的体系框架,进一步为欧洲、本国 ITS 建设提供指导。

2.3 中国 ITS 体系框架

1999 全国智能运输系统协调领导小组和办公室开始组织实施我国智能运输系统体系框架的制定工作。2003 年 1 月正式出版了《中国智能运输系统体系框架》(第一版)。2005 年进行修订,完成了《中国智能运输系统体系框架》(第二版)。

2.3.1 用户服务

中国 ITS 用户服务的确定是在对我国的交通基础设施、交通运输现状、交通运行和管理需求、交通管理相关法律法规、交通发展规划,以及社会经济、政治、文化、科技发展背景等方面进行详细调研分析的基础上制定的符合中国特色的用户服务。目前,《中国智能运输系统体系框架》(第二版)中的用户服务包括 9 个服务领域、47 项服务、179 项子系统,用户服务层次见表 2.4(仅列出服务领域和服务)。

表 2.4 《中国智能运输系统体系框架》(第二版)用户服务列表

用户服务领域	用户服务
1. 交通管理	1.1 交通动态信息监测;1.2 交通执法;1.3 交通控制;1.4 需求管理; 1.5 交通事件管理;1.6 交通环境状况监测与控制;1.7 勤务管理; 1.8 停车管理;1.9 非机动车、行人通行管理
2. 电子收费	2.1 电子收费

续表 2.4

用户服务领域	用户服务
3. 交通信息服务	3.1 出行前信息服务;3.2 行驶中驾驶员信息服务;3.3 途中公共交通信息服务;3.4 途中出行者其他信息服务;3.5 路径诱导及导航;3.6 个性化信息服务
4. 智能公路与安全辅助驾驶	4.1 智能公路与车辆信息收集;4.2 安全辅助驾驶;4.3 自动驾驶;4.4 车队自动运行
5. 交通运输安全	5.1 紧急事件救援管理;5.2 运输安全管理;5.3 非机动车及行人安全管理;5.4 交叉口安全管理
6. 运营管理	6.1 运营政策管理;6.2 公交规划;6.3 公交运营管理;6.4 长途客运运营管理;6.5 轨道交通运营管理;6.6 出租车运营管理;6.7 一般货物运输管理;6.8 特种运输管理
7. 综合运输	7.1 客货联运管理;7.2 旅客联运服务;7.3 货物联运服务
8. 交通基础设施管理	8.1 交通基础设施维护;8.2 路政管理;8.3 施工区管理
9. ITS 数据管理	9.1 数据接入与存储;9.2 数据融合与处理;9.3 数据交换与共享;9.4 数据应用支持;9.5 数据安全

2.3.2 逻辑框架

逻辑框架通常用数据流图、功能说明和数据词典等来描述。数据流就是在逻辑框架中功能之间以及功能和终端之间传输的信息,它代表着 ITS 中"运动的数据"。《中国智能运输系统体系框架》(第二版)中的逻辑框架包括 10 个功能域、57 项功能、101 项子功能、406 个过程、161 张数据流图,其中各功能域在数据流名称中的代码见表 2.5。

表 2.5 各功能域在数据流名称中的代码

序号	功能域名称	代码
1	交通管理与规划	TMP(Traffic Management and Planning)
2	电子收费	EPS(Electronic Payment Service)
3	出行者信息	TIS(Traveler Information System)
4	车辆安全与辅助驾驶	VSDA(Vehicle Safety and Driving Assistance)
5	紧急事件和安全	ES(Emergency and Security)
6	运营管理	TOM(Transportation Operation Management)
7	综合运输	IMT(Inter Modal Transportation)
8	自动公路	AHS(Automated Highway System)
9	交通地理信息及定位技术平台	TGIPS(Transportation Geographic Information and Positioning System)
10	评价	EVAL(Evaluate)

2.3.3 物理框架

与美国ITS物理框架类似,中国ITS组件也分成4类,即:中心子系统、路侧子系统、车辆子系统、出行者子系统;但在中心子系统类型中增加灾害救治中心,同时将规划子系统扩展为历史数据服务子系统;在路侧子系统类型中增加自行车道;在车辆子系统类型中增加自行车子系统。

各子系统之间的通信可以套用美国ITS中确定的4类通信媒体,即:有线通信(固定—固定)、广域无线通信(固定—移动)、专用短程通信(固定—移动)和车车通信(移动—移动)。

中国ITS分属4类的22个子系统(用矩形框表示)及其交换信息的4种基本通信连接方式(用椭圆形框表示)如图2.9所示,这既是中国ITS物理框架顶层构架互连图,同时也是中国ITS物理结构之运输层和通信层的最高级视图。

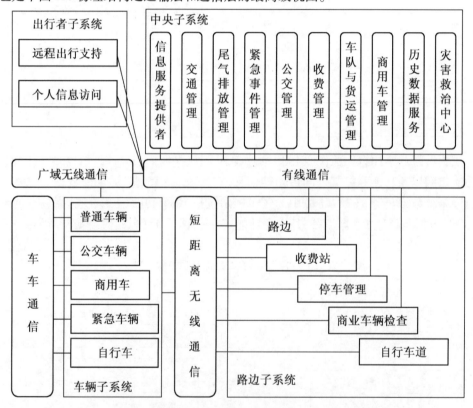

图2.9 中国ITS物理框架顶层构架互连图

2.4 ITS体系框架研究的趋势

2.4.1 ITS体系框架的研究趋势

随着IT技术的迅猛发展,互联网、电子商务、电子政务、移动互联网、车联网、物联网、云计算、大数据、智慧城市、数字城市、感知城市、无线城市、智能城市等信息化社会建设在现代社会生活中不断涌现和深入,而在这样的背景下,ITS体系框架研究表现出如下趋势:

(1) ITS体系框架设计研究工作应充分重视与国家、区域的发展规划间的联系、融合,应充分研究交通领域内汽车运输与其他各种交通方式间的互相配合。

(2) ITS体系框架设计研究工作应充分重视与其他社会信息化建设项目的体系框架顶层设计的联系、融合与区别,互相促进。

(3) 关注高效的移动互联网技术发展是ITS体系框架设计研究工作的重要内容。

(4) ITS体系框架设计研究工作要充分重视云计算、大数据、物联网在ITS建设过程中应用的必然性。

2.4.2 ITS体系框架与其他体系框架的关系

目前ITS经常与智慧城市、数字城市、感知城市、无线城市、智能城市、生态城市、低碳城市、云计算等区域发展概念相交叉和混淆。ITS体系框架设计应充分重视与这些社会信息化建设的体系框架顶层设计研究工作的联系与区别。

(1) ITS是智慧城市建设的最主要组成部分。智慧城市是新一代信息技术支撑环境下的城市形态,是基于物联网、云计算等新一代信息技术以及维基、社交网络、微观装配实验室(Fab Lab)、智能家居(Living Lab)、综合集成法等工具和方法在电子政务、智能电网等信息行业中的应用逐渐建设起来的。此外,交通在城市发展建设过程中起骨架支撑作用,交通的智能化程度映射出智慧城市的智慧化程度,而ITS高度关注城市交通领域的智能运营发展,因此智慧城市是电子政务、ITS、智能电网等行业信息化建设的高级成果。

(2) 车联网成为ITS和物联网拓展的重要方向和重要组成部分。ITS关注高效的车的交通运营,目前交通问题的重点和主要的压力来自于城市道路交通拥堵。未来,ITS的发展将向以热点区域为主、以车为对象的管理模式转变。车联网则强调车间联成网,将每辆汽车作为一个信息源,通过无线通信手段连接到网络中。ITS当然首先会在车联网的平台上施展拳脚。车联网下的ITS可以达到以下效果:①管理部门无须再在各城市、各高速建设小范围的单一监控网,而是以极低的成本真正实现所有车辆实时在线、道路的全国统一管理。②实现了简单、快速、高效的车辆定期检验、尾气排放控制、走私车及套牌车查处、盗抢车追踪等。③通过对路口及路段汽车数量、车速等数据的分析,可以实时掌握全国各城市及各条公路的交通状况,实现真正的ITS指挥。必要时,管理部门还可以通过车联网,将指令或通告发送给汽车终端或现场指挥人员。④可以设定热点区域,对驶入热点区域的汽车进行差别计价收费。⑤可以实现全国高速公路自动收费,无论是在单个城市内,还是贯穿多个城市的长途高速公路,根据汽车在高速公路出入口经过的信息,直接实现不停车计费,准确快捷。⑥可以实时收集反馈的车辆车况信息,对有问题的车辆提前干预。

(3) ITS 是物联网发展的重点,物联网的应用非常广泛,归纳起来目前主要有 4 个领域值得特别关注:环境监控、物品溯源、智能电网、ITS。作为物联网产业链中的重要组成部分,ITS 具有行业市场成熟度较高、行业传感技术成熟、政府扶持力度大的特点。物联网在 ITS 领域已有雏形,例如"车-路"信息系统一直是 ITS 发展的重点领域。在国际上,美国的 IVHS、日本的 VICS 等系统通过车辆和道路之间建立有效的信息通信,实现 ITS 的管理和信息服务。当前业界普遍认为 ITS 是物联网应用最有条件先行突破的领域。

(4) 物联网、ITS、车联网间互相促进发展。物联网强调物间连成无线感知网,车也是物,各种交通设施也是物。现阶段物联网的基本技术为 RFID 技术与传感器网络技术,具有车辆通信、自动识别、定位和远距离监控等功能,在移动车辆的识别和管理系统方面有着非常广泛的应用。RFID 已经成为服务 ITS 重要的信息技术,也是实现"车联网"的重要技术条件。目前,RFID 技术主要在智能公交定位管理和信号优先,智能停车管理,车辆类型及流量信息采集,路、桥电子不停车收费,高速公路多义性路径识别及车辆速度计算分析等方面取得了一定的应用成效。基于 RFID 等标签技术的车联网概念也开始被通用、大众等汽车产商提出。

(5) 云计算是建设 ITS 的高效利器。ITS 交通数据有数据量大、应用负载波动大、信息实时处理要求性高、数据共享需求量大、高可用性及高稳定性、硬件建设周期比较长等特点。随着 ITS 应用的发展,服务器规模日益庞大,将带来高能耗、数据中心空间紧张、服务器利用率低或者利用率不均衡、管理效率较低、资源浪费、管理员工作繁重等问题。而云计算的特点恰恰是非常擅长搭建一个整合的、先进的、安全的、自动化的、易扩展的、服务于交通行业的开放性平台。云计算通过虚拟化等技术,整合服务器、存储器、网络等硬件资源,优化系统资源配置比例,实现应用的灵活性,同时提升资源利用率,降低总能耗,降低运维成本。因此,在 ITS 系统中引入云计算有助于系统的实施,是 ITS 发展应用必然的选择。

总体来看,以人为本,公交优先,高度信息化、集成化、绿色化、安全化将是未来智慧交通的理想状态。它将智能技术应用到城市整个大的运输系统中,如街道、桥梁、十字路口、标志、信号和通行费等,可以将所有的设施、车辆与驾驶者、行人联结起来,使其更智能化和人性化。将来,更智能的交通系统可以改善司机的通勤,为城市规划者提供更全面的信息,促进流动,减少堵塞、降低燃料使用及二氧化碳排放量,提高市民的生活质量,推动通信、电子、计算机等高新技术的发展和应用,促进国家产业经济的发展。21 世纪,更加智慧的交通系统将是 ITS 发展进程中一个新的里程碑,其发展将加快智慧城市的建设步伐。

2.5 ITS 标准化

标准化是指在经济、技术、科学和管理等社会实践中,对重复性的事物和概念,通过制定、发布和实施标准达到统一,以获得最佳秩序和社会效益。智能运输系统是信息科学、控制科学、环境科学、交通运输科学以及系统工程科学的理论、方法和成果综合运用的产物,必须在一定的规范下进行发展和建设,必须实现标准化。

2.5.1 国外 ITS 标准化的进展

1. 美国 ITS 标准化的进展

在美国交通部(USDOT)的组织下,美国历时 3 年于 1996 年 7 月完成了"国家 ITS 系统体系结构"的开发,该项目最终涉及 ITS 标准化的论述可分为 3 类:

① 白皮书(White Papers)。其中主要论述了标准化的需求、标准化发展的程序、标准化的示范工程要求以及系统结构参考模型等。

② 标准化需求文档(Standards Requirement Document)。其中论述了该类系统接口的确定、标准化发展中的优先项目等。

③ 标准化实施计划(Standards Implementation Plan,SIP)。该计划中描述了需求发展的标准,勾画了标准发展的时间表,并确定了发展过程中的标志性内容等。

美国 ITS 标准化主要通过民间组织 SDOS(Standards Development Organizations)制定标准。USDOT 选定 5 个标准化组织并资助它们进行 ITS 领域的标准化研究工作,并给予原则性指导和资金扶持。具体组织名称及研究领域见表 2.6。

表 2.6 美国交通部选定的 5 个 ITS 领域标准化组织

序号	组织名称	研究领域
1	汽车工程师协会(SAE)	车内和旅行者信息服务
2	运输工程师协会(ITE)	交通管理与运输规划系统
3	电子与电气工程师协会(IEEE)	电子和通信标准化及协议
4	美国各州公路和运输工作者协会(AASHTO)	路侧基础设施
5	美国材料试验协会(ASTM)	专用短程通信

2. 欧洲 ITS 的标准化发展

由于欧盟各国有着不同的文化背景和法律,欧洲国家更重视 ITS 标准的国际化,强调建立一个开放的、柔性的标准化体系结构,保证全欧范围不同系统之间的互操作性。

1990 年,欧洲标准化委员会设立了 CEN/TC278 技术委员会,负责道路交通和运输的信息化(Road Trafficand Transport Telematics),分 14 个工作组进行技术规范及术语、具体应用领域、数据交换及参照定位、通信技术及接口 4 大项的研究。其主要工作分工情况见表 2.7。

表 2.7 欧洲 CEN/TC278 技术委员会工作组分工情况

序号	工作组
1	WG1:自动收费和通行控制
2	WG2:货运管理系统

续表2.7

序号	工作组
3	WG3:公共运输
4	WG4:交通和旅行者系统
5	WG5:交通控制
6	WG6:停车管理
7	WG7:地理数据库
8	WG8:道路交通数据的描述、储存和分布
9	WG9:开放的短域通信
10	WG10:人机接口
11	WG11:子系统和内部系统接口
12	WG12:自动车辆和设备识别
13	WG13:体系结构和术语
14	WG14:参照定位

在欧洲,除了CEN/TC278外,还有其他的CEN技术委员会,欧洲远程通信标准协会(ETSI)和欧洲电子技术委员会(CENELEC)也从事ITS标准研究工作,其中最主要的有CEN/TC224、CEN/TC225和CENELEC/TC206。

2.5.2 中国ITS标准化的进展

1999年10月,在科技部和国家质量监督检验检疫局(原技术质量监督局)的统一安排下,国家智能运输系统工程技术研究中心和ISO/TC204中国秘书处承担了"中国智能运输系统标准化体系的研究"课题。2002年,全国智能运输系统标准化技术委员会组织制定了"中国智能运输系统标准体系",为规范我国智能运输系统的发展以及制定基础标准奠定了基础。随着信息技术的发展,我国于2003年正式成立了全国智能运输系统标准化技术委员会,开始组织实施智能运输系统的标准研究及制定工作。2007年,对第一版智能运输系统标准体系进行了修订,增加了数据管理部分,对标准明细表也进行了修改,形成第二版ITS标准体系。第二版标准要素集群及制定的标准数量见表2.8。

表2.8 第二版标准要素集群及制定的标准数量

层次	分类代码	分体系名称	标准要素集群
第一层次	100	智能运输系统通用标准	体系、总体结构、服务、评价体系
	101	专用术语及定义	术语、缩略语、符号、标志
	102	基础信息编码及表述	分类、代码、编码规则、数据词典
	103	数字地图及定位	数字地图信息分类、编码、数据格式、定位信息交换、设备技术条件

续表 2.8

层次	分类代码	分体系名称	标准要素集群
第二层次	200	分系统标准	
	201	专用通信	电子收费,停车,优先控制,车辆间、车内显示设备短程通信,运输信息、交通控制、专用集群系统通信
	202	信息服务	信息服务定义、编码、数据词典、设备技术要求、线路诱导信息规范及物理接口
	203	交通与紧急事件管理	交通管理外场设备、交通管理中心、交通事故、紧急事件、停车管理
	204	电子收费	电子收费信息交换,设备技术条件、测试及管理规程,电子收费清算
	205	综合运输及运输管理	通用信息交换、停车管理、客运、货运、危险品运输
	206	车辆辅助驾驶与智能公路	辅助驾驶、自动驾驶、安全及警告、车辆防盗系统
	207	数据管理	数据归档、电子数据交换、数据格式、数据总线、数据服务

2013年的世界标准日(10月14日)的主题是"国际标准推动积极改变",我国也承担了智能运输领域的第一个国际标准"便携移动终端在智能运输系统重点应用"的编制。智能运输系统标准化工作将在交通运输部发布的《关于加强交通运输标准化工作的意见》(简称《意见》)指导下,进一步建立标准计量、认证认可、检验检测、产品质量抽查的标准体系,推动市场和企业采用标准,最终促进产业的发展。推动《意见》中提出的标准化重点,在基于交通专用短程通信的合作式智能运输、无线移动设备在智能运输中的应用等领域尽快制定具有我国自有知识产权的标准,使交通运输更安全、更绿色。

2.6 ITS 评价

研究 ITS 评价方法,对合理引导 ITS 建设的投资,评价 ITS 建设效益及对社会、经济、环境、风险的影响有重要意义。

2.6.1 ITS 评价的意义

智能运输系统评价通过对 ITS 项目的经济合理性、技术合理性、社会效益、环境影响和风险做出评价,为 ITS 项目的可行性研究、实施效果、方案优选、决策以及对已有的系统运作优化提供科学依据,为投资者提供决策依据。

ITS 评价包括以下 4 个方面的意义：

（1）理解 ITS 产生的影响。ITS 评价可以更好地了解 ITS 对运输系统及其使用者产生的影响，以及由 ITS 引起的社会、经济和环境等诸多方面的影响。

（2）对 ITS 带来的效益进行量化。投资者决定要投资一个项目，就必须先对该项目所能带来的回报做到心中有数，无论是政府部门还是私人机构都希望能够量化自己投资的效益。

（3）帮助对将来的投资做出决定。ITS 评价所提供的信息（关于具体实施的条件和可能产生的影响等）可以帮助政府部门优化投资，同时也有助于对将来项目的投资和实施做出决定。

（4）优化已有系统的运作和设计。ITS 评价可以帮助已有运输系统识别出需要改进的方向，从而使管理者和设计者能够更好地管理、调整、改进、优化系统运作和系统设计。

2.6.2 国内外 ITS 评价发展动态

1. 美国 ITS 评价发展动态

美国运输部和欧盟经历了 20 多年的 ITS 研发之后，在 20 世纪 90 年代初开始认识到 ITS 评价的重要性，并对这方面的研究进行了巨大的投入，发表大量的研究报告；2000 年发布了"National ITS Architecture"的最新版（Version 3.0），其评价文档（Evaluation Documents）是美国对其 ITS 评价内容和方法的比较全面的阐述，它分为 5 部分：①评价设计。②费用分析。③性能和效益研究。④风险分析。⑤评价结果。在此前后美国运输部还公布了一系列的 ITS 评价指导性文件，如"运输公平法案中的 ITS 评价指导方针 TEA – 21（ITS Evaluation Guidelines）""国家评价战略（National Evaluation Strategy）"等。

在国家 ITS 体系结构等的指导下，美国运输部耗费巨资对全国各地数十个 ITS 项目运营情况进行了评价，例如美国运输部长 Rodney E. Slater 于 2000 年 3 月宣布选择 7 个 ITS 项目做国家级评价。对 ITS 项目的运营进行评价得到了大量珍贵的第一手费用和效益数据，在此基础上，美国运输部联邦公路署（FHWA）委托 Mitretek 系统公司建立了各种 ITS 项目的费用和效益数据库。

鉴于 ITS 评价的复杂性，2000 年 5 月，剑桥系统学推出了专用于 ITS 评价的决策支持软件——ITS 部署分析系统。

2. 欧盟 ITS 评价发展动态

欧盟的 ITS 框架"KAREN"中包含了评价部分，并于 1998 年 9 月在 ITS 评价研究项目"CON – VERGE"中发布了"智能运输系统评价指南（Guide – book for Assessment of Transport Telematics Applications：Updated Version）"。ITS 项目的运营评价也在伦敦、巴黎和都灵等许多城市开展，内容包括：用户需求定义、项目描述、定义评价目标、影响的预评价、定义评价方法、数据分析和报告内容。

从美国和欧盟的研究成果来看，在 ITS 评价中费用效益分析法应用较多，即将 ITS 项目的费用和效益都折算成货币进行评价。然而在评价过程中，一些影响很难折算成货币而定量化，特别是很多效益难以量化，例如环境改善、安全性提高、舒适度提高等。因此仅仅采用费用效益分析法是不够的，有必要结合其他的方法，对 ITS 的影响进行全面可靠的评价。

2.6.3 ITS 评价指标体系

ITS 评价指标体系是反映系统整体状况的指标群体,能够反映所评价系统的总体目标和特征。在 ITS 方案评价指标体系的建立过程中,为了客观、全面地衡量 ITS 项目的社会、经济影响,实现对其科学的综合评价,需要遵循 ITS 评价原则,建立综合评价指标体系,对系统进行准确有效的评价。

1. 评价原则

(1)可行性原则。ITS 的评价指标必须有明确的意义,并应简明实用,具有可量化和可检测的特点。

(2)系统性原则。ITS 本身是一个复杂的、多因素相互联系的系统工程,因此 ITS 项目的评价指标体系应考虑系统内因和外因的相关性、整体性和目标性。

(3)科学性原则。确定的评价指标体系必须科学地、全面地反映 ITS 项目社会经济影响的本质特征。

(4)先进性原则。效益评价指标体系要有突破、创新之处。从环境、经济等角度考虑问题,以提升整个社会的和谐水平,由于 ITS 的复杂程度比较高,所以应当建立确实可行的操作方式,选用的指标含义明确、数量好量化。

(5)定性与定量相结合原则。在 ITS 的效益评价中,经济效益相对量化容易一些,而社会效益就不好量化,环境效益量化也很难,这样的情况下,只能对这些部分进行定性分析,从量的角度只能是估计,误差很大,所以定性与定量相结合的原则也是 ITS 效益评价的一个常用的方法和原则。

2. 社会、经济综合评价内容

(1)社会效益分析。

①智能交通系统将成为我国经济发展的经济基础之一,它的实现必将对我国城市交通运输管理发展带来巨大的推动作用。

②实现智能化交通系统将会提高我国交通运输在国际上的形象。

③实现我国交通运输行业发展的超前性、高效性、安全性和高速性。

④为乘客提供更加安全、快捷、舒适的交通工具,提高对乘客的服务质量。

⑤避免或降低事故率,提高路口通行量,加速客货流的周转。

⑥改变交通运输管理现状,减轻交通运输行业职工的工作强度。

(2)经济效益分析。

①实现交通运输企业办公自动化,用计算机对日常工作进行管理及处理,可进行无纸操作,提高办公效率。

②实现交通运输企业的计算机辅助管理制度,改善了企业档案资料保存环境,使资料积累、工作量统计、工作计划更加有条理,为企业管理、领导决策提供有效依据,使企业的综合管理更加规范化、有序化、条理化。

③推动交通运输企业生产技术向着高科技方向发展,提高其科技含量,促进交通运输企业界技术素质的提高,推动企业对职工的科技培训水平,提高交通运输企业的整体

素质培养。

④改善调度、指挥、通信等工作环境,提高交通运输企业的劳动生产效率,实现减员增效,减轻劳动强度。

⑤交通运输购票实现 IC 卡充值,增加企业收益和效率。

⑥实现线路运营实时监控,避免或降低各种事故、险情(抢劫、爆炸等人为破坏)的发生,减少交通运输企业的直接经济损失。

⑦加强车辆保修保养,降低故障率,减少不必要的经济损失。

综上所述,智能交通系统的应用发展将会促使交通运输企业的乘客增加,提高车辆利用率,节约运营系统的劳动力,改善提高车辆保养工作,增加企业的经济收入,降低企业生产运营成本,改善运营调度指挥的工作环境,促进交通运输企业的发展。

(3)智能交通系统企业外部的经济效益分析。

①提高道路通行能力,减少环境污染,包括废气、噪声等污染,降低外差成本。

②提高安全保障,减少各种事故对企业及社会造成直接或间接的经济损失。

③交通运输企业科技含量的加大,必然会带动其他相关的技术支持性产业的发展,如:电子业、通信业等。

④提高运输工具的快捷舒适度,有可能减少社会车辆的出行。

⑤改善城市交通状况,提高城市交通的整体水平。

⑥将会提高社会上对交通运输企业的认识,推动我国智能交通系统的建设与发展。

3. ITS 评价指标体系确定

(1)ITS 社会经济影响因素。

在对 ITS 社会经济影响进行综合评价时,不能不分析其产生的社会经济影响因素,影响因素很多也很复杂,本文运用系统分析的方法,主要考虑系统投入成本、路网运行效率、系统安全性、用户满意性、能源与环境等几个侧面的影响因素,见表 2.9。

表 2.9 ITS 社会经济影响因素

影响因素	影响子因素
系统投入成本	ITS 系统建设成本、ITS 系统运行维护成本、车辆智能装置成本
路网运行效率	行程时间、行程速度、延误时间、停车次数、系统服务时间、交通流量、车辆排队长度、路网经济适用性
系统安全性	速度标准差、事故率、事故死亡率、事件反应时间、事故伤残率
用户满意度	系统使用者的满意度、改善系统经营者间的合作、对系统周围群体的影响
能源与环境	燃料消耗、车辆尾气排放、大气质量指数

(2)ITS 社会经济影响综合评价指标体系的确定。

根据 ITS 的特点,结合社会经济影响因素,从经济、社会、路网交通系统、能源与环境等角度出发进行评价,选取代表性强和变化程度大的指标组合成不同的部分,并根据各个部分的相互关联影响及隶属关系,将其按照不同的聚集组合,构成多层次、多目标的混合型综合评价指标体系,既含有对社会经济的影响评价,又含有其与社会经济两相适应的分析,据此来考虑 ITS 社会经济影响综合评价的内容。

根据对各评价子模块的分析,并结合 ITS 社会经济影响的特殊性,采用主成分分析法、因子分析法确立 ITS 社会经济影响综合评价指标体系,见表 2.10。

表 2.10 ITS 社会经济影响综合评价指标体系

评价准则(1)	评价准则(2)	评价指标	影响的度量
经济发展影响	建设运营方效益	建设费用节省效益	定量
		运营费用节省效益	定量
	用户出行时间效益	旅客节约在途时间效益	定量
		货物节约在途时间效益	定量
	提高经济外向度	产品与服务外向度	定量
		投资外向度	定量
		资本机构外向度	定量
社会发展影响	改善区域投资环境	交通基础设施适应度	模糊定量
		用户满意度	模糊定量
	技术进步效益	推动物流行业发展	模糊定量
		运营管理网络信息化	模糊定量
		提高行业服务水平	模糊定量
路网交通系统影响	交通性能	路网经济适用性	定量
		系统服务水平	模糊定量
	交通安全	行车危险系数	定量
能源与环境		耗油量的节约	定量
		大气质量指数	模糊定量

2.6.4 ITS 评价方法研究

1. 费用效益分析法

在美国和欧盟,费用效益分析法在 ITS 项目评价中占据了主导地位,费用效益分析法的过程可分为 3 个阶段:确定备选方案、影响分析、评价。

(1)确定备选方案。

基础方案:不严格地说,基础方案就是"做最少"方案。

备选方案:可供选择的方案,例如建设 ITS 设施,还是采用其他方案,如拓宽道路等。

辅助设施:不管哪一个备选方案被选中,都有与之相关的一套辅助设施以确保该投资获得最大效益。

(2) 影响分析。

所有的影响都可归为:费用、效益和转移。费用和效益是众所周知的,本文主要对转移略做说明。实际上,大量的影响都是转移性的,这意味着个人可能在其中有得有失,而社会总量却未变动,例如由于 ITS 设施的建设和运营,导致利用者付费和税率的变化和土地利用的变化等。社会总量不会因为转移变好或变坏,然而转移会影响公平和行为,由此产生费用和效益。

实际上,一个特定的条目是否称为费用或效益也不是固定的,实际操作上,费用一般由 ITS 项目的直接费用组成,它应该包括首期投资,但可以包括或不包括运营和维护费用。

ITS 项目的效益来源于建设 ITS 项目的目标,它包括正效益和负效益。通常包括:
① 时间的节约。
② 用户费用和外部费用的减少。
③ 安全性的提高。
④ 质量的提高,例如客运的舒适度、准时性的提高,货物破损率的降低等。
⑤ 消费者剩余的增加。

上述的效益都可归为交通费用的降低,当此交通费用的降低以一般化费用呈现给用户时,将会诱发更多的交通问题。诱增交通量的效益可以用价格与需求曲线的面积计量,称为消费者剩余。

(3) 评价。

计算各备选方案的总效益和总费用,通过计算比较效益费用比或效益费用差,确定项目的可行性和最佳方案。

$$RBC = \frac{\sum_{t=0}^{T-1} B_t (1+r)^{-t}}{\sum_{t=0}^{T-1} C_t (1+r)^{-t}} \quad (2.1)$$

$$DBC = \sum_{t=0}^{T-1} (B_t - C_t)(1+r)^{-t} \quad (2.2)$$

式中　RBC——效益费用比;
　　　DBC——效益费用差;
　　　T——时间周期;
　　　t——年数;
　　　B_t——第 t 年的效益;
　　　C_t——第 t 年的费用;
　　　r——折现率。

采用费用效益分析法进行 ITS 评价,首先需要明确的问题是 ITS 项目是否明显不同于其他传统运输项目(例如新建、扩建道路),是否会导致常规的费用效益分析法无法应用或需要做大量的修改。其实以往的费用效益分析是建立在良好历史数据积累基础之上的,然而 ITS 项目经常是缺乏费用和效益的历史数据的,因为很多项目有可能是第一次实施,没有别的已建项目数据提供参考。因此,ITS 项目评价的数据更多地基于模型(包括仿真),而并非来源于历史数据的收集。

相对费用估计而言,效益估计是一个非常困难的工作,ITS 效益估计需要复杂的假设和仿真技术,将导致效益计算具有不同的输入,不同的假设和仿真技术,最终导致评价结果的差异。因此,ITS 评价人员应该充分意识到这些问题。如何为估算费用和效益做出合理的假设需要 ITS 评价人员做出艰苦努力,为了精确预计 ITS 项目的费用和效益,需要建立 ITS 项目费用和效益的数据库(数据来源于仿真和现场实施监测),数据库包括工程、经济、社会、环境等方面的费用和效益的数据。

2. 多目标决策法

多目标(多准则)决策法是决策学中针对多目标问题决策产生的方法。

(1)多目标决策法的特点。

①目标度量的多样性。各指标之间没有统一的度量标准,难于直接进行比较。例如,ITS 评价指标既有定性指标,也有定量指标,指标的量纲也不一样。

②目标之间的矛盾性。如果选择一种方案改进某一指标,可能会使另一指标的值变坏。例如,实施 ATIS(先进的出行者信息系统),可能减少拥堵,减少出行时间,降低延误,然而由 ATIS 导致的诱增交通量可能导致环境污染的加剧。

(2)适合 ITS 评价的多目标决策法。

目前已经发展了许多种多目标决策法,这些方法各有不同的使用场合,并非所有的方法都适合于 ITS 评价。可以本着下面的原则确定可用于 ITS 评价的多目标决策法。

①透明性。

整个评价方法对投资反应是透明的,即该方法应该能被投资者很好地理解,评价过程中评价人员应与投资方达到很好的沟通。需要特别强调透明性,因为以往的评价方法常常仅能为少数专家和研究者所掌握。鉴于 ITS 系统的复杂性,美国发布的 *ITS Evaluation Resource Guide* 一文中明确指出,评价队伍中应包括投资方的代表。

②鲁棒性。

它指对于不同类型的 ITS 项目,评价的输入数据具有良好的适应性,并且能产生简单但有效的输出,以用于评价 ITS 对社会环境的直接影响和间接影响。具体地说,鲁棒性体现在以下几个方面:数据要求、不确定性的处理和敏感性的处理。

③易操作性。

评价方法并不是越复杂越好,方法太复杂了就很难做到使投资"透明",而且未必能很好地解决问题。重要的是要便于评价,而不在于方法是否复杂。易操作性指的是抓住实际问题的重要方面,而不是将实际过于简化。

经过研究,推荐下面 3 种方法:层次分析法、ELECTRE 方法、多属性效用度方法,这 3 种方法都符合上面的 3 个原则。

3. 评价方法研究比较

费用效益分析法能够转换为货币的直接影响(如直接费用的节约)或间接的影响(如出行时间的减少)等,除此之外的其他影响(例如 ITS 对公平、行为的影响)则很少也很难被考虑,影响越多,能够折算成货币形式,费用效益分析法计算的结果也就越精确。

如果 ITS 项目涉及环境、社会、政策等方面的评价中很多影响难以量化,仅采用费用效益分析法不能做到全面精确的评价,这时可以考虑采用多目标决策法,而且多目标决策法也比较适合于 ITS 项目的综合评价,然而多目标决策法的具体应用与特定的场合有很大关系(例如权重的确定),多目标决策法评价结果的时间和空间的转移性较差,在一个地方 A 系统优于 B 系统,地方变更结果就会大不相同。总体来说,ITS 评价是一个非常重要但又困难复杂的课题,涉及技术、经济、环境、社会、政策的方方面面,既有定性也有定量的评价,费用效益分析法和多目标决策法各有其适用的范围,两者互为补充,相辅相成。

本章参考文献

[1] 杨琪. 智能运输系统标准化状况及发展趋势综述[J]. 交通标准化,2011(24):8-10.

[2] 刘冬梅. 智能交通系统(ITS)体系框架开发方法研究[D]. 北京:北京工业大学,2004.

[3] 王笑京. 智能交通标准创造美好明天[N]. 中国交通报,2013-10-16(002).

[4] 陆键,项乔君. 关于我国智能运输系统 ITS 产业化发展方向的思考[J]. 东南大学学报(自然科学版),2002(03):488-494.

[5] 王震宇,黄卫,陆毅. 中国智能运输系统体系结构发展研究[J]. 东南大学学报(自然科学版),2001(03):85-89.

[6] 中国智能运输系统体系框架编写组. 中国智能运输系统体系框架[M]. 北京:人民交通出版社,2003.

[7] 颜鹰,刘璇. 智能交通系统关键标准研究[J]. 大众标准化,2013(02):51-55.

[8] 杨琦,王笑京,齐彤岩,等. 智能运输系统标准体系原理与方法[M]. 北京:中国铁道出版社,2003.

[9] 黄卫,陈里得. 智能运输系统(ITS)概述[M]. 北京:人民交通出版社,1999.

[10] 张可,齐彤岩,刘冬梅,等. 中国智能交通系统(ITS)体系框架研究进展[J]. 交通运输系统工程与信息,2005(05):10-15.

[11] 杨晓光. 中国智能交通系统评价方法研究[J]. 交通运输系统工程与信息,2006,12(6):14-20.

[12] 陈旭梅. 美、欧、日智能交通系统(ITS)发展分析及启示[J]. 城市交通,2004,7(7):75-79.

[13] 严新平,吴超仲. 智能运输系统原理、方法及应用[M]. 武汉:武汉理工大学出版社,2014.

第3章 ITS技术基础

3.1 概 述

"运筹策帷帐之中,决胜于千里之外",比喻做事前期准备充分,后期的工作才能顺利进行。决策是在占有一定信息和经验的基础上对影响目标实现的诸因素进行分析、计算和判断选优后,对未来行动的决定。交通信息是 ITS 的基础,交通信息采集、分析、处理与应用是 ITS 的重要组成部分,如图 3.1 所示。信息技术、通信技术、物联网的发展,为全面及时准确的交通信息采集奠定了坚实的基础。智能交通系统在规划、建设与运营的不同阶段均需要利用信息进行决策,而且不同单位需要的交通数据是时空内的部分交通信息。

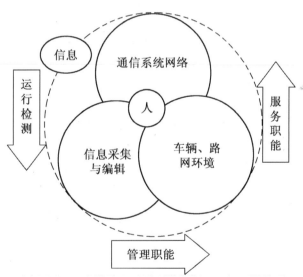

图 3.1 交通信息在 ITS 中的作用

ITS 交通信息采集、处理分析、信息发布与显示技术等基础技术包括传感器技术、机器视觉技术、信息处理技术、数据库技术、智能控制技术、移动通信技术等。

3.2 交通信息采集技术

3.2.1 交通信息采集内容及特点

交通信息反映交通状况的各种信息，按照其变化的频率不同，可分为静态交通信息和动态交通信息两大类，因此交通信息采集技术也分为静态交通信息采集技术和动态交通信息采集技术两大类。

(1) 静态交通信息种类及特点。

静态交通信息主要包括城市交通的基础空间数据（地表模型、高清正射影像等）、城市及周边基础地理信息（城市路网、交叉口布局、城市基础交通实施信息）、道路交通网络基础信息（道路等级、长度、收费信息）、道路交通客运信息（客运班线、客运票务、市区公交信息、车站线路辐射图、客运企业信息、交通换乘点等）、航班信息、列车信息、水运信息（船次、起终点、开船时间等）、停车场信息（停车场位置、名称、总泊位数、开闭状态、空闲泊位数等）、交通管理信息（警区界限、安全界限、警力分布、交通岗位、执法站、车管所、检测场、考试场、过境检查站）以及交通抽样调查数据等。

特点：静态信息是相对稳定的，变化的频率较小。因此，静态交通信息不需要实时采集和经常更改，直到数据发生变化时才需要变动。

静态交通信息通常采用人工调查或仪器测量的方式获取，为了减少不必要的重复性工作，并减少不同方式得到的数据的不一致性，可以通过与其他系统对接的方式，从其他系统获得相关的基础信息，如车辆保有量信息、交通管理信息等，通过调查获得这些基础信息后，一般采用一次性人工录入的方式存入静态交通信息数据库。只有当实际系统的数据发生变化时，才需要对静态交通信息数据库中的数据进行更新。

(2) 动态交通信息种类及特点。

动态交通信息来源广泛、形式多样，主要是通过电子警察和卡口的视频、手机定位、公交 IC 卡收费信息、地感线圈等传感设备和移动终端采集的人、车、路等交通要素的数据。在人的因素上采集到的数据有驾驶行为数据、付费行为数据和出行行为数据，从车的因素上采集到的数据有车辆信息数据、车辆实时位置数据、公交车运营数据、出租车运营数据、路况数据等。

特点：动态交通信息是动态、实时的，反映的是随时变动的交通状况，因此动态信息采集必须是及时准确的。

基于动态交通信息的特点，动态交通信息采集技术可分为固定式交通信息采集技术和移动式交通信息采集技术。其中固定式交通信息采集技术包括磁频采集技术、波频采集技术、视频采集技术等；移动式交通信息采集技术包括基于 GPS 的采集技术、浮动车交通信息采集技术、基于电子标签的采集技术、交通地理信息系统技术等。

3.2.2 环形线圈检测器

环形线圈检测器是传统的基于电磁感应原理的交通检测器，是目前交通领域应用最广泛、准确率最高的检测器,其传感器是一个埋设在路面下、通有一定交变电流的环形线圈,当车辆通过线圈或停在线圈上时,车辆引起线圈回路电感量的变化,检测器检测出该变化就可以检测出车辆的存在。

检测电磁量变化的方法:一种是利用相位锁存器和相位比较器来检测相位,根据相位的变化来判断车辆的通过与存在;另一种方式是通过检测由环形线圈构成的耦合电路的振荡频率来判断车辆的通过与存在。

环形检测线圈的优点:技术成熟、价格合理、不受外界环境和天气变化的影响,抗干扰能力强,而且其检测的交通参数精度在98%左右,性能稳定可靠,故障率低。

环形检测线圈的缺点:

(1)线圈在安装或维护时必须直接埋入车道,这样交通会暂时受到阻碍;埋置线圈的切缝软化了路面,容易使路面受损,尤其是在有信号控制的十字路口,车辆启动或者制动时损坏可能会更加严重。

(2)感应线圈易受冰冻、路基下沉、盐碱等自然环境的影响。

(3)感应线圈由于自身的测量原理所限制,当车流拥堵,车间距小于3 m的时候,其检测精度大幅度降低,甚至无法检测。

(4)部分厂家的产品还不具备逻辑识别线路功能,对于跨车道行驶的车辆还不能正确识别处理,需要在硬件上进行灵敏度的调试或在软件上加入逻辑识别功能。

检测器能否正常工作在很大程度上取决于它所连接的感应线圈,线圈的几个重要参数包括:线圈材料、线圈形状及尺寸和线圈施工质量,检测器布设结构示意图如图3.2所示。

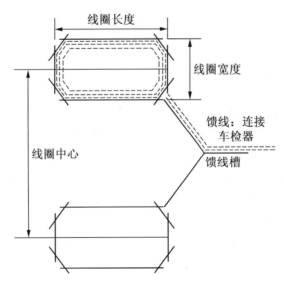

图3.2 检测器布设结构示意图

检测器连接线圈后通电即可进入正常工作,可自动检测线圈是否正常连接,以及线圈的电感参数,并设定初始频率。

工作中实时监测线圈振荡频率,线圈工作接线示意图和地面埋设剖面示意图如

图3.3和图3.4所示。

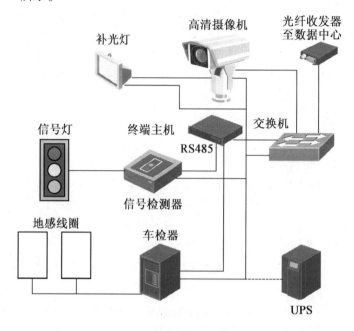

图3.3 线圈工作接线示意图

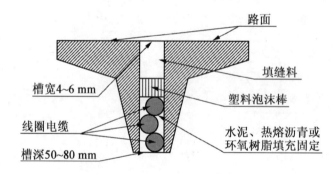

图3.4 线圈地面埋设剖面示意图

3.2.3 地磁车辆检测系统

对通电的金属或半导体施加磁场作用时,引起电阻值的变化,这种现象称为磁电阻效应。对于强磁性金属(铁、钴、镍及其合金),当外加磁场方向偏离金属的内磁化方向时,金属的电阻减小,这就是异向磁阻效应(Anisotropic Magnetoresistive Effect, AME),具有线性变化的特点,其中能够引起磁电阻效应的方向称为敏感方向或者磁感应方向,电阻变化较大。异向磁阻效应的电阻率和电流 I 的方向以及磁化强度 M 的方向的夹角 θ 有关,如图3.5所示。其关系式如3.1所示。

$$\rho(\theta) = \rho_1(\theta) + (\rho_2 - \rho_1)\cos^2\theta \tag{3.1}$$

式中 ρ_1——电流 I 平行于 M 的电阻率;

ρ_2——电流 I 垂直于 M 的电阻率。

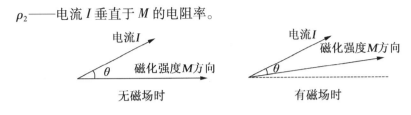

图 3.5　异向磁阻效应原理图

地球周围存在一层很弱的磁场,常称为地磁场,强度为 0.5~0.6 Gs,方向由北指向南,具有大范围内均匀分布的特点。当较大的铁磁物体穿过磁场时,周围的磁场会产生扰动,产生畸变。利用磁阻传感器感知磁场信号,通过分析地磁信号变化情况判断是否有较大铁磁物质对磁场进行干扰。地磁传感器(AMR 传感器),是一种利用铁镍合金薄膜电阻率受磁场变化较大的特点制成的异向性磁阻传感器,可以用来检测地磁场信号。传感器是由 4 个磁阻构成的惠斯通电桥,当磁场变化时,电桥中电阻发生改变,信号调理电路检测到的电桥电压的值可以反映当前磁场强度大小和方向,内部电路原理如图 3.6 所示。

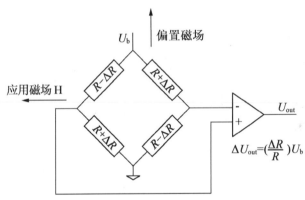

图 3.6　AMR 传感器的检测电路原理示意图

检测器的工作电源为 U_b,当有铁磁性物体通过检测器所在的特定区域时,相当于在电桥上施加了一个偏置磁场,使得 2 个相对放置的电阻条的磁化方向朝着电流方向转动,引起电阻阻值的增大;另外 2 个相对放置的电阻条的磁化方向背着电流方向转动,引起电阻阻值的减小,这样打破了惠斯通电桥的平衡,并将磁场的变化转换成差动输出电压,该输出电压 U_{out} 如关系式 3.2 所示。

$$U_{out} = \frac{\Delta R}{R} U_b \tag{3.2}$$

式中　R——薄膜电阻;
　　　$\Delta R/R$——阻值的相对变化量;
　　　U_b——传感器工作电压。

通过对电桥输出信号的放大、调理、采样就可以得到传感器感应方向上的磁场变化信息,从磁场的变化或畸变中检测出含有铁磁性材质的物体。车辆等同于较大的铁磁物质,一般通过地下埋设单轴地磁传感器检测车辆。当车辆接近地磁检测器的检测区域时,地球表面的磁力线受挤压而聚合;磁力线随车辆到达位置从收缩状态到沿中心发散,使地磁场信号发生变化。

地磁车辆检测器利用 AMR 磁阻传感器感知车辆对地磁场的扰动,通过分析磁场信号变化特征完成车辆的存在及运动方向判别,通过对周围磁力线的变化特征分析处理,实现车辆检测,并可对检测到的地磁信号的扰动曲线做深度分析,实现车型识别。图 3.7 为典型的无线地磁车辆检测原理示意图,通过 AMR 惠斯通电桥采集地磁场变化信号,经信号调理电路处理后,由处理器完成信号采样及逻辑判断,并由射频收发器将检测信息发送给无线接收器。

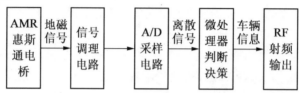

图 3.7 无线地磁车辆检测原理示意图

无线地磁车辆检测器安装位置灵活、操作简单,地面破坏小,节约施工布线成本。具有防水、防雪、防腐及抗干扰能力强的特点,雷雨天可正常使用。

如 STF1000 为地埋式无线地磁车辆检测系统,用于替代传统线圈型车辆检测器,能同时检测车辆经过和统计车流量信息。车辆经过检测器埋设区域时,通过检测设备周围磁场相对地球磁场的变化来判断车辆的经过和通过,接收器收到检测器信号后,把信号传输给相应的系统,完成车辆检测。无线地磁车辆检测器可以免布线安装,无须外部电源,施工简单,具有很强的适应性,可以满足各种复杂气象条件下交通信息的采集和处理。

地磁式车位检测器能检测车位所在地磁信号,获得车位状态信息,并通过无线方式将该信息发送到上层应用系统中,且检测器使用电池供电的方式,通过优化通信协议和检测策略进行能耗控制,延长电池使用寿命。无线通信和电池供电方式使得探测器相对独立,避免了停车场内大量的布线工作,极大地降低了施工安装的烦琐难度。

检测模块外壳采用坚韧的 ABS 树脂材料,能够承受汽车碾压,同时在防水、防尘、防盗方面进行了相应处理,安全可靠,地埋式无线地磁车辆检测系统结构说明图如图 3.8 所示。HMC1002 是两维磁阻微电路,是封装在小型集成电路封装(SOIC)的双磁场传感器。两个传感器的敏感方向互相垂直。传感器 A 感应与外封装的长边方向平行的磁场,传感器 B 感应与外封装的长边方向垂直且与表面平行的磁场。在外磁场的作用下,磁阻的变化引起输出电压(OUT + 和 OUT -)的变化,并直接表示磁场的强度。传感由 4 个 $800 \sim 900\ \Omega$ 的磁阻臂组成惠斯通电桥,在 ± 2 Oe 的范围内具有灵敏度为 2.6 mV/V/Oe 的线性输出,电桥的噪声密度在 1 Hz 以上为 25 nV/Hz。

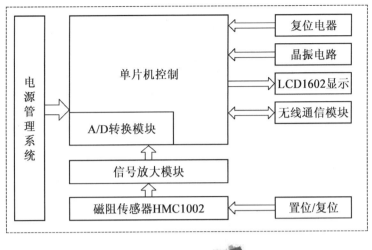

图 3.8 地埋式无线地磁车辆检测系统结构说明图

3.2.4 波频车辆检测器

波频车辆检测器(多为悬挂式检测系统)是以微波、超声波和红外线等对车辆发射电磁波产生感应的检测器。

1. 超声波检测器

工作原理:利用反射回波原理,由超声波发生器(探头)发射一束超声波,再接收从车辆或地面的反射波,根据反射波返回时间的差别,来判断有无车辆通过。由于探头与地面的距离是一定的,所以探头发出超声波并接收反射波的时间也是固定的。当有车辆通过时,由于车辆本身的高度,使探头接收到反射波的时间缩短,就表明在探测方向上有车辆通过或存在。

优点:首先是不需破坏路面,也不受路面变形的影响;其次是使用寿命长、可移动、架设方便。

缺点:其检测范围呈锥形,受车型、车高变化的影响,检测精度较差,特别是车流严重拥挤的情况下。另外检测精度易受环境的影响,尤其是大风、暴雨等的影响,探头下方通过的人或物也会产生反射波,造成误检。

2. 红外检测器

红外检测器是具有良好应用前景的悬挂式或路侧式交通检测器。

工作原理：采用反射式检测技术。反射式检测器探头由一个红外发光管和一个红外接收管组成，其工作原理是由调制脉冲发生器产生调制脉冲，经红外探头向道路上辐射，当有车辆通过时，红外线脉冲从车体反射回来，被探头的接收管接收，经红外解调器解调，再通过选通、放大、整流和滤波后触发驱动器输出一个检测信号。红外检测器的系统工作示意图如图3.9所示。

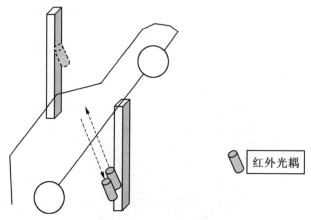

图3.9　红外检测器的系统工作示意图

优点：(1)非接触性：红外检测的实施是不需要接触被检目标的，被检物体可静可动，可以是高达数千摄氏度的热体，也可以是温度很低的冷体。所以，红外检测的应用范围极为宽广，且便于在生产现场进行对设备、材料及产品的检验和测量。

(2)安全性极强：由于红外检测本身是探测自然界无处不在的红外辐射，所以它的检测过程对人员和设备材料都不会构成任何危害；而它的检测方式又是不接触被检目标，因而被检目标即使是有害于人类健康的物体，也将由于红外技术的遥控检测而避免了危险。

(3)检测准确：红外检测的温度分辨率和空间分辨率都可以达到相当高的水平，检测结果准确率很高。

(4)操作便捷：由于红外检测设备与其他相比是比较简单的，但其检测速度却很高，如红外探测系统的响应时间都是以 μs 或 ms 计，扫描一个物体只需要数秒或数分钟即可完成，特别是在红外设备诊断技术的应用中，往往是在设备的运行当中就已进行完了红外检测，很少对其他方面带来麻烦，而检测结果的控制和处理保存也相当简便。

缺点：容易受各种热源、阳光源干扰；红外穿透力差，人体的红外辐射容易被遮挡，不易被探测器接收；易受射频辐射的干扰；环境温度和人体温度接近时，探测和灵敏度明显下降，有时造成短时失灵。

3. 微波车辆检测器

微波车辆检测器主要由微波发射、接收探头及其控制器、调制解调器等组成，一般采用侧向安装模式。

工作原理：微波车辆检测器通过发射中心频率为 10.525 GHz 或 24.200 GHz 的连续频率调制微波在检测路面上，投映一个宽度为 3～4 m，长度为 64 m 的微波带。每当车辆通过这个微波投映区时,都会向检测器反射一个微波信号,检测器接收反射的微波信号,并计算接收频率和时间的变化参数以得出车辆的速度、长度等信息。

优点:(1)安装简易方便,不破坏路面。维修时不需封闭车道。

(2)系统可全天候作业,抗干扰能力强。能穿透雨滴、浓雾和大雪而不受影响,安装立柱的弯曲和振动也不会影响检测精度。

(3)交通量计数精度较高,目前,国内常用的微波车辆检测器的交通量计数精度一般在98%左右。

缺点:(1)微波车辆检测器的测量方式在车型单一、车流稳定、车速分布均匀的道路上准确度较高,但是在车流拥堵以及大型车较多、车型分布不均匀的路段,由于遮挡,测量精度会受到比较大的影响。另外,微波车辆检测器要求离最近车道有3 m的空间,如要检测8车道,离最近车道也需要7~9 m的距离,而且安装高度达到要求,因此,在桥梁、立交、高架路的安装会受到限制,安装困难,价格也比较昂贵。

(2)检测精度会受周围地形条件的影响,需安装在路侧没有丘陵或其他障碍物的平坦路段。

BE290车辆检测器是微波、超声波、红外线3项技术相结合的交通检测器,实物图如图3.10所示。

图3.10 BE290车辆检测器实物图

3.2.5 视频交通车辆检测系统

1. 视频交通车辆检测系统基本原理

视频交通车辆检测系统是一种利用图像处理技术实现对交通目标检测的计算机处理系统。系统采用视频检测方式,覆盖数个车道,通过对道路交通状况信息与交通目标的实时检测,实现自动统计交通路段上行驶的机动车的数量、计算行驶车辆的速度、车头时距、车辆排队长度以及识别划分行驶车辆的类别等各种有关交通参数,达到监测道路交通状况信息的作用,能够及时对交通拥堵、红灯拖尾、车辆抛锚或者违法停车等交通事件进行检测报警。系统可广泛应用在公路交通量调查、道路交通诱导系统、信号机配时系统、旅行时间检测系统等智能交通相关行业。

传统的基于视频分析的车辆统计算法主要分为虚拟检测线或虚拟线圈法、目标跟踪法等,其工作原理是:视频车辆检测器通过视频摄像机做传感器,在视频范围内设置虚拟线圈,即检测区,当车辆通过虚拟检测器时,就会产生一个检测信号,使背景灰度值发生变化,从而得知车辆的存在,经过软件数字化处理并计算得到所需的交通数据,如车型、车流量、车速、车距、占有率等。运动车辆视频检测属于运动目标检测的范畴,而对于运动目标检测,国内外的学者们已经提出了大量的理论和方法。最具代表性的方法有光流法、帧间差分法、背景差分法。目前用于交通视频中的运动车辆检测技术主要采用背景差分法。在智能交通系统中,一般采用固定摄像头采集视频。背景差分法相对于其他方法而言简单易于实现,算法流程图如图3.11所示,主要包括预处理、背景建模、目标检测、形态学处理4个过程。

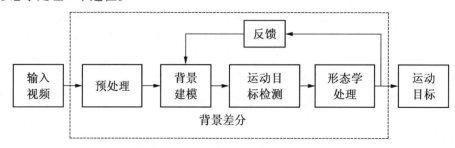

图3.11 背景差分法流程图

由于假牌、套牌车辆的驾驶人违法行驶存在很大的安全隐患,因此需要根据车牌照、车辆特征(车辆的颜色、品牌、型号等)与车驾管数据库核对信息是否一致,为打击假牌、套牌车等提供依据。对交通监控系统、卡口、闯红灯拍照等系统的视频流进行分析,利用图像处理技术实现对交通的目标检测和识别检测。

比如,牌照识别(License Plate Recognition,LPR)是以汽车牌照为特定目标,应用计算机视觉和模式识别技术在ITS领域应用的重要研究课题之一,识别过程主要包括车牌定位、车牌字符分割和车牌字符识别3个关键环节,其工作原理图如图3.12所示。

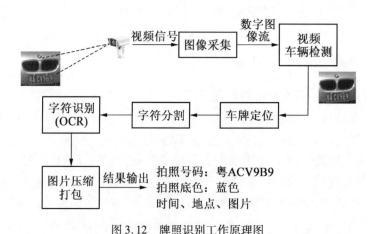

图3.12 牌照识别工作原理图

当车辆检测部分检测到车辆到达时触发图像采集单元,采集当前的视频图像,车辆检测目前有地感线圈识别模式、视频识别模式、视频+地感识别模式3种模式。

其识别流程如下：

(1) 图像采集。

通过高清摄像抓拍主机对卡口过车或车辆违章行为进行实时、不间断的记录、采集。

(2) 对采集到的信息进行预处理。

图片质量是影响车辆识别率高低的关键因素，因此，需要对高清摄像抓拍主机采集到的原始图像进行噪声过滤、自动白平衡、自动曝光以及伽马校正、边缘增强、对比度调整等处理。

(3) 车牌定位。

车牌定位的准确与否直接决定后面的字符分割和识别效果，是影响整个车牌识别率的重要因素。其核心是纹理特征分析定位算法，在经过图像预处理之后的灰度图像上进行行列扫描，通过行列扫描确定在列方向上含有车牌线段的候选区域，确定该区域的起始行坐标和高度，然后对该区域进行列扫描确定其列坐标和宽度，由此确定一个车牌区域。通过这样的算法可以对图像中的所有车牌实现定位。

(4) 字符分割。

在图像中定位出车牌区域后，通过灰度化、灰度拉伸、二值化、边缘化等处理，进一步精确定位字符区域，然后根据字符尺寸特征提出动态模板法进行字符分割，并将字符大小进行归一化处理。

(5) 字符识别。

对分割后的字符进行缩放、特征提取，获得特定字符的表达形式，然后通过分类判别函数和分类规则，与字符数据库模板中的标准字符表达形式进行匹配判别，就可以识别出输入的字符图像。

(6) 结果输出。将车牌识别的结果以文本格式输出。

2. 工作特点

优点：视频检测器利用安装在高处的摄像机图像作为工作平台，得到大范围的可视图像，检测点的变化只在监视器的图像上设定虚拟检测器的位置就可完成，可提供现场的视频图像，可根据需要移动检测线圈，有着直观可靠、安装调试维护方便、价格便宜等优点。测速精度和交通量计数精度基本上能保持较高水平。目前，国内常用的视频车辆检测器的测速精度都在 95% 以上，交通量计数精度一般在 98% 左右。

缺点：缺点是容易受恶劣天气、灯光、阴影等环境因素的影响，汽车的动态阴影也会带来干扰，车辆检测精度有待继续提高。

3.2.6 计重(收费系统)检测器

计重收费系统是采用电子称重收费系统，根据车辆的载荷对公路磨损程度大小来确定收取车辆通行费的费额，然后根据通行车辆的车货总质量收取通行费，多拉多交，少拉少交，超限罚款，体现公平合理的原则，有效制止车辆的超限运输，对道路所造成的破坏也有所缓解。

通过设置在收费车道前端的秤台式动态称重系统，将采集到的车辆质量、轴重、轴组重、整车重、车轴数量、轴型、车型、轴距、速度、车型等信息传送至车道中央控制计算机的收费系统中,系统将根据车型、车重等信息判断是否属于收费车辆和超载车辆,并根据收费费率得出应收费用或做出超载报警等信息,同时系统可实现数据打印功能,对货运车辆按实际重量计收通行费。

图 3.13 是专门用于高速公路收费站对过往车辆按总重划档的收费系统场景图。

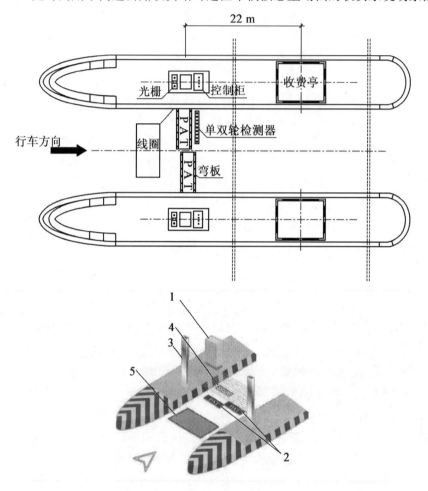

图 3.13　高速公路收费站计重收费系统

图 3.14 是计重收费系统结构布设示意图。

优点:计重收费系统能够在各种天气情况下对通行车辆进行精确的动静态称重转换,并能够精确分离、判别每一辆通过的机动车辆。系统采用在电子称重领域内先进的动态称重技术,辅之以高度可靠的车辆信息采集系统,配合相应的感应检测单元,准确得到车辆轴载、轴型、车速等各种有效的车辆信息。不但能与传统的车辆自动识别技术融为一体,完成"计重收费",而且有效利用了经济杠杆,抑制超限、超载车辆在公路上行驶,达到保护公路交通设施的目的。

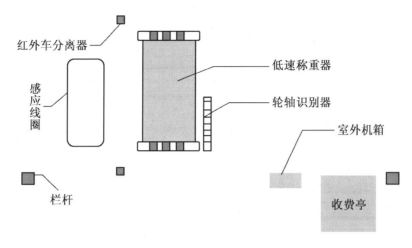

图 3.14 计重收费系统结构布设示意图

缺点:在基础施工中多出现基础设施故障,动态汽车在使用过程中,常常会发生同一车辆多次使用同一秤台,可称重数据相差较大,出现严重超差现象;车辆信息丢失是计重收费系统的常见故障,多数表现为收费机上无信息显示,各种数据无法正常呈现给收费人员,出现故障后,其他车辆的录入信息也会丢失,从而直接影响到收费数据处理的效率。

DAW100 称重系统是徐州派特控制技术有限公司依据加拿大 IRD 公司 PAT 产品在 WIM(动态称重)的经验并结合国内道路及收费站状况开发出的适合我国国情的动态称重系统,DAW100 称重系统由 2 块 WPS155(超宽车道采用 WPS175)动态弯板式称重传感器、1 个线圈、1 套红外线车辆分离器、1 个轮胎识别器和 1 个中心处理器构成。

弯板式称重传感器主要完成车轴的称重、速度检测、轴型判断等工作。

红外线车辆分离器用来进行车辆的分离及提供开始、结束等信号。

线圈主要用来完成测速、倒车的检测,并与红外线分离器一起对非车辆以外的物体或人通过时的情况进行判断,减少出错。

轮胎识别器主要用来检测通过车辆每轴的轮胎数。

中心处理器用来处理来自于各传感器的信号、称算数据,把相关数据通过通信方式传送给收费计算机。

可以根据客户需要,定制上位机软件,上位机软件可以实现车辆详细信息的显示、车辆数据分析、统计查询和打印报表等功能。

DAW100 系统构成示意图如图 3.15 所示。

DAW100 称重系统安装于收费车道的入口或出口,是一个完整的、可以独立工作的子系统,收费车道内车辆的行驶情况变化较多(加速、减速、倒车),称重系统与收费软件是以一辆车为一个流程,因而要求不仅能够处理各种情况,而且必须保证准确获取每一辆车的数据,确保两者间的数据一一对应。

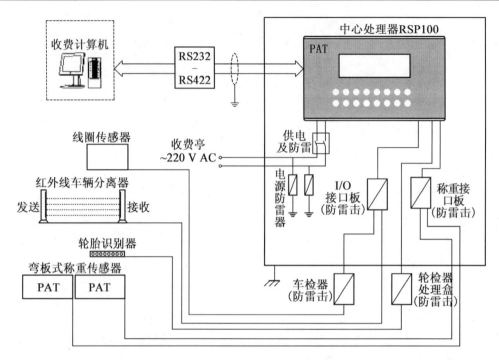

图 3.15 DAW100 称重系统构成示意图

系统设计充分考虑到了与收费软件的无缝连接,车道称重系统准确检测每一辆车,将车辆数据以先进先出(FIFO)的排队方式在控制器中保存(可保存 10 组数据),根据收费系统的请求,依次发送车辆数据,收费软件再进行一一对应,完成后续报警等工作。如果万一出现不对应的情况,收费系统可对称重系统缓冲区进行处理,实现对应复位。基本工作流程如图 3.16 所示。

DAW100 称重系统采用的是整体式弯板传感器,其特点如下:

(1)采用特殊的合金材料,解决了非周期性交变应力产生的疲劳损伤问题,使用寿命 >10 年,交通领域中其产品的应用年限已超过 25 年。

(2)合理的弯板交错布置方式,可从根本上解决车辆排队、完全倒车、不完全倒车等常见问题;适用于低速系统,速度范围为 0 ~ 30 km/h,最大允许通过速度为 200 km/h。

(3)交错布置安装的两块弯板每块宽度为 1 550 mm(超宽车道每块弯板宽度为 1 750 mm),保证覆盖整个路面宽度。这样能有效杜绝车辆轧偏、轧边、轧不实、跳秤等造成的计量偏差现象,从而确保称重的准确性,解决了车辆高速通过对设备冲击造成损坏的问题。

(4)行车方向的宽度为 508 mm,可完整记录车轮通过时的重量信号曲线,是真实的检测,不同于条状传感器使用的间接检测方式,不仅确保 95% 以上的称量置信度,不会出现丢轴和多轴现象,而且可检测到车轮动态、静态以及加速、减速等指标,从而为在速度变化的情况下准确测量提供了有利保证。

(5)为整体式称重传感器,弯板传感器无机械结构,避免了车辆通过时的冲击对机械结构的损坏,免维护,并在很大程度上减轻了日常的检修、维护、保养工作。

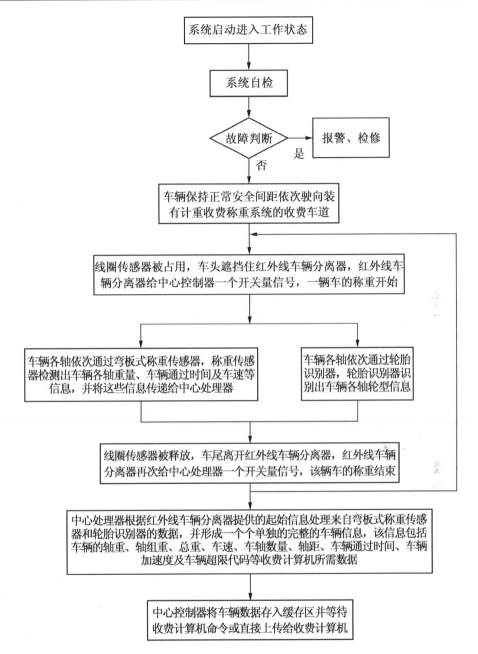

图 3.16　DAW100 称重系统基本工作流程图

(6) 弯板式称重传感器施工时首先浇注弯板框架,将框架和路面牢固结合,然后再把弯板装入框架内。其特点是受路面影响较小,不会因路面的变形而导致弯板受挤压产生形变损坏,使用寿命延长,而且便于后期维护、挪移和更换。

(7) 表面经硫化橡胶密封技术处理,防水、防尘、防盐、防腐蚀。

3.2.7 全球定位系统(GPS)

全球定位系统的全称是卫星测时测距导航/全球定位系统(Navigation Satellite Timing and Ranging/Global Positioning System,GPS)。GPS 的最基本任务是确定用户在空间的位置,即在特定坐标系的位置坐标。坐标系统是由原点位置、3 个坐标轴的指向和尺度所定义的,根据坐标轴指向的不同,可划分为两大类坐标系:天球坐标系和地球直角坐标系。

1. 天球坐标系

天球坐标系分为天球直角坐标系和天球球面坐标系两种。

天球空间直角坐标系的定义:地球质心 O 为坐标原点,Z 轴指向天球北极,X 轴指向春分点,Y 轴垂直于 XOZ 平面,与 X 轴和 Z 轴构成右手坐标系。则在此坐标系下,空间点的位置由坐标 (X,Y,Z) 来描述。

天球球面坐标系的定义:地球质心 O 为坐标原点,春分点轴与天轴所在平面为天球经度(赤经)测量基准——基准子午面,赤道为天球纬度测量基准而建立球面坐标。空间点的位置在天球坐标系下的表述为 (r,α,δ)。

天球空间直角坐标系与天球球面坐标系的关系如图 3.17 所示。

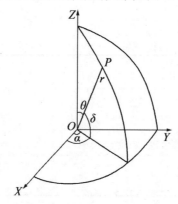

图 3.17 天球直角坐标系与天球球面坐标系示意图

对同一空间点,天球空间直角坐标系与其等效的天球球面坐标系参数间的转换关系:

$$\left.\begin{array}{l} X = r\cos\alpha\cos\delta \\ Y = r\sin\alpha\cos\delta \\ Z = r\sin\delta \end{array}\right\} \quad \left.\begin{array}{l} r = \sqrt{X^2 + Y^2 + Z^2} \\ \alpha = \arctan(Y/X) \\ \delta = \arctan(Z/\sqrt{X^2 + Y^2}) \end{array}\right\}$$

2. 地球直角坐标系的定义

地球坐标系有两种几何表达方式,即地球直角坐标系和地球大地坐标系。

地球直角坐标系的定义是:原点 O 与地球质心重合,Z 轴指向地球北极,X 轴指向地球赤道面与格林尼治子午圈的交点,Y 轴在赤道平面里与 XOZ 构成右手坐标系。

地球大地坐标系的定义是:地球椭球的中心与地球质心重合,椭球的短轴与地球自转轴重合。空间点位置在该坐标系中表述为 (L,B,H)。地球直角坐标系和地球大地坐标系如图 3.18 所示。

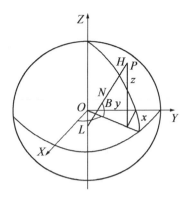

图 3.18 地球直角坐标系和地球大地坐标系

对同一空间点,直角坐标系与大地坐标系参数间的转换关系:

$$\left. \begin{array}{l} X = (N+H)\cos B\cos L \\ Y = (N+H)\cos B\sin L \\ Z = \{[N(1-e^2)+H]\sin B\} \end{array} \right\}$$

$$\left. \begin{array}{l} L = \arctan(Y/X) \\ B = \arctan(Z(N+H)/(\sqrt{X^2+Y^2}(N(1-e^2)+H))) \\ H = Z/\sin B - N(1-e^2) \end{array} \right\}$$

式中 N——该点的卯酉圈曲率半径,$N = a/\sqrt{1-e^2\sin^2 B}$;

a,e——该大地坐标系对应椭球的长半径和第一偏心率,$e^2 = (a^2-b^2)/a^2$。

3. GPS 系统的组成

GPS 系统包括 3 个部分:空间部分——GPS 卫星星座;地面控制部分——地面监控系统;用户设备部分——GPS 信号接收机。

GPS 的空间部分是由 24 颗卫星组成(21 颗工作卫星,3 颗备用卫星),如图 3.19 所示,它位于距地表 20 200 km 的上空,运行周期为 12 h。卫星均匀分布在 6 个轨道面上(每个轨道面 4 颗),轨道倾角为 55°。卫星的分布使得在全球任何地方、任何时间都可观测到 4 颗以上的卫星,并能在卫星中预存导航信息,GPS 的卫星因为大气摩擦等问题,随着时间的推移,导航精度会逐渐降低。

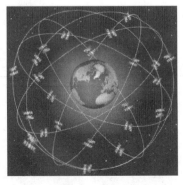

图 3.19 GPS 的空间结构示意图

地面控制系统由监测站(Monitor Station)、主控制站(Master Monitor Station)、地面天线(Ground Antenna)所组成,主控制站位于美国科罗拉多州春田市。地面控制站负责收集由卫星传回的信息,并计算卫星星历、相对距离、大气校正等数据。

用户设备部分即 GPS 信号接收机,其主要功能是能够捕获到按一定卫星截止角所选择的待测卫星,并跟踪这些卫星的运行。当接收机捕获到跟踪的卫星信号后,就可测量出接收天线至卫星的伪距离和距离的变化率,解调出卫星轨道参数等数据。根据这些数据,接收机中的微处理计算机就可按定位解算方法进行定位计算,计算出用户所在地理位置的经纬度、高度、速度、时间等信息。接收机硬件和机内软件以及 GPS 数据的后处理软件包构成完整的 GPS 用户设备。GPS 接收机的结构分为天线单元和接收单元两部分,一般采用机内和机外两种直流电源。设置机内电源的目的在于更换外电源时不中断连续观测,在用机外电源时机内电池自动充电,关机后机内电池为 RAM 存储器供电,以防止数据丢失。各种类型的接收机体积越来越小,重量越来越轻,便于野外观测使用。其次则为使用者接收器,现有单频与双频两种,但由于价格因素,一般使用者所购买的多为单频接收器。

4. GPS 系统工作原理

GPS 是一种先进的导航系统,它由发射和接收装置组成,发射装置由若干颗位于地面的卫星静止轨道、不同方位的导航卫星组成,不断向地球表面发射无线电波。GPS 接收器利用 GPS 卫星发送的信号确定卫星在太空的位置,并根据无线电波传送时间计算他们之间的距离。如图 3.20 所示,等计算出至少 3 到 4 颗卫星的相对位置后,GPS 接收器可以根据三角学确定一个时钟位。每个 GPS 卫星都有 4 个高精度原子钟,同时还有一个实时更新的数据库,记载着其他卫星现在的位置和运行轨迹。当 GPS 接收器确定了一个卫星的位置时,它可以下载其他卫星的所有位置信息,这有助于它更快地得到所需的其他卫星的信息。接收装置通常装在移动的目标(如车辆、船、飞机)上,接收装置接收不同方位的导航卫星的定位信号,就可以计算出它当前的经纬度坐标,然后将它们记录下来或者发回监控中心。地面监控目标利用 GPS 技术可以实时监控车辆等移动目标的位置,根据道路交通向移动目标发出实时调度指令。

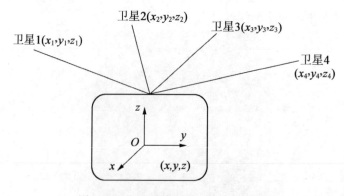

图 3.20　GPS 系统卫星坐标接收示意图

每个卫星的无线电传播距离计算公式为:

$$[(x_1-x)^2+(y_1-y)^2+(z_1-z)^2]^{\frac{1}{2}}+c(v_{t_1}-v_{t_0})=d_1$$

$$[(x_2-x)^2+(y_2-y)^2+(z_2-z)^2]^{\frac{1}{2}}+c(v_{t_2}-v_{t_0})=d_2$$

$$[(x_3-x)^2+(y_3-y)^2+(z_3-z)^2]^{\frac{1}{2}}+c(v_{t_3}-v_{t_0})=d_3$$

$$[(x_4-x)^2+(y_4-y)^2+(z_4-z)^2]^{\frac{1}{2}}+c(v_{t_4}-v_{t_0})=d_4$$

上述4个方程式中待测点坐标 x、y、z 和 v_{t_0} 为未知参数,其中 $d_i=c\Delta t_i(i=1、2、3、4)$,$d_i(i=1、2、3、4)$ 分别为卫星1、卫星2、卫星3、卫星4 到接收机之间的距离;$\Delta t_i(i=1、2、3、4)$ 分别为卫星1、卫星2、卫星3、卫星4 的信号到达接收机所经历的时间;c 为 GPS 信号的传播速度(即光速)。

4个方程式中各个参数意义如下:

(1)x、y、z 为待测点坐标的空间直角坐标。

(2)x_i、y_i、$z_i(i=1、2、3、4)$ 分别为卫星1、卫星2、卫星3、卫星4 在 t 时刻的空间直角坐标;可由卫星导航电文求得 $v_i(i=1、2、3、4)$ 分别为卫星1、卫星2、卫星3、卫星4 的卫星钟的钟差,由卫星星历提供 v_{t_0} 为接收机的钟差。由以上4个方程即可解算出待测点的坐标 x、y、z 和接收机的钟差 v_{t_0}。

5. GPS 系统工作特点

(1) GPS 输出的信息包括: B(经度)、L(纬度)、H(高度)、V(速度)、α(速度方向)。

①经纬度(B、L)与平面坐标(X、Y),X、Y 与 B、L 通过投影的方法可以相互转换。投影方法有两种,一种是叫高斯投影 TM(中国、苏联常用),另一种是 UTM,即国际通用横轴默卡托投影(英国、美国常用)。

②高度:GPS 既能定出椭球高,也能定出我们常用到的海拔高,各地区椭球高和海拔高不同,如北京地区椭球高与海拔高相差 8.4 m。

③速度:表示接收机载体的速度。"节"是海用单位,1 节 = 1 n mile/h。

④方向:"北"分两种,真北和磁北。GPS 测出的方向是真北,而且是以真北为 0°,顺时针方向旋转递增。东是 90°,南是 180°,西是 270°。

⑤距离:因纬线之间是平行的所以其距离相对不变,而经线之间的距离是随纬度的增高而逐渐接近的,到了两极则交为一点。在赤道上经纬度差 1′就是 1 n mile,即 1.852 km。

纬度 1′= 1 nmile = 1.852 km,经度 1′= 1.852 × cos 纬度(km)。

(2)时间基准有两种:GPS 时是连续的;UTC 时有闰秒,不连续。时区:因北京地处东八区,所以北京时间就等于 UTC 时间加上 8 个小时。

(3)信息格式:现在世界上各 GPS 厂家生产的接收机不仅可以输出各自定义的二进制语句,而且还可以输出 NMEA0183 格式,因为这是国际海事电子协会制定的与海上电子仪器进行接口的标准格式,同时输出这两种语句格式,也是 GPS 的一个标准。

(4)卫星播发无线电信号→L 波段。

GPS 卫星播发两种频率 L1(1 575.42 MHz)和 L2(1 227.6 MHz),其波长分别为 L1→19 CM,L2→22 CM,两个无线载波向广大用户连续不断地发送导航定位信息。而播发两种频率主要是为了修正 GPS 信号在通过电离层和对流层时产生的传播延迟误差。

(5) 载波上,采用伪随机码进行调制。

GPS 卫星播发的信号包括 P 码、C\A 码和 D 码。其中 L1 调制有 P 码、C\A 码和 D 码,L2 载波上只调制 P 码和 D 码。C\A 码供一般用户使用,P 码是供美国军方及特许用户使用的保密码,定位精度高,由于 P 码方程式已公开,所以用 Y 码代替 P 码。Y 码是加密的 P 码,它是由 P 码和严格保密的 W 码相加形成的,叫反电子欺骗(AS)。实施 AS 技术的目的在于防止敌方对 P 码做精密导航定位的电子欺骗。

(6) 广播发送,用户无限。

GPS 卫星广播发送位置信息附加上该数据包发出时的时间戳。GPS 接收器收到数据包后,用当前时间减去时间戳上的时间,就是数据包在空中传输所用的时间。数据包是通过无线电波传送的,那么理想速度就是光速,卫星到 GPS 接收器的距离就是数据包在空中传输的距离,即传输时间与速度乘积。

(7) 测距交会。

GPS 卫星发射测距信号和导航电文,导航电文中含有卫星的位置信息。用户用 GPS 接收机在某一时刻同时接收 3 颗以上的 GPS 卫星信号,测量出测站点(接收机天线中心) P 至 3 颗以上 GPS 卫星的距离并解算出该时刻 GPS 卫星的空间坐标,据此利用距离交会法解算出测站 P 的位置。

(8) GPS 伪距定位。

伪距定位是由 GPS 接收机在某一时刻测出的到 4 颗以上的 GPS 卫星的伪距以及已知的卫星位置,采用距离交会的方法求定接收机天线所在点的三维位置。由于卫星钟、接收机钟的误差以及无线电信号经过电离层、对流层中的延迟,实际测出的距离与卫星到接收机的几何距离有一定差值,因此一般称量测出的距离为伪距。

①首先确定卫星位置:卫星播发的信号里带有播发星历(Ephemeris)即精确轨道参数 + 时间 = 推算卫星位置。

②伪距测量:所测伪距就是由卫星发射的测距码信号到达 GPS 接收机的传播时间乘以光速得出的量测距离。传播时间 × 光速 = 距离。

GPS 接收机测出传播延迟 $T1 = T + \triangle T$(T 表示真实时间,$\triangle T$ 表示钟差,C 表示光速)伪距 $CT1 = CT + C \times \triangle T$。

③定位、定时、定速。

定位:4 个伪距可以推算出三维位置、一维时间。目前各 GPS 生产厂商的接收机普遍采用四星定位法,若只能收到 3 颗星就把高度固定,测出经纬度和时间,也就是二维定位。多星定位测出的数据精度更可靠、更准确。

定时:是测距定位的基础,一般接收机定时精度是 $0.2 \sim 1\mu s$(with SA)。

定速:多普勒计数单独得出,多普勒计数 + 伪距,七维测量系统包括三维位置、三维速度和一维时间,速度精度在 SA 条件下是 $1 m/s$,差分后精度可达 $0.1 m/s$。

3.2.8 浮动车交通信息采集系统

目前欧洲(主要是英国、德国)、美国、日本都在积极研发和推广应用浮动车交通信息采集系统。2004年,北京交通信息中心与美国通用公司合作完成了《北京2008奥运会浮动车实时交通流信息采集示范系统可行性研究》。

2005年,北京交通研究中心承担北京市科委科技计划课题《浮动车交通信息采集系统研究》,进行全面的技术研究和示范系统建设,确定了不同覆盖率要求条件下的浮动车数量规模,并且针对我国大城市路网复杂的特性,开发了基于改进的最优路径选择的浮动车数据实时地图匹配算法,解决了主辅路并行、立交匝道等复杂区域的地图匹配难题,既满足了浮动车交通信息采集系统实时计算的速度性能要求,也达到了95%的匹配准确率,建立了适合不同数据采集间隔的路段速度估算算法,通过对快速路的实际验证,算法精度达到90%以上。应用北京市出租车建立了浮动车交通信息采集示范系统,用于实时路况显示、路网运行评价、拥堵评价、出租车运营分析等方面,为交通决策、管理和交通信息服务提供有力的数据支持。

1. 浮动车交通信息采集系统工作原理

浮动车交通信息采集系统(简称浮动车系统,FCD)是伴随着ITS新技术应用而在近几年发展起来的动态实时交通流信息采集技术。

浮动车交通信息采集系统是指利用交通流中一定比例的安装有定位和无线通信装置的普通车辆(如出租车、公交车、警车等)的行驶参数,推算道路交通运行状态的动态实时交通流信息采集技术系统,这种车辆能够与交通数据中心进行信息交换。浮动车所采集的数据一般包括时间戳、位置坐标、瞬时速度、行驶方向、运行状态及其他内容,覆盖面广,采集数据多样、准确。这些交通信息对于实时了解路网运行状态、分析拥堵原因、交通拥堵评价、疏堵方案确定、交通决策支持、提供交通诱导服务等非常关键,被应用于交通信息服务、交通管理、交通规划和交通研究中。

基于浮动车运行数据进行实时旅行时间和平均速度估计及预测、拥堵状态判断的核心流程如图3.21所示。

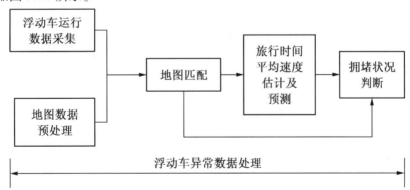

图3.21 基于浮动车运行数据的旅行时间估计和拥堵状态判断核心流程

2. 浮动车系统采集技术工作特点

浮动车系统之所以得到重视,主要原因在于浮动车系统有别于传统固定检测方法的突出特点:

(1)覆盖面广,采集范围不再仅仅是点、线,而是面。

(2)投资省。浮动车系统通常结合调度和诱导系统建设,大大节省了投资。

(3)采集数据多样、准确。浮动车系统采集的路段平均车速、旅行时间对于了解道路运行状况、分析拥堵原因、提供交通诱导服务等都是非常关键的参数。

3.2.9 基于电子标签的采集技术

射频识别(Radio Frequency Identification,RFID)技术是一种通信技术,又称无线射频识别,可通过无线电讯号识别特定目标并读写相关数据,而无须识别系统与特定目标之间建立机械或光学接触。集成电路卡(Integrated Circuit Card,IC 卡)是将一个微电子芯片嵌入符合 ISO 7816 标准的卡基中,做成卡片形式,所以非接触式 IC 卡又被称为射频卡或者电子标签。近距离无线通信技术(Near Field Communication,NFC)是由飞利浦公司和索尼公司共同开发的,是一种非接触式识别和互联技术,可以在移动设备、消费类电子产品、PC 和智能控件工具间进行近距离无线通信。NFC 提供了一种简单、触控式的解决方案,可以让消费者简单直观地交换信息、访问内容与服务。NFC 是在 RFID 的基础上发展而来,都是基于地理位置相近的两个物体之间的信号传输。RFID 必须由阅读器和标签组成,只能实现信息的读取以及判定,NFC 将非接触读卡器、非接触卡和点对点功能整合进一块单芯片。NFC 技术增加了点对点通信功能,可以快速建立蓝牙设备之间的 P2P(点对点)无线通信,NFC 设备彼此寻找对方并建立通信连接,RFID 应用在生产、物流、跟踪、资产管理上;而 NFC 则应用在门禁、公交、手机支付等方面,更多的是针对消费类电子设备的相互通信。

1. RFID 系统组成

RFID 是一种简单的无线系统,只有两个基本器件,该系统用于控制、检测和跟踪物体,系统由一个阅读器和标签组成。最基本的 RFID 系统由 3 部分组成。

①标签(Tag,即射频卡):由耦合元件及芯片组成,标签含有内置天线,用于和射频天线间进行通信。卡片内有一个 LC 串联谐振电路,其频率与读写器发射的频率相同,这样在电磁波激励下,LC 串联谐振电路产生共振,从而使电容内有了电荷;在这个电容的另一端,接有一个单向导通的电子泵,将电容内的电荷送到另一个电容内存储,当所积累的电荷达到2V时,此电容可作为电源为其他电路提供工作电压,将卡内数据发射出去或接受读写器的数据。

②阅读器:读取(在读写卡中还可以写入)标签信息的设备。

③天线:在标签和读取器间传递射频信号。

有的系统还通过阅读器的 RS232 或者 RS485 接口与外部计算机(上位机主系统)连接,进行数据交换。

2. RFID 技术的基本工作原理

射频识别读写器发射固定频率的电磁波,标签进入磁场后,接收解读器发出的射频信号,凭借感应电流所获得的能量发送出存储在芯片中的产品信息(Passive Tag,无源标签或被动标签),或者主动发送某一频率的信号(Active Tag,有源标签或主动标签);解读器读取信息并解码后,送至中央信息系统进行有关数据处理。RFID 技术的基本工作原理图如图 3.22 所示。

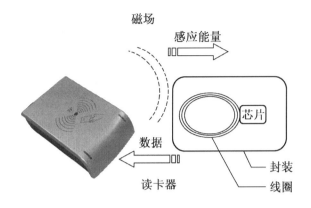

图 3.22　RFID 技术的基本工作原理图

3. RFID 卡分类

(1)按能源供给形式分。

RFID 按照能源的供给形式分为无源 RFID、有源 RFID,以及半有源 RFID。无源 RFID 读写距离近,价格低;有源 RFID 可以提供更远的读写距离,但是需要电池供电,成本要更高一些,适用于远距离读写的应用场合。

如车辆电子标识(Electronic Vehicle Identification,EVI)是基于物联网无源射频识别 (RFID)技术的细分、延伸及提高的一种应用。它的基本技术措施是:利用 RFID 高精度识别、高准确采集、高灵敏度的技术特点,在机动车辆上装有一枚电子车牌标签,将该 RFID 电子车牌作为车辆信息的载体,并由在通过装有经授权的射频识别读写器的路段时,对各辆机动车电子车牌上的数据进行采集或写入,达到各类综合交通管理的目的。

(2)按结构分类。

①存储器卡。

其内嵌芯片相当于普通串行 EEPROM 存储器,这类卡信息存储方便,使用简单,价格便宜,很多场合可替代磁卡,但由于其本身不具备信息保密功能,因此,只能用于保密性要求不高的应用场合。

②逻辑加密卡。

逻辑加密卡内嵌芯片在存储区外增加了控制逻辑,在访问存储区之前需要核对密码,只有密码正确,才能进行存取操作。这类信息保密性较好,使用与普通存储器卡相类似。

③CPU 卡。

CPU 卡内嵌芯片相当于一个特殊类型的单片机,内部除了带有控制器、存储器、时序控制逻辑等外,还带有算法单元和操作系统。由于 CPU 卡有存储容量大、处理能力强、信息存储安全等特性,广泛用于信息安全性要求特别高的场合。

④超级智能卡。

在卡上具有 MPU 和存储器并装有键盘、液晶显示器和电源,有的卡上还具有指纹识别装置等。

(3)按界面分类。

根据 IC 卡与读写器之间的通信接口方式把 IC 卡分成接触式 IC 卡、非接触式 IC 卡和双界面卡(同时具备接触式与非接触式通信接口)。非接触式 IC 卡又称射频卡,成功地解决了无源(卡中无电源)和免接触这一难题,是电子器件领域的一大突破。

①接触式 IC 卡。

该类卡是通过 IC 卡读写设备的触点与 IC 卡的触点接触后进行数据的读写。国际标准 ISO7816 对此类卡的机械特性、电器特性等进行了严格的规定。

②非接触式 IC 卡。

该类卡与 IC 卡设备无电路接触,而是通过非接触式的读写技术进行读写(例如光或无线技术)。其内嵌芯片除了 CPU、逻辑单元、存储单元外,增加了射频收发电路。国际标准 ISO10536 系列阐述了对非接触式 IC 卡的规定。该类卡一般用在使用频繁、信息量相对较少、可靠性要求较高的场合。

③双界面卡。

具有接触和非接触两种通信界面的卡片,一般非接触部分处理电子钱包的消费,而接触部分处理圈存等安全性要求较高的交易。

(4)按频率分类。

RFID 按应用频率的不同分为低频(LF,135 kHz 以下)、高频(HF,13.56 MHz)、超高频(UHF,860 M~960 MHz)、微波(MW,2.4 G~5.8 G)。

3.2.10 基站定位与 LBS

1.基站定位

移动设备的通信是通过基站接入网络进行数据(语音数据、文本数据、多媒体数据等)传输的,通信基站是无线电台站的一种形式,是指在一定的无线电覆盖区中,通过移动通信交换中心,与移动电话终端之间进行信息传递的无线电收发信电台。基站布设后,其大地坐标是确定的。基站不是孤立存在的,其覆盖区域相互交接,组成一张巨大的移动通信网络,因为处在相同频率范围的信号会相互干扰,为防止相邻基站相互干扰,相邻的基站会选择不同的信道(不同频率范围的信号)与移动设备通信,所以,其任意相邻的两个基站都具有不同的通信频段。COO(Cell of Origin)定位是一种单基站定位,根据当前连接的蜂窝基站的位置来确定设备的位置,定位的精度就取决于蜂窝小区的半径。只要运营商支持,GSM 网络中的设备都可以以编程方式获取到当前基站的一个唯一代码,我们可以称之为基站 ID,或 Cell ID。到达时间(Time of Arrival,TOA)、到达时间差(Time Difference of Arrival,TDOA)都是基于电波传播时间的定位方法,同时也都是三基站定位方法,二者的定位都需要同时有 3 个位置已知的基站合作才能进行。

移动设备在插入 sim 卡开机后,主动搜索周围的基站,选取距离最近、信号最强的基站作为通信基站。移动电话测量不同基站的下行导频信号,得到不同基站下行导频的 TOA 或 TDOA,根据该测量结果并结合基站的坐标,一般采用三角公式估计算法。

移动设备 MS 与基站 BS1、BS2 和 BS3 的位置如图 3.23 所示,相互之间的距离为 $R1$、$R2$、$R3$,设两个基站 BS1 与 BS2 之间的距离差为 $R1-R2$,基站 BS3 与 BS1 之间的距离差

为 $R1-R3$，根据双曲线的定义，MS 处于以基站 BS1、BS2 为焦点，与两焦点之间的距离之差恒等于 $R1-R2$ 的双曲线上，如图中实线。同理，MS 处于以基站 BS1、BS3 为焦点，与两焦点之间的距离之差恒等于 $R1-R3$ 的双曲线上，如图中虚线。虚线与实线的交点位置即为 MS 的位置估计。

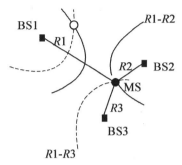

图 3.23　定位原理图

美国通信委员会(FCC)在 1996 年推出了一个行政性命令 E911，要求强制性构建一个公众安全网络，即无论在任何时间和地点，都能通过无线信号追踪到用户的位置。E911 有有线和无线之分。有线由 ISUP 协议进行保证，主要与有线网络有关。而 FCC 定义的无线 E911 有两个版本：第一个版本要求运营商通过本地 PSAP(Public Safety Answering Point)进行呼叫权限鉴权，并且获取主叫用户的号码和主叫用户的基站位置；第二个版本要求运营商提供主叫用户所在位置精确到 50~300 m 范围的位置信息。

无线 E911 第二版最重要的是用户位置的定位。对于位置定位有以下几种方法：

(1) AOA(Angle of Arrival)。指通过两个基站的交集来获取移动台(Mobile Station)的位置。

(2) TDOA(Time Difference of Arrival)。工作原理类似于 GPS，通过一个移动台和多个基站交互的时间差来定位。

(3) 位置标记(Location Signature)。对每个位置区进行标识来获取位置。

(4) Wi-Fi 定位。每一个 Wi-Fi(也就是 Wireless Access Point：AP，或者无线路由器)都有一个全球唯一的 MAC 地址，假定 AP 在一段时间内不会移动。Wi-Fi 在广播帧包含了该路由器的 MAC 地址，位置服务商采集 AP 的 MAC 信息和信号强度信息，建立 MAC-经纬度的映射。当一个设备处在这样的网络中时，可以将收集到的这些能够标示 AP 的数据发送到位置服务器，服务器检索出每一个 AP 的地理位置，并结合每个信号的强弱程度，计算出设备的地理位置并返回到用户设备，也可以依据信号角度来检测目标的方向和角度，依据相位、时间和时间差来初步判定目标距离 AP 的位置，等等。

AP 位置映射数据的采集方式大致可以分为主动采集和用户提交。谷歌的街景拍摄车还有一个重要的功能就是采集沿途的无线信号并打上通过 GPS 定位出的坐标回传至服务器，Skyhook 公司也是采用这样的方式。Android 手机用户在开启"使用无线网络定位"时会提示是否允许使用 Google 的定位服务，如果允许，用户的位置信息就被谷歌收集到。iPhone 则会自动收集 Wi-Fi 的 MAC 地址、GPS 位置信息、运营商基站编码等，并发送给苹果公司的服务器。

由上面的介绍可知,Wi-Fi 定位在 AP 密集的地方有很好的效果,比如在 GPS 不能使用的室内,而且具有较快的反应速度,在不连上 Wi-Fi 的情况下也可以定位,这就是有时候在不开数据服务时百度地图提示打开 Wi-Fi 功能定位的原因。由于其依赖于 Wi-Fi,如果不想让人通过这种方式知道你的位置信息,直接关闭 WLAN 功能即可。

(5) AGPS 定位。

辅助全球卫星定位系统(Assisted GPS,AGPS)结合了 GSM/GPRS 与 GPS 系统对移动台进行定位的技术,既利用全球卫星定位系统 GPS,又利用移动基站,解决了 GPS 覆盖的问题。AGPS 利用基地台代送辅助卫星信息,缩减了 GPS 芯片获取卫星信号的延迟时间,受遮盖的室内也能借基地台讯号弥补,减轻 GPS 芯片对卫星的依赖度。

普通的 GPS 系统是由 GPS 卫星和 GPS 接收器组成,与普通的 GPS 不同,AGPS 在系统中还有一个辅助定位服务器。在 AGPS 网络中,接收器可通过与辅助服务器的通信而获得定位辅助。由于 AGPS 接收器与辅助服务器间的任务是互为分工的,所以 AGPS 往往比普通的 GPS 系统有速度更快的定位能力,有更高的效率,可以很快捕捉到 GPS 信号,这样的首次捕获时间将大大减小,一般仅需几秒的时间(单纯 GPS 接收机首次捕获时间可能要 2~3 分钟),而精度也仅为几米,高于 GPS 的精度。利用 AGPS 接收器不必再下载和解码来自 GPS 卫星的导航数据,因此可以有更多的时间和处理能力来跟踪 GPS 信号,这样能降低首次定位时间,增加灵敏度以及具有最大的可用性,可以在 2 代的 G、C 网络和 3G 网络中使用。

AGPS 定位基本步骤:

①AGPS 手机首先将本身的基站地址信息通过网络传输到定位服务器。

②定位服务器根据该手机的大概位置传输与该位置相关的 GPS 辅助信息(包含 GPS 的星历和方位俯仰角等)到手机。

③该手机的 AGPS 模块根据辅助信息(以提升 GPS 信号的第一锁定时间(Time to Fast Fix,TTFF 能力)接收 GPS 原始信号。

④手机在接收到 GPS 原始信号后解调信号,计算手机到卫星的伪距(伪距为受各种 GPS 误差影响的距离),并将有关信息通过网络传输到定位服务器。

⑤定位服务器根据传来的 GPS 伪距信息和来自其他定位设备(如差分 GPS 基准站等)的辅助信息完成对 GPS 信息的处理,并估算该手机的位置。

⑥定位服务器将该手机的位置通过网络传输到定位网关或应用平台(如手机上的 GPS 应用程序)。

2. LBS

基于位置的服务(Location Based Service,LBS),它是通过电信移动运营商的无线电通信网络(如 GSM 网、CDMA 网)或外部定位方式(如 GPS)获取移动终端用户的位置信息(地理坐标或大地坐标),在地理信息系统平台的支持下,为用户提供相应服务的一种增值业务,其网络服务工作原理如图 3.24 所示。

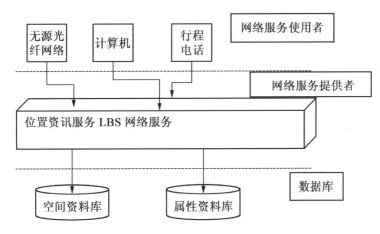

图 3.24 LBS 网络服务工作结构示意图

由北京大学、北京交通发展研究中心、清华大学联合承担的"十二五"国家科技支撑计划项目之课题"城市居民时空行为分析关键技术与智慧出行服务应用示范",是基于移动定位设备和互联网对居民的出行调查;建设了以移动定位设备和互联网为基础的北京市居民日常活动与交通出行调查平台,在处理 GPS 轨迹缺失点和噪声点、匹配居民 GPS 轨迹与活动出行信息等关键技术上做出了突破。

以中国移动 1 700 万手机用户的数据为基础,通过蜂窝位置技术获取手机用户活动的实时信息,建立"北京市市民出行动态信息平台",用于掌握选定区域的人口数量分布以及人口在不同时间段的流动分布情况,为政府部门规划交通布局、人口管理等服务,并有望发展个人定制业务,通过发布动态出行信息,提高市民出行效率,有效缓解交通拥堵。

该平台分为 4 层:数据采集层、信息处理层、应用展现层和业务感知层。首先从移动通信网络采集原始的信令数据,利用数据中心与计算中心的数据和资源,处理海量数据,并进行各种层次各种角度的分析,然后将各种分析结果通用应用层面进行展现,以个性化方式反馈给用户;最后用户通过自身需求,选择订购并使用服务。该项目获得居民的居住工作情况,选定区域的人口数量分布以及人口在不同时间段的流动分布情况,精准掌握市民出行行为,通过发布动态出行信息,提高市民出行效率,有效缓解交通拥堵。

当用户手机开机,自动在基站进行注册。根据基站发出的信号,工作人员很容易就能确定用户移动的距离和大致方向。

通过基站提供的各类线索和后台处理,工作人员能锁定特定区域的人口数量分布以及人们在不同时间段的流动情况,从而精准掌握市民出行情况,其中包括市民身处地铁或公交等何种交通工具,以及哪些方向和线路的交通流量过大,或者不饱和等。通过对这些海量基础信息的分析,还能帮助城市公交路网实现进一步优化。

方案实施的计划是将这些动态的市民出行信息进行分析整理后,再以个性化的方式反馈给市民,让他们及时了解城市的交通拥堵情况,从而选择性价比最优的出行方式和线路。当然,用户还是要根据自身需求,选择订购并使用这些服务,有效解决居民出行数据采集难、时效性差、准确性低的历史难题。

3.2.11 交通信息采集技术的选用原则

从以上的分析可以看出,各种动态交通信息采集技术都有各自的优缺点,其适用范围也有所不同,固定型采集技术以及移动型采集技术特点见表3.1、表3.2。因此,针对不同的应用场合,可对各种交通信息采集技术进行优化选用,以保证ITS各子系统的高效运行。交通信息采集技术的选用原则:

①选用的采集技术应能检测具体交通应用所需要的所有交通参数。

②选用的采集技术在考虑成本的前提下,采集的交通信息应尽量满足实时性和准确性要求。

③技术选用时要考虑应用地区的气候与环境特点,使选用的检测器能在此种环境下有效地工作。

④考虑其他因素,如安装条件、数据的存储与传输等。

表3.1 固定型采集技术特点比较

分类	检测器类型	优点	缺点
磁频采集	环形线圈检测器	a. 抗干扰能力强; b. 性能稳定可靠; c. 技术成熟、易于掌握	a. 埋置线圈的路面受损; b. 安装过程对可靠性和寿命影响很大; c. 修理或安装需中断交通
	地磁车辆检测系统	可检测小型车辆,包括自行车	很难分辨纵向过于靠近的车辆
波频采集	微波雷达检测器	a. 安装简易方便,不破坏路面; b. 系统可全天候作业,抗干扰能力强; c. 交通量计数精度较高	a. 不能检测静止或低速行驶的车辆; b. 道路具有铁质的分隔带时,检测精度降低
	超声波检测器	a. 不需破坏路面,也不受路面变形的影响; b. 使用寿命长、可移动、架设方便	检测精度受环境影响较大
	红外检测器	a. 非接触性; b. 安全性极强; c. 检测准确; d. 操作便捷	a. 检测精度受环境影响较大; b. 红外穿透力差
视频采集	视频检测器	a. 可提供大量的交通管理信息; b. 可为事故管理提供可视图像; c. 安装调试维护方便,价格便宜	a. 易受恶劣天气、灯光、阴影等环境因素的影响; b. 汽车的动态阴影也会带来干扰

表3.2 移动式交通信息采集技术特点比较

采集方法	优点	缺点
GPS	a. 数据检测连续性强； b. 全天候条件下工作	a. 需要足够多的车辆装有 GPS/DR 装置； b. 检测数据通信易受电磁干扰； c. 检测精度与 GPS/DR 的定位精度有很大关系
浮动车	a. 数据采集成本低； b. 能够获得持续不断的数据； c. 能够直接反映实际交通流特点	a. 初期投资大； b. 系统一旦建立就很难更改； c. 系统仅适宜于大范围的交通数据采集
RFID	a. 识别更准确, 识别的距离更灵活； b. 数据的记忆体容量较大； c. 抗污染能力和耐久性强； d. 可重复使用； e. 体积小型化、形状多样化	a. 技术成熟度不够； b. 成本高； c. 安全性不够强； d. 技术标准不统一
基站定位 与 LBS	a. 投资小、覆盖范围广； b. 可获得大量样本数据	a. 检测的精度不高； b. 实际应用技术还不够成熟

3.2.12 地理信息系统

地理信息系统(Geographic Information System, GIS)是管理和分析空间数据的计算机系统,美国国家地理信息与分析中心(NCGIA)下的定义是:"为了获取、存储、检索、分析和显示空间定位数据而建立的计算机化的数据库管理系统。"该系统是指在计算机软硬件支持下对空间数据按地理坐标或空间位置进行各种处理,完成数据输入、存储、处理、管理、分析、输出等功能,对数据实行有效管理,研究各种空间实体及其相互关系,通过对多因素信息的综合分析可以快速地获取满足应用需要的信息,并能以图形、数据、文字等形式表示处理结果的技术系统。

位置与地理信息既是 LBS 的核心,也是 LBS 的基础。一个单纯的经纬度坐标只有置于特定的地理信息中,代表为某个地点、标志、方位后,才会被用户认识和理解。用户在通过地理信息技术获取到位置信息之后,还可以对所到之处的地理、环境等信息进行查询和分析,从而为用户活动提供信息支持与服务。

交通工具、道路等基础设施、人和物的流动与地理位置、时间等息息相关,利用 GIS 的空间数据和属性数据相结合的信息管理方法,实现交通应用的动态可视化,把数据管理、应用操作等变得直观、简单和轻松。利用 GPS、车辆电子标识等采集车辆的位置与速度信息,通过 3G/4G 通信网络上传到数据中心,对采集的信息在 GIS 的道路网上进行地图匹配、道路交通状态判别,实现车辆的实时在线管理、交通管理、交通信息服务等应用。GIS 在导航、交通规划、道路与设施管理、车辆(警用、公交、公务车、危化品车、出租车等)的监控调度系统,滴滴快车等共享车应用系统,物流、浮动车交通信息采集等应用中提供了信息管理基础支持。

3.3 交通信息处理分析系统

交通信息处理分析系统是指通过现有的技术获取相关数据,并在交通信息平台系统中对其进行信息预处理及处理。交通信息平台实现系统之间的数据共享和交换,进行数据整合以及功能集成,将共享的数据、信息、知识提供给应用用户,实现交通信息的增值业务,延伸交通的服务内容。

3.3.1 交通信息处理

交通信息处理包括交通信息预处理和处理两个过程,其信息处理的模型图如图3.25所示。

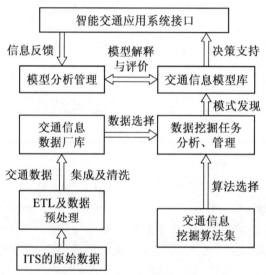

图3.25 交通数据处理模型图

1. 交通信息预处理

数据预处理,也即数据 ETL(Extract Transform Load),用来描述将数据从来源端经过抽取(extract)、转换(transform)、加载(load)至目的端的过程。ETL 是构建数据仓库的重要一环,用户从数据源抽取出所需的数据,经过数据清洗、集成、转换和归约等一系列的各种处理工作,最终按照预先定义好的数据仓库模型,将数据加载到数据仓库中去。预处理主要包括异常交通数据预处理和缺失数据处理。

(1)异常交通数据预处理。

异常交通数据是指用测量的客观条件不能解释为合理的、明显偏离测量总体的个别交通测量值。异常值会直接影响数据总体的正确性,在数据采集中,出现异常值的主要原因是检测设备故障,以及出现概率极小但作用较强的偶发性干扰等。在具体校正异常数据时,通常使用的方法是阈值法、交通流机理法、置信区间检验法。

(2)丢失交通数据预处理方法。

数据丢失的原因主要分为两种:一种是直接丢失,由于现场交通路段工作故障或网络传输设备故障等原因,导致系统没有采集到的数据,即是相应时间段内没有收到路段所采集的交通流原始数据,也导致无法得到该道路的交通状态信息。另一种是间接丢失,虽然相应时间段内的原始交通流数据采集并上传到交通信息中心,但是由于数据样本本身的质量原因,导致该数据无法后续使用,此时也视为丢失数据处理。修补丢失数据方法的比较见表3.3。

表3.3 修补丢失数据方法的比较

补缺方法	使用数据来源	数据相关性	条件	方法优先
标准库+动态因子方法	同路段历史同期数据	较高	初始标准库	较优先
时间序列分析方法	同路段时间序列数据	较高	存在有效的历史时间序列数据	较优先
相邻车道数据回归及合并方法	同路段相邻车道	高	存在有效的相邻车道数据	优先
相邻路段回归估计方法	相邻路段同期数据	高	存在有效的相邻路段数据	优先

2. 交通信息处理方法

交通信息处理技术是交通诱导系统的核心部分,它是把检测器采集的实时交通信息进行相应处理,得到能为诱导系统所用的信息,然后通过各种诱导途径(电台、无线传呼等)传送给道路使用者,指导其选择正确的路径,并最终实现交通流在路网中各个路段上的合理分配。根据不同需求对数据进行规范化处理分析并提供不同的信息是数据组织处理的一项重要内容。处理分析方法主要包括数据抽取、数据挖掘、信息融合、信息预测等。

(1)数据抽取。

由于数据源的多样性和异构性,必须进行数据转换和集成,从应用数据库中提取数据,确保数据的一致性和可用性。将数据源中的数据通过网络进行抽取,并经加工、转换、综合后形成数据库数据,这就是数据库的数据抽取工作。在数据库仓库层次结构中,数据抽取工作具有非常重要的地位,它必须屏蔽底层数据结构的复杂性和物理结构的复杂性,同时还要实现对数据库中数据的自动刷新,要对数据库的元数据和数据进行维修。

(2)数据挖掘。

数据挖掘是从大量的、不完全的、有噪声的、模糊的、随机的实际应用数据中,提取隐含在其中的、人们事先不知道的、但又是潜在有用的信息和知识的过程。其研究目标主要是发展有关的方法论、理论和工具,从大量数据中提取有用的知识和模式。数据挖掘是实现多种学科技术集成的学科,包括了数据库技术、统计学机器学习、高性能计算机、模式识别、神经网络、数据可视化、信息检索、图像与信息处理和空间数据分析等。一个数据挖掘系统不是多项技术的简单组合,而是一个完整的整体,同时它还需其他辅助技术的支持才能圆满完成。常用的数据挖掘方法有关联分析、序列模式分析、分类分析、聚类分析、预测分析、回归分析等。

(3)信息融合。

信息融合的原理是将来自多传感器或多源的信息进行协调优化和综合处理,以获得研究对象更为准确的、可信的描述信息或结论。数据融合协同利用多源信息,对目标的分析更为客观、本质、全面、准确。数据融合的目的是为了信息共享和发布,主要是在数据预处理的基础上,对系统中的多元数据进行加工和融合,为相关系统的业务模块、信息服务提供数据来源及支持。信息融合的方法有基于信号处理与估计理论的方法、决策论方法、统计推断方法、人工智能、信息论等方法。

(4)信息预测。

信息预测法是指根据过去和现在已经掌握的有关某一事物的信息资料,运用科学的理论和技术,深入分析和认识事物演变的规律性,从已知信息推出未知信息从而对事物的未来发展做出科学预测的方法。信息预测的基本特征是尽可能充分地、综合地运用事物发展动态及相互关联的信息,利用各种科学的预测方法和技术手段,寻求对客观事物本质规律的准确提示。常见的信息预测法有逻辑推理、趋势外推、回归分析、时间序列、马尔柯夫链等。

3.3.2 交通大数据处理

1. 交通大数据的发展

在交通智能化、信息化的发展的过程中,成倍增长的数据采集量形成海量、动态、实时的交通大数据,以大数据处理技术为支撑的城市交通信息服务将成为未来智能交通发展的增长点。交通大数据存在多源、异质、局部性、时空关联、异步性、信息稀疏性和并发性等特点,交通系统的实时信息需求存在着对大数据汇聚处理的高时效性要求。现有的数据融合、计算理论与方法难以满足高时效性的大数据处理和基于数据的知识构建与转换等需求,亟须提出时效约束的大数据、多尺度汇聚计算和动态图谱的交通大数据处理新理论与新方法。

交通主体、行为、态势、路网拓扑和环境形成了高维生态系统闭空间,相互之间存在着高度非线性、随机性和动态的耦合关系。交通态势及其演化是交通系统的宏观体现,具有约束条件下的动态性、序贯性、自组织、随机性等特点,交通态势机理解释对解决城市交通的难题非常重要。传统的交通理论难以发现隐含在如此高维空间的知识,对交通出行规律及其时空演化、大面积交通拥堵演变规律、环境与交通行为等进行综合知识和数据支撑的解释与评价,高维空间的隐性知识序贯挖掘与演化将为此提供坚实的理论与技术支撑。交通态势是城市交通系统运行状态的反映,受到交通需求、网络拓扑、多交通子系统、环境、管理和调控策略等众多因素的影响与作用。由于城市交通态势具有时变性、不确定性、非马氏性以及影响因素之间的相关性等特点,是个超维的复杂巨系统,其调控与预测是世界性的难题,目前尚缺乏相关的理论与方法。交通态势的预测机理与调控策略的研究,将创建复杂交通巨系统的预测及其控制的新理论与途径。

2. 大数据相关处理技术

(1) 交通大数据分析融合方面。

因交通流信息采集的方式和类型不同,相应的交通信息参数也各有特点,如微波、地磁、线圈、视频、浮动车等数据的差异就比较大。在数据格式上,既有视频和图片数据,也有记录数据;既有结构化的数据,也有非结构化的数据。首先要保证数据完整准确,如卡口车辆的特征数据,早期设备仅能采集号牌、颜色等,对于品牌、车标、车系、年款等无法获取,在进行套牌车分析时,其准确性就大打折扣。其次要统一标准才能进行数据融合分析研判,正如国家统计局局长马建堂所说:"大数据时代海量数据,如果没有一个统一的数据标准,将会带来很多麻烦。"再次要做到数据复用可复制,不仅满足自有需求,还能对接其他业务系统并提供数据,可以因时因地为其他区域提供经验借鉴。

(2) 交通智能化方面。

其一是前端智能化方面,通过开发智能化的感知设备自动进行相关数据的采集,如交通流信息采集、交通违法监测、事件预警、交通信号优化控制,体现了设备智能化,不仅要数据准确可靠,而且可以大大减少中心平台的数据分析压力;其二是数据综合利用,智能算法的开发方面明显不足,目前全国各地建设中的云存储、云计算项目,多半仅实现基础硬件环境的搭建,采用的数据也是单一来源数据,如高德地图每个季度都会发布的《中国主要城市交通分析报告》,采用的大数据就是浮动车数据,对交管数据利用较少,大华股份推广的"公安车辆大数据研判解决方案"主要是采用交通大数据的卡口过车数据。该研判系统基于 EC 云存储和分布式 Hadoop 架构,可实现百亿数据秒级检索,能够识别 120 个大类车标、2 200 余种细分车型,识别准确率达 96% 以上。在业务方面,结合海量卡口数据和公安业务数据构建了"人-车-关系人"研判分析模型,实现了对高危车辆的实时预警,在浙江奉化、山东垦利等多个地方取得很好的效果,对交通大数据的部分卡口过车数据进行了深度应用。当然,对其他数据进行深度和广度开发,包括算法改进等都亟待研究。

3.4 交通信息传输技术

3.4.1 通信技术

1. GSM 通信技术

全球移动通信系统(Global System for Mobile Communications,GSM)是由欧洲电信标准组织 ETSI 制定的一个数字移动通信标准,它的空中接口采用时分多址技术。GSM 数字移动通信系统是由欧洲主要电信运营者和制造厂家组成的标准化委员会设计出来的,它是在蜂窝系统的基础上发展而成,包括 GSM900 MHz、GSM1800 MHz 及 GSM1900 MHz 等几个频段。

GSM 系统有几项重要特点:加密性强、网络容量大、号码资源丰富、通话清晰、稳定性强不易受干扰、信息灵敏、通话死角少、手机耗电量低等。

通用分组无线服务技术(General Packet Radio Service,GPRS)是 GSM 移动电话用户

可用的一种移动数据业务,频道传输的方式是封包(Packet)式。

2. 3G 通信技术

3G 是第三代移动通信技术,是指支持高速数据传输的蜂窝移动通信技术。3G 服务能够同时传送声音及数据信息,速率一般在几百 kbps 以上。3G 是将无线通信与国际互联网等多媒体通信相结合的新一代移动通信系统,目前 3G 存在 3 种标准:CDMA2000、WCDMA、TD-SCDMA。

CDMA(Code Division Multiple Access) 又称码分多址,CDMA2000 是由窄带 CDMA(CDMA IS95)技术发展而来的宽带 CDMA 技术,是从窄频 CDMAOne 数字标准衍生出来的。WCDMA(Wideband CDMA)是在数字技术的分支——扩频通信技术上发展起来的一种崭新而成熟的无线通信技术。它能够满足市场对移动通信容量和品质的高要求,具有频谱利用率高、话音质量好、保密性强、掉话率低、电磁辐射小、容量大、覆盖广等特点,可以大量减少投资和降低运营成本。是当前世界上采用的国家及地区最广泛的、终端种类最丰富的一种 3G 标准,占据全球 80% 以上的市场份额。时分同步 CDMA(Time Division - Synchronous CDMA,TD-SCDMA)标准是由中国制定的 3G 标准。1999 年 6 月 29 日,中国原邮电部电信科学技术研究院(大唐电信)向 ITU 提出,将智能无线、同步 CDMA 和软件无线电等当今国际领先技术融于其中,在频谱利用率、对业务支持具有灵活性、频率灵活性及成本等方面有独特优势,具有辐射低的特点。

3. 4G 通信技术

国际电信联盟(ITU)定义了 4G 的标准——符合 100 m 传输数据的速度。2012 年 ITU 正式审议通过的 4G(IMT-Advanced)标准——LTE-Advanced:LTE(Long Term Evolution,长期演进)的后续研究标准。LTE-Advanced 包含 TDD 和 FDD 两种制式,其中 TD-SCDMA 网络能够进化到 TDD 制式,而 WCDMA 网络能够进化到 FDD 制式。移动主导的 TD-SCDMA 网络期望能够直接绕过 HSPA+ 网络而直接进入到 LTE。

4. 5G 通信技术

2015 年的 ITU 会议已经定义了 5G 的 3 类典型应用场景。一是增强型的移动宽带 eMBB。这种应用场景下,智能终端用户上网峰值速率要达到 10 Gbps 甚至 20 Gbps,为虚拟现实、无处不在的视频直播和分享、随时随地的云接入等大带宽应用提供支持。二是大连接物联网 mMTC。这种场景下,5G 网络需要支撑 100 万/km^2 规模的人和物的连接。三是低时延、超可靠通信 uRLLC。这种场景要求 5G 网络的时延达到 1 ms,为智能制造、远程机械控制、辅助驾驶和自动驾驶等低时延业务提供强有力的支持。

3.4.2 ITS 通信技术

ITS 中交通信息传输应用的主要是通信网络技术,通信网可由表示用户设备的端点和端点之间的传输线路或者由表示用户设备的端点和起交换作用的转接交换点及它们的连接线路组成。交通信息传输方式主要有:①各类中心子系统与道路等路边子系统及其他中心之间的信息通信可用有线通信。②车辆子系统与路边子系统之间的信息通信简称为车路通信,是运行中的车辆与固定的道路上道路通信设施间的通信,使用无线通信;但车辆与路边通信设施的距离较近,因此可用专用的短程无线通信。③车辆与车辆之间的通信,即车车通信,是运行中车辆动体与动体之间的通信,必须用无线通信;车车通信可先经过车辆与中心子系统之间的通信,然后路边子系统送到中心系统,中心系统再将信息传输给车辆,即车车通信依赖于上述两种传输类别。每种传输方式类别都对应一种或几种传输方式,每种传输方式的特点或应用介绍见表3.4。

表3.4 每种传输方式的特点或应用介绍表

信息传输方式类别	信息传输方式	特点或应用
中心子系统间与路边子系统间的信息传输	电话通信	用于近距离、小容量的语音、数字信息传输,如城市交通信号控制系统的信息传输,可租用电话线路来传输检测器的检测信息与系统的指令信息
	专用电缆通信	用于近距离、小容量的语音、数字信息传输,也可用于系统埋设专用通信电缆传输控制系统的指令信息
	光纤通信	传输频带宽、通信容量大、损耗低、不受电磁波干扰等,适用于长距离、大容量的信息传输
	有线信息传输基础设施	适用于短距离、通信容量小的信息传输,需要架设线路设施,施工量大
车路通信	专用短程通信	用于道路上车辆行驶控制与管理系统、收费站、停车场、坐车购物商店、加油站等收费结算自动化系统及物资流通中心与车辆轮渡管理系统
远程无线通信	卫星通信	利用人造地球卫星作为中继站转发无线电信号,在两个或多个地球站之间进行通信
	公用移动通信	采用全球移动通信系统,由基站系统、交换系统和操作支持系统3部分组成
	无线信息传输基础设施	用于家庭或办公室、在途旅行者或车辆等的交通咨询需求信息传输,可通过信息传输为信息需求者提供道路交通状况、车辆导行、停车场、加油站等各种信息

3.5 交通智能控制技术

交通智能控制技术是一个基于现代电子信息技术面向交通运输、交通监控、车辆控制等的服务技术。智能控制是人工智能、运筹学和自动控制三者的交叉。现阶段,交通智能控制的主要学习方法包括专家控制、神经网络控制、模糊控制等。

1. 车辆控制

指辅助驾驶员驾驶汽车或替代驾驶员自动驾驶汽车的系统技术。该技术通过安装在汽车前部和旁侧的雷达或红外探测仪,可以准确地判断车与障碍物之间的距离,遇紧急情况,车载电脑能及时发出警报或自动刹车避让,并根据路况自己调节行车速度,人称"智能汽车"。

2. 交通监控

该技术类似于机场的航空控制器,它将在道路、车辆和驾驶员之间建立快速通信联系。哪里发生了交通事故,哪里交通拥挤,哪条路最为畅通,该系统会以最快的速度提供给驾驶员和交通管理人员。

3. 运营车辆管理

该技术通过汽车的车载电脑、高度管理中心计算机与全球定位系统卫星联网,实现驾驶员与调度管理中心之间的双向通信,来提供商业车辆、公共汽车和出租汽车的运营效率。运用该技术开发的系统通信能力极强,可以对全国乃至更大范围内的车辆实施控制。目前,行驶在法国巴黎大街上的20辆公共汽车和英国伦敦的约2 500辆出租汽车已经在接受卫星的指挥。

3.6 仿真技术

仿真技术是一门多学科的综合性技术,它以控制论、系统论、相似原理和信息技术为基础,以计算机和专用设备为工具,利用系统模型对实际的或设想的系统进行动态试验。当一个系统过于复杂,无法用简单抽象的数学模型描述时,交通仿真的作用就更为突出。交通仿真可以清晰地辅助分析预测交通堵塞的地段和原因,对城市规划、交通工程和交通管理的有关方案进行比较和评价,在问题成为现实以前,尽量避免,或有所准备。

虚拟仿真就是用一个虚拟的系统模仿另一个真实系统的技术。从狭义上讲,虚拟仿真是指20世纪40年代伴随着计算机技术的发展而逐步形成的一类试验研究的新技术;从广义上来说,虚拟仿真则是在人类认识自然界客观规律的历程中一直被有效地使用着。由于计算机技术的发展,仿真技术逐步自成体系,成为继数学推理、科学实验之后人类认识自然界客观规律的第三类基本方法,而且正在发展成为人类认识、改造和创造客观世界的一项通用性、战略性技术。

虚拟现实(Virtual Reality)技术,简称VR,是20世纪80年代新崛起的一种综合集成技术,涉及计算机图形学、人机交互技术、传感技术、人工智能等。它是由计算机硬件、软件以及各种传感器构成的三维信息的人工环境——虚拟环境,可以逼真地模拟现实世界(甚至是不存在的)的事物和环境,人投入到这种环境中,立即有"身临其境"的感觉,并可亲自操作,自然地与虚拟环境进行交互。虚拟现实技术具有3I的特征,分别是沉浸感(Immersion)、交互性(Interaction)和想象性(Imagination)。VR技术主要有三方面的含义:第一,是借助于计算机生成的环境是虚幻的;第二,人对这种环境的感觉(视、听、触、嗅等)是逼真的;第三,人可以通过自然的方法(手动、眼动、口说、其他肢体动作等)与这个环境进行交互,虚拟环境还能够实时地做出相应的反应。

3.7 交通信息发布与显示

交通信息发布系统是智能交通系统中直接面向出行者的系统,是智能交通系统与出行者之间交互的媒介,其主要作用是将交通疏导信息发布给终端。交通信息发布系统主要由指挥调度中心、信息处理中心、信息交换平台、通信网络和信息发布终端组成。其中,信息交换平台接收来自指挥调度中心和信息处理中心的交通信息,通过各类信息传输渠道将信息发布到各类信息发布终端。交通信息的发布主要有车载终端、电子站牌、站场查询终端、交通广播、交通电子屏、短信服务平台、网站。

交通信息显示用于公共场所的信息显示,如车站站牌、车内信息显示板;也可以通过大屏幕为管理、决策人员提供信息显示,如在调度中心,有相当一部分信息需要及时、快捷、直观地提供给生产调度人员和经营人员。大屏幕为及时、快捷、直观地反映这些信息提供了有效的手段。主要显示方式有:LED(Light Emitting Diode,发光二极管)显示屏、液晶显示屏、PDP 显示屏(Plasma Display Panel,等离子显示板)、CRT(Cathode Ray Tube)大屏幕显示屏。

本章参考文献

[1] 陈刚.车联网条件下的混合动力客车车载传感器实时数据预处理研究[D].重庆:重庆大学,2014.
[2] 史慧敏.城市路网实时动态交通信息预测方法的研究[D].大连:大连理工大学,2009.
[3] 叶杨.动态交通信息采集与处理技术的研究与开发[D].济南:山东大学,2009.
[4] 韩慧龙.基于数据挖掘的交通流机理分析[D].广州:华南理工大学,2014.
[5] 周户星.车联网环境下交通信息采集与处理方法研究[D].长春:吉林大学,2013.
[6] 关彩霞.城市道路交通信息处理技术的研究[D].沈阳:沈阳工业大学,2002.
[7] 孟碧波.数据挖掘技术在智能交通检测系统中的应用[D].武汉:武汉理工大学,2008.
[8] 牛庆庆.智能化城市公共交通信息系统无线传输技术的研究[D].上海:同济大学,2007.
[9] 沈国江.城市道路交通智能控制技术研究[D].杭州:浙江大学,2004.
[10] 刘丽娜,李德雄.专家控制系统的理论分析[J].石家庄铁路职业技术学院学报,2006(04):72-75.
[11] 徐瑜,危韧勇.神经网络在控制系统中的应用现状及展望[J].电脑知识与技术,2006(05):178-179,187.
[12] 肖建军.交通地理信息系统的研究与应用[D].长沙:中南大学,2005.
[13] 刘新爱,胡晓,王素平,等.基于置信区间理论的仿真模型检验方法研究[J].战术导弹技术,2010(06):107-112.

[14] 孙亚. ITS采集交通信息缺失数据修复策略及模型研究[J]. 黑龙江科技信息,2013(15):34-36.
[15] 王力,王川久,沈晓蓉,等. 智能交通系统中实时交通信息采集处理的新方法[J]. 系统工程,2005(02):86-89.
[16] 汪海渊,朱彦东,杨东援. 数据融合技术及其在交通领域中的应用[J]. 交通与计算机,2001(S1):42-45.
[17] 刘瑛. 基于神经网络的交流调速智能控制研究[D]. 武汉:华中科技大学,2005.
[18] 张小文,刘勇,潘小多,等. 交通地理信息系统的类型、方法及应用初探[J]. 遥感技术与应用,2002(06):344-351,405.

第4章 交通规划与交通管理

城市规划理论和技术是解决城市环境、安全、居住、交通等问题的指导与实践总结，是城市交通之源，决定了交通系统的基础布局以及交通供给。而交通管理则是为了达到一定目的而采取的疏导、控制与调解交通的各种方式、方法的总称，是配合实现城市交通规划的手段。交通规划决定交通的形态，城市规划决定交通的生态，交通管理决定交通的状态。交通问题集中在城市，与城市的规模与定位、布局等发展不协调有直接关系。

4.1 交通规划

交通规划通常是指根据对地区的交通供需状况与地区的人口、经济和土地利用之间的相互关系的分析研究，预测地区未来不同人口、土地利用和经济发展的情形、交通运输发展需求，确定未来交通运输设施发展建设的规模、结构、布局等方案，并对不同方案进行评价比选，确定推荐方案，同时突出建设实施方案(包括建设项目时序、投资估算、配套措施等)的完整过程。广义的交通规划包括交通设施体系布局规划、交通运输发展政策规划、交通运输组织规划、交通管理规划、交通安全规划、交通近期建设规划等。狭义的交通规划主要是指交通设施体系布局规划和交通近期建设规划，交通规划是城乡规划的专项规划。

4.1.1 交通规划任务与主体内容

1. 交通规划主要任务

交通规划主要任务是：通过深入的调查、必要的勘测、科学的定量分析，在剖析、评价现有交通系统状况，揭示其内在矛盾的基础上，根据客货流分布特点、发展态势及交通量、运输量的生成变化特征，提出规划期交通系统发展的总目标和总体布局，确定不同类型交通基础设施的性质、功能及建设规模，拟定主要路线(如城市道路、公共交通线路、公路、铁路、航线、航道、管道)的走向、主要控制点及交通枢纽，优化交通网络结构与等级配置，制定分期实施的建设序列，提出实现规划目标的政策与措施，科学地预测发展需求，细致地确定合理布局，确保规划期交通系统的交通需求与交通供给之间的平衡，满足社会经济发展对交通系统的要求。交通规划是城乡总体规划中的专项规划，是落实城乡总体规划的要求。

2. 交通规划过程

交通规划分很多种类和层次，不同的交通规划有不同的规划内容及深度要求，但无论哪一类交通规划，其主体内容一般应包括：交通系统的现状调查与问题诊断、交通需求预测、交通规划方案的优化、评价以及实施等。交通规划的具体执行过程如图 4.1 所示。

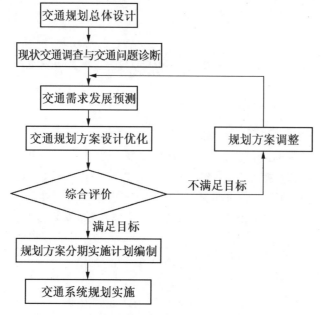

图 4.1　交通规划的执行过程

4.1.2　城乡规划与土地利用规划

城乡规划是城市各级政府对城乡发展建设空间布局的统筹安排,决定了城市性质、规模、容量和发展形态,保证城市每个阶段的发展目标、发展途径、发展程序的优化和布局结构的科学性,引导城市合理发展。土地利用规划是整个城市规划中的重要组成部分,土地的用途与使用性质、土地资源、范围等,影响人类的交通出行。政府通过编制土地利用总体规划,规定土地用途,有利于更准确地进行交通生成预测。

1. 总体规划

城市总体规划是城市人民政府为确定城市性质、规模和发展方向,实现城市的经济和社会发展目标,依据国民经济和社会发展规划,在区域规划和城镇体系的基础上,结合当地的自然环境、资源条件、历史情况、现状特点,研究城市的未来发展、城市的合理布局和综合安排城市各项工程建设的综合部署。它是城市建设与管理的前提和依据,是城市规划工作体系中的高层次规划,是城市规划综合性、整体性、政策性和法律性的集中体现。

城市总体规划应当与土地利用总体规划相衔接,对城市经济结构、空间结构、社会结构发展进行规划。其中与交通相关的内容主要包括以下几方面:

(1)确定城市性质和发展方向,估算城市人口发展规模,确定有关城市总体规划的各项技术经济指标。

(2)选定城市用地,确定规划范围,划分城市用地功能分区,综合安排工业、对外交通运输、生活居住、教育及绿化等用地。

(3) 布置城市道路、交通运输系统以及车站、港口、机场等主要交通运输枢纽的位置。

(4) 大型公共建筑的规划与布点。

(5) 确定城市主要广场位置、交叉口形式、主次干道断面、主要控制点的坐标及标高。

(6) 综合布置郊区居民点,蔬菜、副食品生产基地,郊区绿化和风景区,以及大中城市有关卫星城镇的发展规划。

城市总体规划是指导和控制城市发展和建设的蓝图,具有不可替代和战略性规划的特点。在总体规划的城市战略研究阶段,需要研究城市职能,确定城市性质,预测城市规模。在总体布局阶段,则要求我们综合协调城市功能、结构、形态的关系,依据不同功能要素的布局要求合理规划不同的用地性质,在此基础上进行多方案比较,选择最佳方案。最后的成果编制阶段,要严格按照法定的编制要求和制定程序,在做好前期资料的收集整理和分析研究的基础上,形成总体规划成果。

2. 综合交通规划

为了实现城市交通与土地、经济的协调,构建高效、通达、安全的交通发展环境,在编制城市总体规划时必须同时编制城市综合交通规划。

城市综合交通规划是体现城市公共政策和城市政府引导城市经济、社会发展和城市布局的重要纲领性文件,是城市总体规划的重要组成部分,是政府实施城市综合交通体系建设,调控交通资源,倡导绿色交通,引导区域交通、城市对外交通、市区交通协调发展,统筹城市交通各子系统关系,支撑城市经济与社会发展的战略性专项规划,是编制城市交通设施单项规划、客货运系统组织规划、近期交通规划、局部地区交通改善规划等专业规划的依据。城市综合交通规划要充分体现交通系统促进和引导城市发展,协调好长远发展与近期建设之间的关系,并在资源约束条件下,突出建设节约型社会的指导思想。

城市综合交通体系规划应当包括下列主要内容:

(1) 调查分析:以调查为依据,评估城市交通现状,分析交通存在的问题,构建交通战略分析模型。

(2) 发展战略:根据城市发展目标等,确定交通发展与土地使用的关系,预测城市综合交通体系发展趋势与需求,确定综合交通体系发展目标及预期的交通方式结构,提出交通发展战略和政策,确定交通资源分配利用的原则,确定各种交通方式的发展要求和目标。

(3) 交通系统功能组织:确定交通系统功能组织的原则和策略。论证客运交通走廊,确定大运量公共客运系统的组成和总体布局,论证货运交通走廊,确定货运通道布局要求。

(4) 交通场站:提出各类交通场站设施规划建设原则和要求。论证城市交通与对外交通的衔接关系,确定各类综合交通枢纽的总体规划布局、功能等级、用地规模和配套设施;确定城市公共交通场站规划建设指标、布局和用地规模;确定城市物流设施用地、布局和规模。

(5) 道路系统:确定城市各级道路规划指标和建设标准;确定城市主要道路网络布局和主要道路交叉口的基本形式和建设要求,确定自行车与步行交通系统网络布局和设施规划指标,确定自行车与行人过街的基本形式和总体布局要求;提出公共交通专用道设置原则。

(6)停车系统:论证城市各类停车需求,提出城市不同区位的分区停车政策,确定各类停车设施规划建设基本原则和要求。

城市综合交通规划必须以城市总体规划为基础,满足土地使用对交通运输的需求,发挥城市交通对土地开发强度的服务和引导作用。同时,城市综合交通规划在编制上应与城市总体规划保持一致,覆盖城市规划用地范围。技术流程上通过对城市交通现状进行分析,结合城市发展趋势,研究未来城市交通发展所面临的机遇和挑战,在此基础上制定城市交通发展战略,并以交通发展战略为指导,进行城市交通需求预测分析和综合交通系统规划,确定近期重大交通设施建设计划和交通治理方案。

3. 土地利用

交通与土地利用有着不可分割的关系,土地利用是影响出行产生的主要因素之一。按照我国国家标准《城市用地分类与规划建设用地标准》规定,城市土地利用分 10 大类,分别为:①居住用地;②公共设施用地;③工业用地;④仓储用地;⑤对外交通用地;⑥道路广场用地;⑦市政公共设施用地;⑧绿地;⑨特殊用地;⑩水域及其他用地。在这 10 类城市土地利用中,前 4 类是城市活动的基本空间,是交通的主要发生源。下面对上述 4 类用地进行详细说明。

(1)居住用地。居住用地是交通的主要发生源和居民出行的主要起讫点。该用地的发生与吸引交通量通常用居住面积、住户数、人口、住户平均人数等指标表示。与住宅用地相关的出行有通勤出行(上班、上学)、弹性出行(购物、娱乐、探亲访友等)和回程。

(2)公共设施用地包括行政办公用地、商业金融业用地、文化娱乐用地、体育用地、医疗卫生用地、教育科研设计用地和文物古迹用地等。它也是交通的主要发生源之一,其发生与吸引交通量通常用办公、营业面积、从业人口等指标表示。与公共设施用地相关的出行有上班、上学、娱乐、公务和回程等。

(3)工业用地是工作日上班交通的主要发生源。该用地的发生与吸引交通量通常用从业人口、产值等指标表示。与工业用地相关的出行有上班、公务和回程等。

(4)仓储用地是货物的主要集散点,因此是货物交通的主要发生源。该用地发生与吸引交通量通常用仓库面积、货物吞吐量等指标表示。与仓储用地相关的出行有上班、公务和回程等。

交通与土地利用、城乡规划相互影响,城市发展与土地利用性质决定交通需求的规模,交通引领土地增值与城市发展,城市总体与交通规划的修订、建设项目交通影响分析是交通管理对规划实施效果的反馈。

4.1.3 交通需求预测

交通需求预测是交通发展政策的制定、交通网络设计以及方案评价的基础,传统交通需求预测的"四阶段"模式是公认的方法,包括交通的生成预测、交通的分布、交通方式划分和交通流分配 4 部分内容。

1. 交通生成预测

交通生成预测的目标是求得各个对象地区的交通需求总量,即交通生成量与吸引量。出行的发生、吸引与土地利用性质和设施规模有着密切的关系,发生与吸引交通量预测精度将直接影响后续预测阶段甚至整个过程的精度。影响交通生成预测的因素有土地利用、家庭规模和家庭成员的构成、年龄和性别、汽车保有率、自由时间、职业和工种、外出率、企业规模、性质、家庭收入等。

交通生成量通常作为总控制量,用来预测和校核各个交通小区的发生和吸引交通量。交通生成总量的预测方法主要有原单位法、增长率法、交叉分类法和函数法。除此之外,还有利用研究对象地区过去的交通量或经济指标等的趋势法和回归分析法等。

2. 交通分布预测

交通分布预测是把交通的发生与吸引量预测获得的各小区的出行量转换成小区之间的空间 OD 量,即 OD 矩阵。交通分布预测的方法一般分为增长系数法、综合法两类。

(1) 增长系数法。假定将来 OD 交通量的分布形式和现有的 OD 表的分布形式相同,在此假定的基础上预测对象区域目标年的 OD 交通量,常用的方法包括常增长系数法、平均增长系数法、底特律法、福莱特法和佛尼斯法等。

(2) 综合法。从交通分布量的实际分析中剖析 OD 交通量的分布量,并将此规律用数学模型表现,然后用实测数据标定模型参数,最后用标定的模型预测交通分布量,其方法包括重力模型法、介入机会模型法、最大熵模型法等。

3. 交通方式划分

交通方式划分是出行者出行时选择交通工具的比例,它以居民出行调查的数据为基础,研究人们出行时的交通方式选择行为,建立模型从而预测基础设施或交通服务水平等条件变化时交通方式间交通需求的变化。交通方式划分模型的建模思路有两种:

(1) 在假设历史的变化情况将来继续延续下去的前提下,研究交通需求的变化。

(2) 从城市规划的角度,为了实现所期望的交通方式划分,如何改扩建各种交通设施引导人们的出行,以及如何制定各种交通管理规则等。新交通方式(新型道路运输工具、轨道交通等)的交通需求预测需要量化出行行为选择因素及其具体应用。

交通方式预测方法主要包括:转移模型的转换模型、回归模型法、概率模型法等。

4. 交通流分配

交通流分配,就是将预测得出的 OD 交通量,根据已知的道路网描述,按照一定的规则符合实际地分配到路网中的各条道路上去,进而求出路网中各路段的交通流量和所产生的 OD 费用矩阵,并据此对城市交通网络的使用状况做出分析和评价。

交通流分配分为静态交通流分配和动态交通流分配。静态交通流分配是以 OD 交通量为对象,以交通规划为目的而开发出的交通需求预测模型;而动态交通流分配则是以路网交通流为对象、以交通控制与诱导为目的开发出来的交通需求预测模型。交通规划的时间概念是以年度计的,显然可以将 OD 矩阵看成是不变的,然而在 ITS 这种涉及交通控制与诱导的系统中,时间概念应以分甚至秒计,因此 ITS 的发展需要动态交通流分配技术的支持。

4.1.4 城市道路网规划

城市道路网联系城市的各个组成部分,既是城市生产、生活的动脉,又是组织城市布局结构的骨架,同时还是安排绿化、排水及城市其他基础设施(地上、地下管线)的主要空间。城市道路网络规划主要包括城市道路网布局规划、各级城市道路规划、城市道路交叉口规划、城市道路横断面规划等内容。

城市道路网布局是否合理,直接关系到城市是否可以合理、经济地运转和发展。城市道路网络建设水平和空间布局的合理性可以由城市道路网络方案技术性能评价来评判,城市道路网络方案的技术评价指标主要有路网密度、道路面积率、道路网级配、网络联结度等。

城市道路根据道路在城市道路系统中的地位和交通功能,分为快速路、主干路、次干路、支路4个等级。快速路原则上只有100万人口以上的大城市才考虑建设,其功能是快速疏解跨区间、长距离、大运量的机动车流。主干路是交通性道路,承担跨区间、长距离或较长距离机动车交通流的输送。快速路和主干路共同构成城市的主骨架和主动脉,也是城市机动车交通的主通道。而城市次干路的交通功能是为主干路和快速路承担交通分流和集散。支路则如同人的毛细血管,主要是为地区或地块的出入交通或通达交通服务的。

4.1.5 城市公共交通规划

城市公共交通是指在城市行政辖区内,为本市居民和流动人口提供乘用的公共交通,包括定时线行驶的公共汽车、无轨电车、有轨电车、中运量和大运量的快速轨道交通,以及小公共汽车、出租汽车等交通工具和配套设施。

城市公共交通是重要的城市基础设施,是关系国计民生的社会公益事业。作为城市客运主体,城市公共交通应为城市居民和流动人口的工作、学习、生活提供安全、迅速、准点、方便、舒适的服务,最大限度地节约人们的出行时间,促进城市经济的发展,提高人民的生活质量。

城市公共交通规划主要包括城市轨道交通系统规划、城市常规公交系统规划等内容。

1. 城市轨道交通系统规划

城市轨道交通系统规划涉及从交通政策到技术设施水平等因素,是一个综合性决策问题。轨道交通系统要求大量投资和庞大的运行费用支出,规划过程具有长期性和复杂性。其核心问题是轨道交通线网设计和客流预测,通过设计产生可行方案集合,然后通过客流分析和预测,评价方案的潜在效益、效果和成本。

轨道交通线网结构形式有放射式、网格式、放射+环状结构等典型形式。交通线网结构与城市空间结构、土地利用之间存在着相辅相成的互动关系。一方面,轨道交通线网的布局结构必须以城市土地利用的空间结构为基本立足点;另一方面,轨道交通线网规划应与城市规划的空间结构相结合,充分发挥交通的先导作用。

2. 城市常规公交系统规划

城市公共交通系统包含多个子系统,根据其在公交系统中的地位和作用分为4个等级:大运量捷运系统、中运量优质公交系统、常规公交系统和小运量便捷公交系统。根据我国目前经济水平和城市客运需求可以看出,常规公交仍将是城市公共交通客运的主体。

城市常规公交系统规划主要包括常规公交线网规划、场站规划以及公交车辆发展规划。其中,公交线网规划主要技术指标有线网密度、公交线路重复系数、非直线系数、乘客平均换乘系数或换乘率、公交线路网站点覆盖率等。在线网规划的过程中,常用的方法有解忧法和证优法。

(1)解忧法,又称正推法,是根据对城市公共交通需求的预测,通过求特定目标函数的最优解获得优化线网。

(2)证优法,又称验算法,是对一个或几个线网备选方案进行分析评价,证实或选择较优方案。

另外,公交场站作为城市公共交通的基础性设施,在规划的过程中要遵循统一规划、统一管理、政府主导、市场运作的方针,加大政府投资力度。公交场站的规划内容包括公交停车场与保养场规划、公交枢纽站规划和公交首末站规划等内容。

4.1.6　公路网规划

公路网规划是道路交通系统规划的一个重要组成部分。它是以区域有关调查资料以及区域现状交通系统分析评价为基础,以交通需求为主要依据,并与区域交通预测有一个互相依托、互相反馈、协调的关系和过程。公路网规划的基本内容及规划程序如图4.2所示。公路网规划的具体步骤为:

(1)区域技术经济调查分析。
(2)公路网的远景交通量预测。
(3)公路网线路(包括新建线路和原有线路改建)平面布局和等级结构方案的规划。
(4)公路网评价系统模型的建立与运用。
(5)公路网目标优化模型的建立与运用。
(6)公路网方案决策模型的建立与运用。
(7)公路网实施计划和投资优化决策模型的拟定和运用。

4.1.7　综合评价方法

交通系统的运行状况、交通规划方案对未来交通需求发展的适应性,需要通过评价进行总结、反馈和检验规划的实施效果,评价的主体是系统使用者还是系统经营与管理者对于评价目标的确定、评价指标的选择都有直接影响。

交通规划方案的综合评价总目标应是整体评价方案中的最佳方案,具体目标要根据方案的性质、范围、类型、条件等确定。

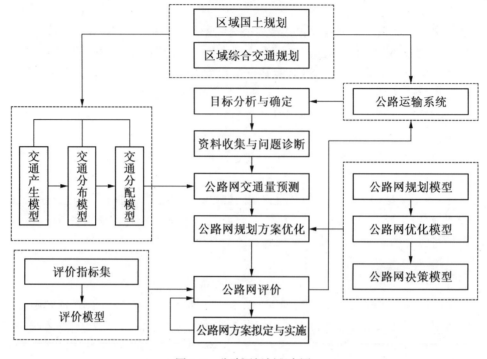

图 4.2　公路网规划程序图

4.2　交通管理

交通管理是国家各级交通行政管理部门根据国家相关法律、法规、规章、政策、技术标准规范所赋予和规定的交通管理职权和事权,依法施行交通管理权力。交通管理主要包括行车管理、步行管理、停车管理、平面交叉口管理、快速道路交通管理和交通组织优化等管理。

随着社会经济发展和文明进步,人们将各种现代科学技术应用于道路交通的安全畅通上,交通管理作为一项复杂的社会系统工程,与百姓生活息息相关,需要编制更具前瞻性、整体性、科学性的交通管理统筹规划,需要建立更有力的交通管理体制与机制来保障执行。随着时代变迁,交通管理的理念与方法也随之改变,大体分为传统交通管理、交通系统管理、交通需求管理和智能交通管理(逐步扩展为智能交通运输系统)4个阶段。

4.2.1　交通管理的目的、原则

1. 交通管理的目的

交通管理最基本的要求是保障交通安全、疏堵保畅。由于道路交通工程设施的建设速度总是跟不上车辆的增长速度,现有道路交通设施的交通效率总是有限的,应采取各种"交通需求管理"措施来减少道路上的汽车交通总量,缓解交通拥挤,保障交通安全与畅通,并降低汽车交通对环境的影响。

2. 交通管理的原则

(1) 分离原则。

分离原则是维护交通秩序、保障交通安全的基本原则,交通安全法规规定了通行权与先行权。通行权的基本含义是在平面分离上,车辆、机动车、非机动车、行人等按规定在其各自的道路上有通行的权利;在时间分离上,车辆、行人按交通信号、标志或交通警指挥指定在其通行的时间内有通行的权利。先行权是指各种车辆或行人在指定平面和时间内共同有通行权的前提下,对车辆、行人在通行先后次序上确定优先通行的权利,比如救护车、警车、军车、消防车等。特别是高速公路应急车道,不能非法占用。

(2) 限速原则。

车行速度与地形、公路线形条件、交通流量、交通组成、驾驶员注意力与技术水平、交通管理设施、路侧管理等道路的实际交通运行情况因素相关,随着车辆运行速度的增加,驾驶人的脉搏和眼球运动都加快,感知和反应变慢,对各种信息的刺激感受变得相对迟钝,限速措施可以提高交通安全、降低交通事故率。

在交通事故多发的危险路段用限速来预防交通事故,高速道路用最高限速与最低限速的规定来保障交通安全,各国交通法规中都列有按道路条件及恶劣气候条件下限制最高车速的规定。干线协调控制路段,通过设置路段最佳行车速度,提高信号控制效果。

(3) 疏导原则。

交通拥挤、阻塞及交通事故是道路网的局部、短时间现象,交通管理基于整个道路系统疏导交通可以充分发挥原有道路的通车效率。实时的交通信息服务帮助出行者根据路网交通状态,及时调整自己的出行路径、时间、方式等。

(4) 节源原则。

从交通供需关系分析,交通供给无法满足日益增长的交通需求,用"交通需求管理"来降低交通量,即为节源原则。节源原则涉及交通政策、税收政策、城市规划、交通系统布局等各个方面,只有全局统筹、协调配合才能见效,通过以下措施实现:

①转变居民出行方式。发展轨道交通,实施公共交通优先政策与技术,包括公共交通专用车道、公共交通专用道路、公共交通优先信号控制等,以及各式换乘系统,提高公共交通的服务水平,吸引人们少用私车,多用公交车。

②发展合乘系统。包括合乘车优先车道、共享车,鼓励多人合乘,以减少路上的汽车交通量。

③采取交通管制、停车收费等措施限制车辆特定时段驶入管制区域。

(5) 可持续发展原则。

随着人们对保护生态环境及自然资源认识的提高,交通的可持续发展需要"以人为本",客运系统、货运系统的建设、发展与管理交通应减少道路汽车交通的出行量、降低汽车交通对生态环境的危害及对燃油、土地等紧缺自然资源的损耗,使交通符合建设可持续发展的社会要求。

4.2.2 交通系统管理

1. 交通系统管理的定义

交通系统管理(Transportation System Management,TSM)的概念,在美国联邦道路管理局的规划条例(1975年)中有明确的解释,即:交通系统管理是把汽车、公共交通、出租车、行人和自行车等看成一个整体城市交通运输的多个组成部分。城市交通系统管理的目标是通过运营、管理和服务政策来协调这些个别的组成部分,使这个系统在整体上取得最大交通效益。

2. 交通系统管理的特点

交通系统管理同传统交通管理相比,其显著特点是:传统的交通管理仅仅专注于局部交通,且采取的治理措施比较孤立单一,不能从根本上解决交通问题;而交通系统管理是从整个交通运输系统着眼,探求的是现有系统发挥最优效益的综合治理方案,比较全面地解决发生的交通问题,同时可得系统最优的方案。

3. 交通系统管理的基本措施

交通系统管理的基本措施主要包括以下内容:

(1)公共交通辅助系统。公共汽车、合乘车辆、电话约车等。

(2)公共交通运行管理。改善车辆维修、改善运行监控、改善收费方法、开辟直达快车、改善终点站及停靠站、改善路线及行车时刻表等。

(3)存车管理。路边存车管理、街外存车管理、换乘系统存车管理、优先存车管理、存车路线引导等。

(4)行人、自行车管理。有行人过街、行人专用区、自行车专用道、交叉口自行车管理等。

(5)优先通行管理。有优先车行道、优先通行街、优先交通信号等。

(6)交通工程技术措施。有改善交叉口、单向交通、可变方向车道、交通监控、交通信号控制系统等。

(7)交通限制措施。有限制汽车区、凭证进入区、行人和公交车辆专用道等。

(8)货运交通管理。有改善行驶路线、改善装卸操作、建立货运枢纽等。

(9)改变上班方式。有错开上班时间、实行弹性工作制、家中上班等。

(10)收费管理。有加收牌证费、汽油税、过路过桥费、存车收费管理等。

4. 交通系统管理工作过程

交通系统管理工作应用系统工程、系统分析的理论和方法,一般遵循以下工作过程:

(1)对现有道路交通运输系统的调查与存在问题的分析。

(2)确定治理任务和治理目标。

(3)确定治理问题的各种备选的综合治理方案。

(4)确定评价方案的效益评价。

(5)对各备选综合方案做出评价。

(6)根据评价结果,提出优选方案。

(7) 对优选方案中的各项治理措施做出详细设计。
(8) 方案的实施执行。
(9) 方案实施情况的监测与调整。

4.2.3 交通需求管理

从交通管理的 4 个阶段来看,交通需求管理的提出使交通管理的发展发生了根本性的转变,它使交通管理的着眼点从以"交通供应"为主转变为以"交通需求"为主。

国外对交通需求管理(Transportation Demand Management,TDM)的定义是通过对出行者出行行为的影响,达到减少或重新分配出行对空间和时间需求的目的。狭义的交通需求管理定义是削减小汽车的出行,或促使小汽车出行的时空均衡化。交通需求管理的基本理念是:引导人们采取科学的交通行为,合理使用道路交通设施的有限资源。

交通需求管理就是根据交通出行产生的内在动力和出行过程中所表现出来的时空消耗特征,通过各种政策、法令、现代化信息技术和设备,通过合理开发土地使用等手段对交通需求进行管理、控制、限制和引导,以减少出行的发生,降低出行过程中的时空消耗,建立均衡畅达的城市交通系统。

1. 交通需求管理研究目的及目标

交通需求管理的目的主要包括 3 方面:

(1) 减少交通需求总量。通过交通需求管理的研究,完善交通规划,以此减少和避免不必要的交通发生和吸引。

(2) 优化出行结构。促进公共交通的发展,充分发挥公共交通的运能优势,带动其他交通方式的合理使用,优化城市出行方式结构。

(3) 均衡出行时空分布。引导交通需求在时空上的合理分布,缓解交通拥挤状况,提高道路资源利用率。

交通需求管理的目标主要有:

(1) 保障交通安全、疏导交通、提高现有交通的运行效率。

(2) 管理者根据交通流分布调控交通出行行为,通过为出行者提供实时的路况信息,合理地引导出行者的交通出行方式、路径和时间,着重于采取各种"交通需求管理"措施来减少道路上的汽车交通总量,缓解交通拥挤,保障交通安全与畅通,并降低汽车交通对环境污染的影响。

2. 交通行为各阶段的交通需求管理主要措施

交通需求管理措施遍布在交通出行行为的各个阶段,不同阶段根据规划城市的实际情况和需求,可以选择单个或多个交通需求管理策略组成交通需求管理方案。

(1) 出行产生阶段。

该阶段交通需求管理实施的主要目的是减少出行的产生,因此需要研究既能保证正常的社会经济活动,又产生较少交通出行的土地利用模式,并在城市规划中加以应用,从而达到直接降低道路交通流量的效果。

具体措施:在城市建设之初,应进行城市总体规划,对城市布局进行优化,并对城市土地进行土地利用规划配置,合理控制城市各行业的区域分布,积极引导出行者的活动方式和方位,使人类活动在空间上进行合理分布,从而达到减少不必要出行和长距离出行的目的;同时,完善城市区域功能,避免职住分离造成的"潮汐现象",提高道路资源的有效利用,同时实行家庭办公,调节生活、工作活动,替代出行等措施减少人们的出行产生量。

(2)出行分布阶段。

该阶段交通需求管理实施的主要目的是对城市土地利用类型的分布进行控制,通过改变活动地点,使出行由交通拥挤的终点向非拥挤终点转移,从而达到均衡出行交通量,提高道路资源利用率的效果。

具体措施:用交通影响技术,控制、调整大型人流、交通集散地的分布,使之从交通拥挤地区向不拥挤地区转移;就近就业的土地利用规划,以"公交为本"的土地发展规划等方法缩减或均衡出行分布量。

(3)出行方式划分阶段。

该阶段交通需求管理实施的主要目的是对交通方式实施管理,将出行方式由低容量向高容量转移,从而达到优化出行方式结构、降低道路机动车数量、缓解交通拥堵、改善环境的效果。

具体措施:通过实施公交优先政策,发展轨道交通、快速公交系统,配以停车换乘设施和停车管理政策,运用交通信息服务系统引导人们使用公共出行,或由原来的小汽车全程出行改为由小汽车从家到轨道交通、公交车站的短距出行换乘轨道交通、公交车的长距出行;组织小汽车合乘,配以合乘车停车优先,开辟大容量客车专用车道;改善自行车、行人系统,开辟轨道交通站、行人直达通道等措施减少道路上的小汽车量。

(4)交通流分配阶段。

该阶段交通需求管理实施的主要目的是从空间与时间上分散交通流,使交通流均匀分布,从而达到缓解局部交通拥挤,提高道路资源利用率的效果。

具体措施:运用交通信息服务系统、路线导行系统、拥挤收费政策等在路网上均衡分布交通量;用改变工作时间来分散高峰时段的交通量。

(5)其他。

建立物流系统以减少城市货运交通量;用货运车辆定时定线行驶等措施减少交通敏感时段和地段上的货车交通量。

3. 交通需求管理的实施方法

交通需求管理影响面广,社会性、政策性、系统性强,许多问题涉及城市性质、土地使用、生产力布局等各个方面和各个层次。交通需求管理策略应争取在高层次和源头上加以考虑,易于解决。需求管理的高层次策略主要体现在城市功能定位与城市总体规划方面,重点需要明确针对城市特征的交通发展目标的总体定位。对于已建城区来说,功能定位、土地利用、分区规划与生产力布局基本定局,要重新规划比较困难,通常对于将要扩展的新区或改建的小区,可采取以下策略:

(1)在新区建设时完善文体、教育、卫生、商贸等生活、市政配套设施,以减少不合理的、非必要的出行。通过增强吸引老城中心区市民向新区迁入、定居的力度,以减轻老城中心区人口和就业岗位的过分集中,为合理分散老城中心区的拥挤发挥作用。

(2)在老区改造中,应结合老区的拆迁更新,优化各小区居住就业等用地类型配比,使居住与上班在合理的半径范围内,减少跨区长距离通勤、上下学出行,减少出行距离与交通运输总量。对于某些敏感地区或地段,对土地使用功能和开发强度均应严格控制,防止交通吸引与发生过分集中,造成拥挤阻塞。

(3)在道路网络结构功能方面,要有明确的发展思路。对于道路网络的功能、各类道路结构的组合与配比要加以分析诊断并进行优化。快速路、主干路、次干路与支路应各司其职、配比合理。目前有不少城市对主干路比较重视,而对于次干路特别是支线重视不够,或者干道系统功能不清、主次不分,导致主干路负荷过重、交通拥塞,并对居民的生活环境产生不良影响。

过去的综合交通规划多着重于建设规划,对于管理方面未能给予应有的重视,只能事后采取补救措施。从低层次策略角度看,主要应解决城市综合交通规划层面的任务。具体来说,低层次的需求管理策略主要有以下几个方面:

(1)交通结构优化策略。控制或削减时空资源消耗大、公害严重或运输效率较低的交通方式,使交通方式结构趋于合理,这类策略包括优先发展公共交通(公交汽车、地铁、轻轨等)、在特定区域鼓励步行与自行车交通、合理控制出租车与私家车总量等。

(2)空间均衡策略。实际路网上车流的分布是不均衡的,有些地区或地段集中了过多的流量,使道路负荷达到饱和,而有些地区或地段车流量很小,道路具有较大的潜力。当然,路网上完全均衡是不可能的,交通需求管理的任务就是要尽量减少因交通流过分集中而造成的某个结点或路段的交通拥堵,发挥网络的整体效能。这类策略包括区域管制、路径诱导、车道变更等。另外,通过优化网络上的交通枢纽与重要集散中心、换乘站布局,也可以减少出行集中程度、出行总量与出行距离,实现空间均衡目标。

(3)时间均衡策略。交通流在 24 h 内的分布一般是不均匀的,尤其是在城市地区,一般有 2~3 个高峰时段,高峰时段内流量较大,其余时间则车辆不多。在时间分布上对交通流进行削峰填谷使之尽量均匀到达是交通需求管理的重要手段,包括针对工作日、工作时间、通勤时间、上下学时间以及节假日的调整。

(4)经济与管理策略。在管理中引入市场机制或经济激励措施以改变出行者的方式选择行为,包括收费或税收策略、财政补贴或减税策略以及交通津贴策略等,通过技术手段改变交通出行数量及出行实现的模式,主要包括电子商务、电话会议以及利用现代信息技术与卫星定位系统为出行者提供实际交通流的实况信息等。另外,在某些地区、路口或路段,不宜允许某种交通行为或某些运载工具的进入,这时可以采取行政管理办法,利用行政手段实行交通管制。

4.2.4 智能交通管理

先进的交通管理系统(Advanced Traffic Management System, ATMS)是一种利用先进的交通信息采集、数据通信、电子控制和计算机处理等高新技术以及实时监控、主动控制、协调管理与操作的综合交通管理系统。

ATMS 是 ITS 的关键组成部分,它通过对道路交通网络中的各种交通信息进行实时采集与传输,并根据现代交通工程理论模型进行实时的处理和评价,开展和协调交通网络系统运行所需求的事件反应,为交通网络使用者提供实时准确的交通网络状态、出行选择以及在满足安全、效率和方便性最大可能的条件下的决策信息支持。同时,通过提供与其他 ITS 子系统(如先进的出行者信息系统 ATIS、先进的公共交通系统 APTS)之间进行有效数据的交流功能,支持其他地区的 ITS 工作。ATMS 的有效实施能够达到缓解交通拥挤、缩短旅行时间、降低能耗、减少交通事故、提高交通管理水平、实现社会效益与经济效益的最大化等目标,为广大人民的生活、工作和交通运输生产带来最佳的效益。先进的交通管理系统示意图如图 4.3 所示。

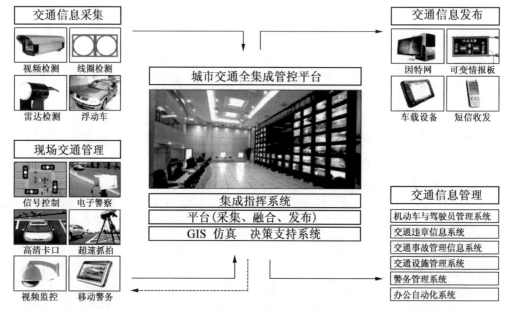

图 4.3　先进的交通管理系统示意图

先进的交通管理系统是智能交通系统的重要组成部分,其功能的好坏、建设的成功与否直接关系到整个 ITS 功能的发挥,而智能交通系统平台又是 ATMS 甚至 ITS 的重中之重。作为实现系统信息集成的重要手段,它的建立不但能为各类信息的整合提供技术依托,同时也将为各个相关的子系统提供引导接入策略和信息共享服务。

智能交通系统信息平台将对 ATMS 的公用交通信息数据组织结构和传输形式进行统一规范,形成一个对公用数据进行组织、储存、查询、通信等管理服务的数据仓库系统,最终为 ATMS 各子系统进行整合提供技术保障。

智能交通系统信息平台是整个 ATMS 信息组织过程中的信息枢纽,承担着信息中转的功能。在对信息的处理过程中,智能交通系统信息平台采用分层次的方法对无权获取部分信息的一些用户进行部分信息屏蔽,使不同的用户既能获得各自所需的数据,又确保数据传输过程中的安全性及共享数据的互操作性和互用性。

4.3　交通规划与交通管理协调及反馈

交通规划与交通管理二者互为因果关系,是辩证统一的。交通规划的成果是交通管理的基础,交通管理是交通规划的延伸,交通管理的反馈是交通规划修正和完善的实践基础。交通规划与交通管理只有协同、一致,相辅相成,才能保障道路交通的畅通运行。

4.3.1 交通规划与交通管理的协同性

1. 研究对象一致

交通规划与交通管理是解决出行需求的不同阶段,交通规划是研究交通需求、交通供给的各种交通方式的分担率、效率与成本、建设实施等,交通管理对象是,根据道路交通安全法等法规对道路网、场站枢纽的动态出行的人、车及静态交通进行管理。

2. 研究目标一致

交通规划与交通管理的目标是满足出行需求,确保道路交通畅通、有序、安全,为各种交通方式的衔接与换乘提供更为便捷的途径。

3. 研究方法一致

随着信息技术的发展,实时交通出行数据为交通管理、交通规划的建模、分析提供了出行基础数据。交通规划模型、动态交通分配理论与交通仿真技术结合,宏观、中观、微观一体的动态交通分配模型实现了交通规划与交通管理的模型统一、决策一致。

4.3.2 交通规划与交通管理的闭环反馈

从表面上看,一方面,交通规划与交通管理相互独立,但是交通规划中的规划与决策对现在、未来的交通管理工作都会起到至关重要的作用;另一方面,交通管理的对象是交通规划的成果,交通管理的难易程度与成效体现交通规划的实施效果,规划的修正与更新需要参考交通运行的状态,其数据来源、需求依靠交通管理的有关部门提供。

交通规划解决与综合交通运输中交通方式供给、道路网基础设施、建设计划和方案相关的问题,其实施受政策、资金、决策者等因素影响,运行效果与规划执行周期、建设方案完成度、运行管理等有关。因此,交通管理遇到的问题是交通规划进行修正完善的压力与动力,交通系统是闭环的自我调整的均衡系统。

4.4 综合交通规划模型

为适应小汽车快速增长、多交通方式供给等城市交通新趋势,交通规划模型应支持交通规划、建设和运行等各阶段决策管理要求,利用交通微观仿真技术,实现交通流动态运行仿真,在道路交通现状运行分析、中长期交通出行预测、道路交通动态判别、机动车交通排放分析、公交与轨道网络分析、综合交通体系等方面使用统一的路网、交通方式、交通出行数据,基于统一的城市规划、区域控制性规划、土地利用进行建模,为研究城市交通系统现状、运行特征、变化趋势、交通运行管理等提供决策基础,可以提前发现交通系统规划、交通管理中潜在的安全隐患,避免区域过度开发引发的路网交通压力导致交通拥挤。

综合交通规划模型作为建设项目的交通影响评价、交通系统评价的分析依据,可以避免交通影响分析针对单一项目建模的不确定性与片面性,实现交通管理与交通规划衔接与协调。

本章参考文献

[1] 王炜,陈学武. 交通规划[M]. 北京:人民交通出版社,2007.
[2] 邵春福. 交通规划[M]. 北京:北京交通大学出版社,2012.
[3] 吴志强,李德华. 城市规划原理[M]. 北京:人民交通出版社,2010.
[4] 吴兵,李晔. 交通管理与控制[M]. 广州:华南理工大学,2013.
[5] 曲大义. 智能交通技术及其应用[M]. 北京:机械工业出版社,2012.
[6] 徐吉谦. 交通工程总论[M]. 北京:人民交通出版社,2011.
[7] 陆建. 城市交通系统可持续发展规划理论与方法[D]. 南京:东南大学,2003.
[8] 陆化普. 城市土地利用与交通系统的一体化规划[J]. 清华大学学报(自然科学版),2006(09):1499-1504.
[9] 向凯,刘殿仁. 城市交通管理与交通规划的一致性[J]. 中国高新技术企业,2007(03):178,180.
[10] 王炜. 城市交通管理规划理论体系框架设计[J]. 东南大学学报(自然科学版),2003(03):335-339.
[11] 李海. 城市交通规划与土地利用关系的研究[D]. 重庆:重庆交通大学,2007.
[12] 宋家泰,顾朝林. 城镇体系规划的理论与方法初探[J]. 地理学报,1988(02):97-107.
[13] 陆化普,李瑞敏. 城市智能交通系统的发展现状与趋势[J]. 工程研究-跨学科视野中的工程,2014(01):6-19.
[14] 吴晓敏. 智能技术在交通运输管理系统中的应用[J]. 交通世界(运输.车辆),2012(01):132-133.
[15] 赵蕾,皇甫玥,陶德凯. 土地利用规划与城乡规划差异分析及协调途径探索[J]. 现代城市研究,2012(04):47-52.
[16] 兰岚. 城市智能交通管理系统方案研究与设计[D]. 西安:长安大学,2010.
[17] 张腊梅. 面向城市的智能交通管理系统[D]. 武汉:武汉理工大学,2006.
[18] 李超. 智能交通监控系统信息管理平台的设计与实现[D]. 济南:山东大学,2013.
[19] 梁玉庆,王世华,张萌. 北京城市智能交通管理系统社会经济效益评价指标体系研究[J]. 交通运输系统工程与信息,2011(S1):104-108.
[20] 马铭阳. 智能城市交通管理信息系统设计与实现[D]. 成都:电子科技大学,2014.

第 5 章 交通综合管控平台

交通警察为了依法开展车辆安全检验、牌证发放和驾驶员考核发证、查处道路交通违法行为和交通事故、维护城乡道路交通秩序和公路治安秩序,建立了车驾管理业务系统、电子警察、卡口、监控、警务与警车监控等多种科技系统,但由于各系统的开发时间、开发单位、功能等不尽相同,单一功能的各系统之间的数据不能共享,造成信息孤岛,复杂任务需要跨系统联动时不得不人工操作。为了协调各系统之间的工作,提出了交通综合管理系统概念,以"掌握现状、找出规律、科学诱导、有效指挥"的总体指导思想,实现对交通高效、科学的集成控制。

5.1 智能交通综合管控平台解决方案

交通综合管控平台是基于大数据技术,以智能交通地理信息系统(GIS)为核心,提供信息集成与融合、数据挖掘、智能交通管控、短时研判、信息发布、信息查询态势监控、视频巡逻及部分业务办理等多板块业务功能。公安交通管控平台由具体业务平台和技术支撑系统两大部分组成,业务平台包括交通指挥系统、交通信息服务平台及系统运维监管平台等;技术支撑子系统包括交通控制系统、交通信息采集系统、交通缉查布控技术、移动警务系统和交通信息研判系统等,为交通指挥调度、特勤任务、突发应急指挥调度、交通预案仿真等提供支持,提供交通事件实时处置、路网状态短时预测、警情研判分析。实现交通管控从被动应对到主动参与、从分散执勤向协同管控的转变,实现交通管理的现代化。城市交通管控平台集成交通信号控制、交通高清视频监控、交通违法检测、交通信息采集、车辆智能检测系统(卡口)、GPS 警车定位、诱导发布等交通子系统,实现一个平台、多种应用的技术目标。信息平台是面向城市/城际道路交通管控领域,实现信息整合、共享、研判应用的综合性业务系统。

随着移动网络、GPS/北斗车载导航、车联网、交通物联网的发展,交通要素的人、车、路等的信息都能够实时采集,实现跨行业、跨系统的信息共享和统计分析;通过数据综合分析与预报系统,实现路面管理、安全监管、事故预防等内容的精确研判,为领导决策和公众出行提供服务,系统应用结构图如图 5.1 所示。

(1)信息采集,来自于不同交通管控子系统的交通信息交换并汇总到中心平台的数据服务器。

(2)数据分析与处理,对交通信息进行数据融合、数据挖掘等,分析统计交通违法信息、交通设备信息、交通事件信息、车流量、车道饱和度、占用率、平均车速、排队长度等。

(3)交通管理业务,包括:违法处理、联网布控、设备管理、应急指挥、决策分析。

(4)信息发布,将数据分析的结果发布到不同的表现层显示终端上。支持向移动终端、车载终端、VMS可变情报板、大屏显示系统、交通信息网站等发布信息。

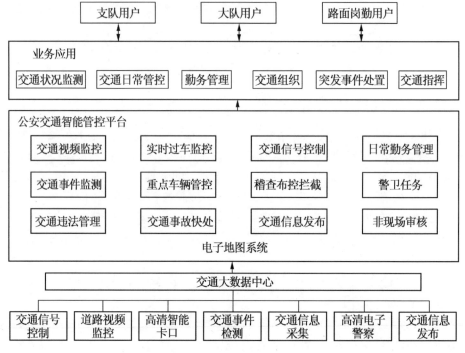

图 5.1 系统应用结构图

5.2 交通信息系统

交通管控平台通过交通信息数据管理与分析平台开放其需要集成的控制接口与数据接口,通过 Web Service 方式、视频流、数据库、数据表查询方式等,实现集成系统对各集成的子系统的数据查询、处理,设备的控制等。

利用 GIS 集成视频监控、交通信号控制、交通流量检测、交通诱导,以及其他支撑子系统的数据信息,包括 GPS 警员定位子系统、短信收发子系统、勤务管理子系统、交通设施管理子系统等,通过对各子系统采集的交通管理数据的汇总、融合、集成,实现综合调度指挥和外场设备的统一控制、管理,并实现了直观的可视化操作。在 PGIS 系统基础上,围绕交管业务应用要求,构建面向交管应用的交通管理地理信息系统,建立交通管理单位驻地、辖区、路网、各类交通监测设备分布、各种交通设施分布、外勤岗位等基本信息图层,积累交通基础信息数据;同时,为道路通行状况、交通事件、交通事故、施工、管制方案、GPS 警员及警车等建立各种动态信息图层;最后,通过地理信息系统叠加展现各类交通基础数据和动态数据,实现各类交通管理信息数据的融合应用,为可视化集成管控、路况监控、指挥调度提供信息支持和可视化条件。

GIS 地图以其直观性、全局性,便于通过电子地图功能实现点位设备信息查询、点位过车信息查询以及点位车辆违法等信息的查询,能够将区域的监控点位情况、交通数据、道路信息等直观地表现于该区域的地图上,用户可以从中获取各监控点位设备的工作情况、交通流量等数据,并可以根据需要刻画目标车辆运行轨迹。辅助用户快速实现资源管理、图片和视频的查找,并迅速定位敏感区域,缩短查询时间。同时,根据综合交通网络的实时动态信息,能够优化交通管控方案和各种预案,便捷地调动管控资源和警力资源,进而快速地、主动地应对突发事件、计划性事件。

基于 Web Service 技术的虚拟数据交换平台可将多种不同结构、不同情况、物理位置分散的数据源组合在一起,共同组成一个松散耦合连接的信息共享及交换平台。海量信息应用在传输和交换过程中分为两个方面:一是面向实效性低、应用较为复杂的静态业务数据,其特点包括规模大、更新频率低、数据较为原始等。主要通过遵循层次分明的架构设计,建立点对点的长期传输通道,采用压缩打包、握手监控、算法校验等实现技术,将海量信息由各地工作库传输至资源库,从而进行数据挖掘和深化应用,以满足复杂业务的应用需求。二是面向数据实效性高、应用简单专一的动态业务数据,其特点包括规模较大,需求简单,业务要求较高等。主要通过建立分布式架构级联机制,并采用映射-化简的技术思路,通过传输接口,分发指令并收集报表,完成上层业务应用的需求。其系统逻辑结构图如 5.2 所示。

5.2.1 系统功能

交通 GIS 是交通管理的基础信息数据库,它由静态的道路网、道路宽度、等级、路名、地形地貌、重要场所等信息和动态的交通组织方案、等时图、交通拥堵、交通事故多时段、路段、警力配置等信息共同组成。把一张地图分层展开,并按需要配上相应的数据、图形、图像、声音信息,使我们最大限度地对有关内容得到了解。交通地理信息系统的特点是规模庞大、结构复杂、功能综合、因素众多。其主要功能是:

(1)数据输入编辑功能:实现输入、修改、编辑城市交通地图及其相关的属性数据。
(2)图形库管理功能:实现对地图图库中图的点、线、面的增加、删除等功能。
(3)系统显示与查询功能:实现分层显示电子地图;按不同颜色或标记显示电子地图上的不同目标,并可显示不同目标的属性数据;地图的任意漫游,无级放大、缩小显示实时的交通图像信息,如路网状况、信号灯情况,并可跟踪特种车辆,实现交通诱导。
4)系统分析与决策功能:实现最佳路径分析;可根据用户的请求,系统依据当前的交通拥挤情况,给出最佳路径分析结果;指挥调度,对特种任务和突发事件能提供一套决策方案供指挥人员参考。

5.2.2 技术方案

总体设计运用大系统控制论中的智能管理系统设计思想,采用广义管理模型、多库协同软件,建立智能化、集成化、协调化、网络化的计算机辅助管理系统,如图 5.3 所示。

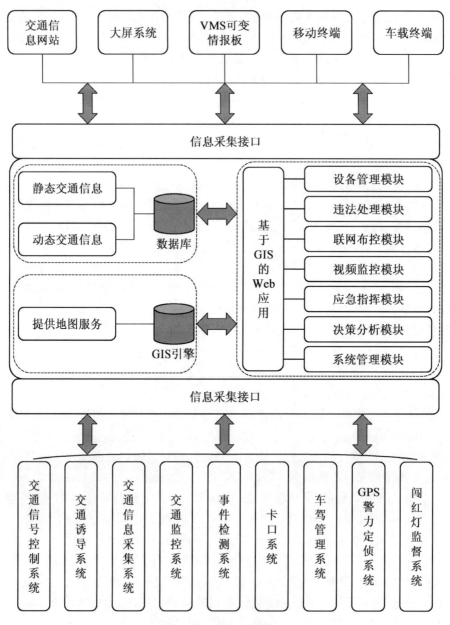

图 5.2 系统逻辑结构图

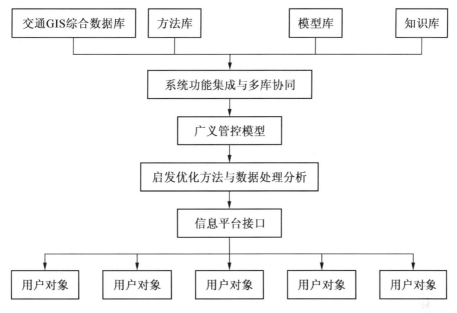

图 5.3 智能交通地理信息系统技术总体方案

（1）系统接口。智能交通系统的特点是信息多样，为了实现人机协调、智能结合，给用户提供一个友好的交互环境，应用人工智能、图像处理、模式识别以及视频、通信技术，设计开发声、图、文并茂的多媒体人机智能接口。

（2）广义管控模型。在数学模型、知识模型、网络模型的基础上建立广义管控模型。

（3）启发优化方法。在交通 GIS 中最佳路径分析计算，并非简单的最短路问题，而是一个动态的加权有向图的网络计算问题。为简化算法，要用专家经验知识，进行启发式优化计算。

（4）多库协同软件。建立以综合交通 GIS 数据库为基础，对其他三库——用系统分析的方法建立相应的方法库，根据公安交通业务的特点构造模型库，结合专家的知识经验建立知识库，进行调度、管理、通信、协调的四库协同系统，开发组件式 GIS 应用集成系统，通过技术集成，实现功能集成化，系统智能化、协调化。

5.2.3 GIS 应用

平台集成 GPS 浮动车系统，通过 GPS 定位服务器实时采集车辆的位置及其他交通信息，结合 GIS 地图，分路段统计车流、车速、行进状态、车辆种类，结合每段路交通实际情况，智能分析堵车事件。平台接入交通流数据对道路交通流运行状况进行汇总处理，能够根据交通流量、车速、饱和度等交通情况经过路况状态判别（自动或人工修正）后生成交通路况结果，在路网电子地图上实时显示结果，并根据不同的交通流阈值，对道路畅通、缓慢、拥堵等运行状态通过不同的颜色来区分，分为红、黄、绿三种颜色，红色表示拥堵，黄色表示缓慢，绿色表示畅通；平台能够实现对道路历史交通流信息的统计分析功能，通过不同的时间和空间特征分析交通流数据，并以可视化图表形式展示。

通过 GIS 地理信息系统，不仅能完成地域管理和分布的快速查询与定位，还可以结合 GPS 系统进行直观的位置显示、跟踪和定位,并且记录移动目标的轨迹,在需要时进行回放。平台支持在 GIS 地图上进行车辆轨迹分析,通过键入车牌号码和分析时间段来准确勾勒车辆经过相关卡口的顺序、时间和预判轨迹。

采用与移动目标卫星定位(GPS)系统联网的接口以及相应的应用模块,只要定位系统开通,应用模块通过接口取出 GPS 定位数据,此时移动目标的图标就能够与视频图像等图标一起在 GIS 系统中动态显示;当定位系统报警,或者人工启动锁定某个目标时,GIS 应用平台便会调度视频图像信息系统按照设定的预案,自动调度相关的视频图像置于指定的预制位,同时结合 GPS、移动警务通系统,可以进行警员、警车的实时定位和展现。

平台能够实现交通流信息与视频监控设备关联,根据需要快速打开与道路关联的信号控制点、视频监控点、交通诱导点等设备控制点,查看相应信息。

通过电子地图功能,能够将区域的监控点位情况、交通数据、道路信息等直观地表现于该区域的地图上,用户可以从中获取各监控点位设备的工作情况、交通流量等数据,并可以根据需要刻画目标车辆运行轨迹。

实时在 GIS 地图上展示各类设备运行状态,点击任意路口图标可查看前端设备工作状态,包括抓拍摄像机、全景摄像机、车辆检测器等设备或器件的工作状态,可以给出正常、故障、故障类型的提示。对侦测到设备工作异常的路口和发出布控报警的路口在地图上以醒目颜色方式显示。

5.3 综合业务平台

交通综合管控平台依托实时路况实时监测,集成交通信号控制、交通诱导系统,提供交通态势评估、交通仿真、交通流研判等监控分析工具,充分利用交通管制、交通信号优化、智能诱导等科学手段,优化主干路网和城市主要交通流的通行效率,实现日常交通组织管理的实用化、科学化。

(1)对路况通行车辆、交通流量、施工占道、交通管制、交通事件等多种交通监测数据建立模型、进行融合分析,结合视频提供视频巡逻、重点视频监控等功能,提供交通流量分析、交通态势评估,确保交通指挥中心等交通管理部门实时、准确、动态地掌握辖区道路交通情况,并通过道路通行状态、交通流量、交通事件、车辆事件建立智能预警模型,帮助监控人员更加及时和便利地掌握各种动态变化。

(2)建立城市交通管理大数据研判系统,对各类交通监测数据、交通管理数据等进行分析挖掘,分析交通流量结构及趋势,分析交通拥堵现状,预测未来走势,分析交通事故、违法、事件等现状、结构、原因及变化态势,为交通管理、交通规划、城市建设规划等提供科学决策依据,为交通管理和服务提供技术支撑。在精准掌握道路网路况、事故、事件、施工、管制、停车等交通动态信息的基础上,综合利用交通诱导、广播电台、短信微信平台,建设互联网信息发布平台,为出行者提供及时、有效的交通信息服务。

(3)平台可以根据需要对交通信号控制设备进行查看和控制,当交通状况出现拥堵,应能自动生成或调用交通拥堵疏导方案,显示附近警力及交通管理设施资源分布情况,自动显示拥堵区域监控画面、关联交叉口信号配时方案。

（4）利用交通监控系统的实际路况，协助相关人员分析交通状态，预判交通拥堵点，对交通态势的恶化进行预警，根据交通状况的种类、性质、程度对应急预案进行管理，调用相应警力，管理警力区域部署情况及处警人员的实时警力分布。

（5）指挥调度集成122接处警系统，及各类交通事件检测系统，快速准确地集中接收辖区内各类交通事故、事件、大型活动、特勤等信息，建设一个以警情为中心的、科学的、智能的、扁平化的应急指挥调度体系，实现有效的应急协作机制，提高应急处突和大型活动交通组织能力。

系统的逻辑架构与数据流结构如图5.4所示。

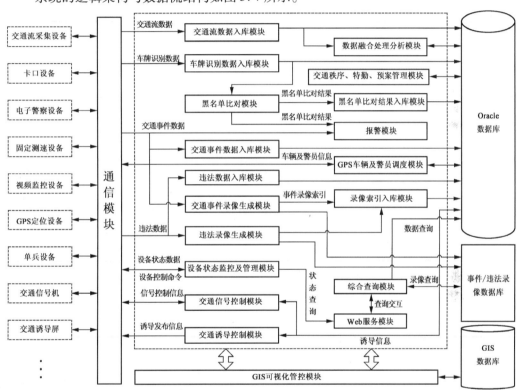

图5.4 系统的逻辑架构与数据流结构

5.3.1 智能交通指挥系统

交通管控平台集成软件平台，建立基于GIS信息共享的交通监、管、控一体化；以管控平台为核心，以信息共享为目的，提供良好的决策支持。本项目集成电子警察、卡口、智能信号控制、交通诱导等系统，实现设备与系统、系统与系统之间的信息交换与共享、数据清洗与挖掘、信息分析与决策，实现建设成为统一指挥与调度的综合化、智能化交通管控平台，实现对道路上交通违章行为的抓拍、重要路段的视频监控、交通违法车辆的卡口拦截、警车警员的布控，提高对交通运行状况、非现场执法、警力调度、事故预防的分析能力，以及打击路面治安案件、盗抢机动车、交通肇事逃逸、套用机动车号牌等违法犯罪行为的能力,提高交警对道路交通管理的科技应用水平。

　　智能交通指挥系统是以物联网技术为基础构建的一个由智能交通指挥中心、交通信号控制系统、交通信息采集诱导系统、交通诱导系统交通视频监控系统和综合管理控制平台等组成的,具有高速准确的交通信息采集、存储、处理、决策和指挥调度能力的交通综合管理系统。利用现代科技技术,通过加强对交通运输的管理,协调人、车、路之间的和谐运输,从而达到缓解交通压力、提高交通运输效率、减少交通事故的目的。

　　智能指挥系统是在各个基础交通应用系统之上的一个集成系统,其功能主要依托于基础应用系统,涵盖交通信息采集、分析处理和发布,对系统设备控制以及辅助决策等各种交通数据和信息的采集、融合、发布及存储在很大程度上决定了智能交通系统的综合管理,因此建立智能交通管理系统的关键就在于建立智能交通指挥系统。系统集成与基础应用系统结构如图 5.5 所示。

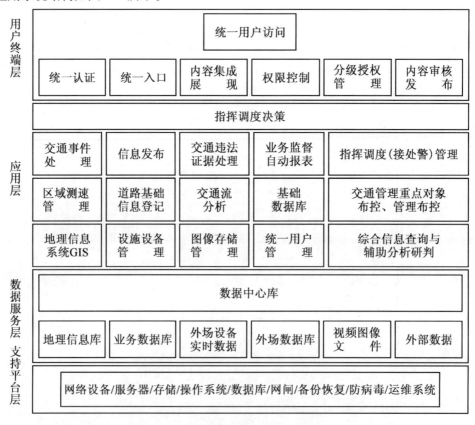

图 5.5　系统集成与基础应用系统结构

5.3.2　系统运维监管平台

　　交通管控平台利用各子系统的设备状态监控程序,对软硬件系统进行运行维护,通过程序实时在线检测,及时发现设备故障并进行修复,确保交通管控系统的正常运行。交通管理信息系统运维监管平台应包括基础设施监控、业务系统监控、服务管理和综合展示等功能。所有信息应基于统一配置库来进行数据整合和建模分析。

基础设施监控功能从基础支撑子系统中采集相关数据,包括拓扑收集、告警采集、性能采集和应用采集,通过统一监控管理平台进行分析处理,实现拓扑管理、告警管理、性能管理和业务可用性管理等功能。

通过统一的数据总线接口提供统一的、完整的、准确的数据,包括服务关系映射、资源数据建模和配置数据的自动发现等。

交通管理信息系统运维监管平台功能如图5.6所示。

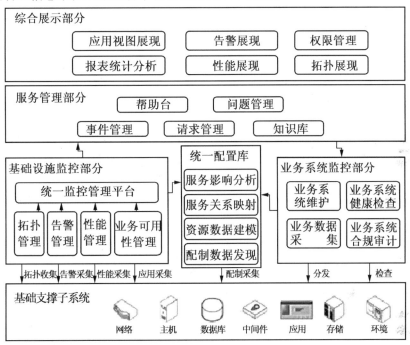

图 5.6 交通管理信息系统运维监管平台功能

5.4 技术支撑系统

软件系统的架构决定了系统的性能、扩展能力、功能易用性等,平台架构设计中应采用基于服务的架构(SOA),平台中独立的子系统独立完成业务逻辑部分,如图5.7所示。

(1)用户应用层。平台系统 B/S 架构,客户端程序通过 HTTP 协议访问 Web 服务器或 WebService 接口。

(2)平台功能层。公共的功能在平台功能层来完成,比如用户账号权限管理、基于 GIS 的相关功能、所有接入设备的运行维护监控功能、基于 GPS 的定位功能等。

(3)业务逻辑层。专业功能由独立的子系统构成业务逻辑部分,如交通流量管理系统、智能卡口系统(内置预警布控模型)、交通信号控制系统、视频监控系统、电子警察系统等。

(4)功能接入层。为物理设备提供连接,获取数据与状态监控,如接入交通流量采集设备/卡口/电子警察抓拍、信号机设备等。

(5) 物理设备层。负责实时交通数据和设备状态数据的采集和传输,同时实现对外场设备的操作,前端设备如交通流量采集设备、监控摄像机、卡口/电子警察抓拍设备、交通信号机、GPS 终端等。物理层通过"接口"与功能接入层进行会话,保证平台系统整体的兼容扩展能力。

平台协议模块是平台与各基础应用系统进行数据通信的基础模块,按照"GA/T 1049.1—2013 公安交通集成指挥平台通信协议"中第一部分的总则:建立标准化接口通信标准,完成与基础应用系统的通信接口封装;基础服务模块构建在平台协议模块以及其他平台资源之上,将平台协议模块的功能接口和其他平台资源的接口按照服务功能需求封装成服务模块,形成符合标准的通用型访问服务。

包括交通信号控制、路况信息采集、路面信息发布、路网地理信息服务等基础服务;应用模块构建在基础服务之上,将基础服务模块按照业务功能需求进行组合和流程编排,形成满足实际业务需要的应用型功能模块,可包括基础交通数据采集、交通运行状况监测、日常交通组织与管控、交通事件处置与指挥以及警力与资源配置管理等关键应用;系统管理模块对平台内部进行管理,包括用户管理、日志管理等。

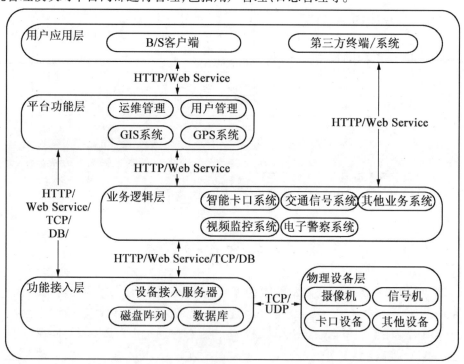

图 5.7 软件系统技术支撑平台

5.4.1 交通信息研判系统

城市交通动态研判是利用自动信息感应、检测、通信等设备实时采集交通参数并进行预处理,基于交通流参数的采集、预处理、传输、预测、判别、发布、出行者接收等过程中的时间损失进行交通流动态预测以及交通状态动态的自适应判别,以适应交通管理部门应用智能交通系统进行交通管理目的的交通状态动态预判的方法。

5.4.2 交通缉查布控系统

机动车缉查布控系统是指集成应用车辆监控、网络传输、比对报警等先进技术,实现车牌自动识别、黑名单快速比对、提前预警拦截等功能,为打击套牌/假牌车辆、追踪肇事逃逸车辆、堵截嫌疑车辆、侦破涉车案件等提供技术支撑,机动车缉查布控业务工作包括四部分:安装在监控道路上抓拍车辆的卡口、有民警值守的进行车辆拦截处置的警务工作站、具有嫌疑车辆信息的布控数据库和比对报警中心系统。常规的缉查布控工作流程如下:

(1)由交管信息系统挖掘分析生成交通违法未处理、套牌/假牌、逾期未报废、逾期未检验、事故逃逸嫌疑等嫌疑车辆,或由民警登录系统录入,进入布控数据库。

(2)监控道路上行驶的嫌疑车辆经过卡口,卡口识别嫌疑车辆通行信息,包括监控地点、行驶方向、经过时间、号牌号码、车辆类型、车辆特征图片路径等信息,上传至系统车辆通行信息数据库。

(3)比对报警中心系统实时将布控数据库中的数据集与车辆通行信息数据库中的信息进行碰撞,精确比对号牌号码,比对命中后直接将报警信息发往卡口相应拦截工作站。

(4)工作站民警接受报警信息后进行拦截处置,执行堵截、盘查嫌疑车辆和人员。

5.4.3 移动警务系统

移动警务系统包括终端设备、无线通信网络、公安移动接入网、系统运行服务器、物理网闸、公安内部信息网络等部分组成。一般来说,移动警务系统的应用模式是移动警务终端发出指令和数据,在经过端加密后,通过移动公网到达公安移动接入网。通过验证并合法的 TCP/IP 数据包通过防火墙,先后经过身份认证、入侵检测和病毒检测后到达公安移动接入网内的应用服务器,重新进行封包并处理后,再经由安全隔离设备到达公安信息网进行解包及端解密后,最终发送至公安信息网内的应用服务器实现需要的应用及相关处理。产生的结果数据再沿着原路线返回,最后在移动终端解密并展现,总体技术架构图如图 5.8 所示。

移动应用接入平台负责警务移动终端的安全接入,同时将移动终端的各种业务请求传递到接入网的应用服务平台,并转换成网络安全隔离设备要求的数据格式,提交给网络安全隔离设备,进入公安内网的应用服务平台实现直接访问服务,同时还提供身份验证、安全审计、防病毒、入侵检测等网络安全服务。

移动应用服务平台负责处理来自移动接入平台的移动应用请求的转递和应答,依托各类公安信息应用系统,共同完成各种移动业务的处理。公安信息移动接入及应用系统也可通过请求服务或者数据接口的方式获得公安信息网内已有应用系统的服务支持。

5.4.4 交通信号控制系统

交通信号控制系统是城市公安交通指挥系统的重要基础应用系统,其主要功能是自动协调和控制区域内交通信号灯的配时方案,均衡路网内交通流运行,使停车次数、延误时间及环境污染等减至最小,充分发挥道路系统的交通效益。必要时,可通过指挥中心人工干预,直接控制路口信号机执行指定相位,强制疏导交通。

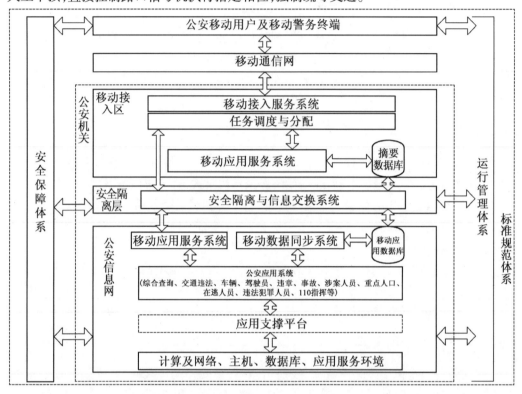

图 5.8　移动警务系统技术架构图

5.4.5　交通诱导系统

交通诱导系统是城市交通指挥补充的一个重要部分,建立高效的诱导系统是解决交通拥堵的有效手段。交通诱导系统能够向道路交通参与者发布及时的交通状况信息和交通诱导信息,是有效地预防、缓解,尽快消除道路交通拥挤的最有效的手段之一。通过交通指挥中心提供交通信息服务系统,及时向出行者或者车辆驾驶员发布各种交通状态、意外事件、交通通告和相关信息,方便其选择最佳出行路径,从而有效地对交通流进行诱导,合理控制和均衡交通流分布,提高现有道路使用率和交通的畅通度,为驾驶人员安全快速行车提供良好的服务。主要服务方式包括网站、短信、热线、广播以及车载导航等,服务内容包括静态交通基础设施信息服务、动态交通信息服务、交通违章信息查询服务以及出行常识信息服务等。

5.4.6　智能交通预警调度

系统能够根据实际路况协助相关人员分析交通状态,预判交通拥堵点,对交通态势的恶化进行预警。可以根据交通状况的种类、性质、程度对应急预案进行管理,调用相应警力,管理警力区域部署情况及处警人员的实时警力分布。

平台可以根据需要对交通信号控制设备进行查看和控制,当交通状况出现拥堵,应能自动生成或调用交通拥堵疏导方案,显示附近警力及交通管理设施资源分布情况,自动显示拥堵区域监控画面、关联交叉口信号配时方案。

5.5 海信(网络科技)交通管理综合信息平台

5.5.1 交通管理综合信息平台特点

海信城市交通管控平台解决方案,基于各类电子设备接入实现了全面、智能的科技应用,整体方案如图5.9所示,具有以下特点:

(1)警情采集渠道多样化,来源包括突发拥堵自动识别、事件检测自动报警、人工视频巡检等多种方式。

(2)指挥调度支持扁平化、多级化指挥模式,实现了基于GPS、网上巡逻的在线勤务管理应用。

(3)基于行车记录及交通流定点采集实现了城市道路常态拥堵、突发拥堵的自动分析、判定。

(4)采用数据挖掘技术实现对交通违法、过车、流量采集设备的降效分析。

(5)设备运行状态检测准确、及时,并提供设备维修、跟踪、评价闭环管理。

(6)基于交通路况检测实现诱导信息的自动化发布。

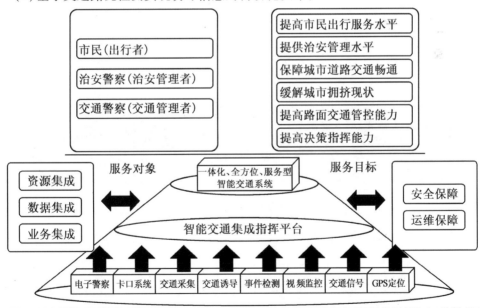

图5.9 海信城市交通管控平台

5.5.2 功能介绍

本系统具备的主要功能有：
(1) 多种手段的路况监视功能。
(2) 日常状态及发生事故、事件状态下的警情处置功能。
(3) 基于车辆识别的机动车稽查布控功能。
(4) 为违法治理、道路交通拥堵治理提供依据的分析研判功能。
(5) 面向超速、闯红灯等非现场违法检测的违法预处理功能。
(6) 准确、及时、完整的设备状态检测和设备降效分析功能。

HiATMP 智能化城市交通综合管控平台是一个以提高交通管理服务水平、提高交通管控效率为目的，综合利用多种交通管控资源，为提高公安交通管控的快速反应能力和交通指挥中心的工作效能提供技术保障的交通综合信息集成系统。

智能化城市交通综合管控平台涵盖智能化城市道路交通管理各个方面。系统主要包括交通执法、稽查布控、分析研判、交通诱导、运维监管、指挥调度、态势监控等业务功能。

(1) 多种手段的路况监视功能。

通过对视频监控子系统进行整合，将路面交通的视频监控图像实时传递到交通指挥中心，实现道路交通状况远程实时监控。图 5.10 为视频监控界面。

图 5.10 视频监控

通过对智能交通信号子系统的整合，实现对自适应信号灯控路口的远程智能化控制，并可以使用 VISSIM 微观仿真系统对路口信号控制方案进行模拟仿真。工作人员足不出户即可监控各个路口交通信号的实时运行情况，并可根据实际需要对路口的交通信号配时进行人工干预和微调，确保路口车辆通行的有序和高效。VISSIM 路口仿真界面如图 5.11 所示。

第 5 章 交通综合管控平台

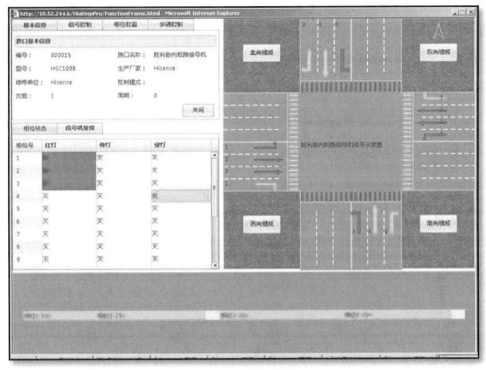

(a) 交通信号监测

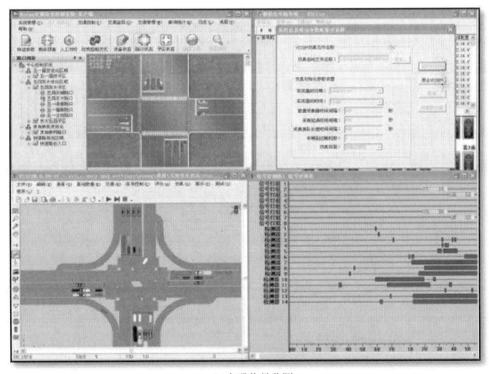

(b) 交通信号监测

图 5.11 交通信号监测

系统通过对交通诱导系统、交通流采集等系统的整合,实现对市区各个交通诱导屏的实时控制,能够自动发布道路拥堵状态,可以发布内容包括实时路况信息、交通事件、交通管制措施、交通安全宣传等各类交通信息,对均衡城市道路交通流的分布有着极其重要的作用。诱导监控界面如图5.12所示。

图 5.12 诱导监控

系统通过集成事件监测、122报警系统、流量综合检测系统,将事件警情、接警警情、拥堵警情的情况在PGIS地图上实时进行展示,系统经过分析,能为指挥人员提供警情严重的区域,方便指挥人员进行指挥和警力配备。警情态势分布如图5.13所示。

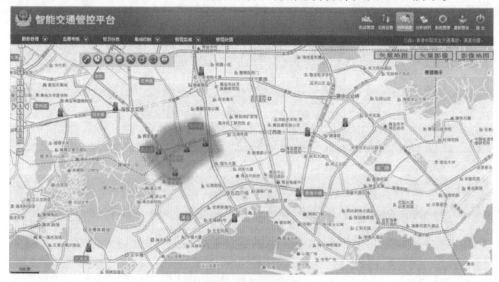

图 5.13 警情态势

集成GPS警力定位信息,结合勤务安排及350M数字集群指挥调度,实现路面民警的准确定位及指挥调度,在勤务指挥、拥堵疏散、事件快速处理的综合应用中发挥重大作用。警力态势分布如图 5.14 所示。

图 5.14　警力态势

(2) 日常状态及发生事故事件状态下的警情处置功能。

通过 122 接处警、事件检测、GPS、视频监控、350M 数字集群等系统进行集成,对道路上发生的适用简易程序处理的交通事故,由指挥中心通过 350M 数字对讲机,指令现场附近的执勤民警出警,在最短的时间内将事故处理完毕;轻微交通事故在征得当事人同意后,办理相关手续,告知当事人到交通事故快速理赔中心办理理赔事宜,快速撤离现场,保障道路畅通。警员调动示意如图 5.15 所示。

图 5.15　警员调动

(3) 重大活动状态下的警卫任务和预案管理功能。

通过集成 GPS、视频监控、信号控制、350M 数字集群等功能,对警卫任务进行管理控制。通过中心控制,为警卫任务提供快速通道,并全程监控警卫车队情况,保障警卫车队畅通行驶。预警管理界面如图 5.16 所示。

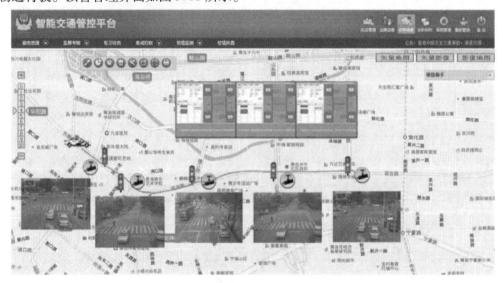

图 5.16　预警管理

(4) 基于车辆识别的机动车稽查布控功能。

通过对多功能电子警察、卡口系统、机动车牌照自动识别系统、停车场管理系统进行集成,实现对城市主要道路的实时过车进行监控,一旦发现被盗抢、套牌及布控的嫌疑车辆后,指挥系统将自动报警,并显示嫌疑车辆的位置及其运动轨迹,大大缩短应急反应的时间,提高防范打击的能力。稽查布控分布图如图 5.17 所示。

图 5.17　稽查布控

(5)为违法治理、道路交通拥堵治理提供依据的分析研判功能。

①通过对非现场执法、事故、车驾管等数据的整合,实现基于时间、地点、行为的分析研判,为领导决策和后期交通整治提供数据支撑。图5.18为违法数据分析界面。

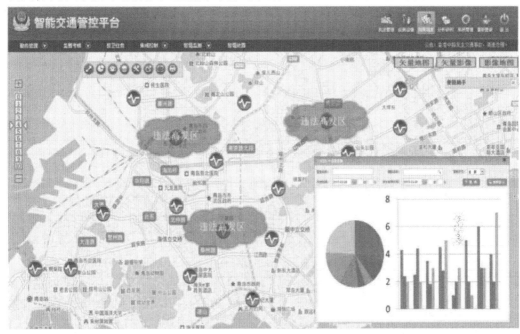

图 5.18 违法数据分析

②基于旅行时间算法分析出道路拥堵时长、常发拥堵时段,自动分析城市道路常态拥堵点,提高道路拥堵治理的科技化水平,为道路交通指挥和道路改造提供依据。图5.19为常态拥堵管理界面图。

(6)面向超速、闯红灯等非现场违法检测的违法预处理功能。

支持多种来源的违法数据集成,实现非现场处罚统一分拣、审核处理流程,规范非现场违法数据的处理。违法类型涵盖闯红灯、超速、不按导向车道行驶、违反禁止标志指示(尾号限行)、违章停车等。图5.20为非现场分拣界面图。

(7)准确、及时、完整的设备状态检测和设备降效分析功能。

实时监测电子警察、卡口、诱导屏、信号机、视频监控等多种外场设备状态,并可对于中心FTP服务、数据库服务、WEB应用等关键服务运行状况进行故障诊断,通过数据挖掘实现对电子警察、卡口、流量检测设备的降效分析。当各类设备、服务发生故障或故障嫌疑时通过声音、短信、图像多种形式将信息告知维护人员,建立故障上报、进度跟踪、服务效果评价的闭环管理机制。图5.21为设备状态分析界面图。

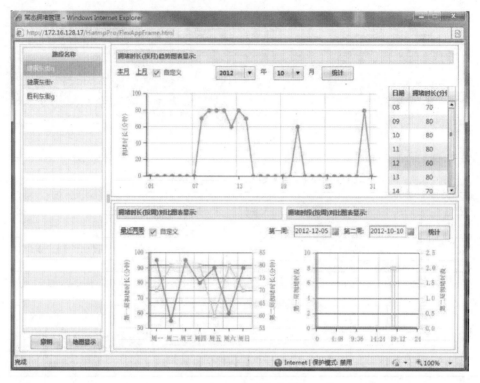

图 5.19 常态拥堵管理

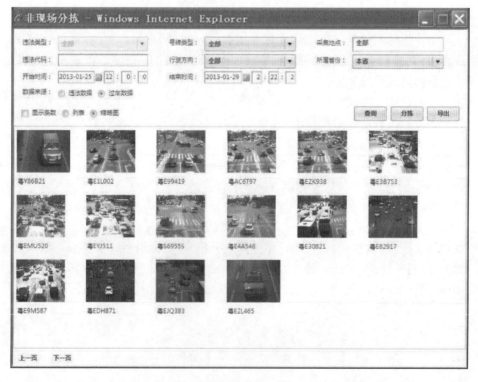

图 5.20 非现场分拣

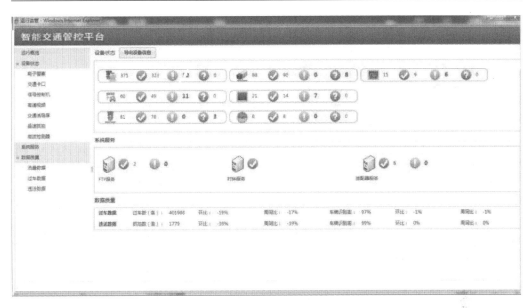

图 5.21 设备状态分析

本章参考文献

[1] 张森,翁育峰,方艾芬. 基于卡口的大范围机动车缉查布控技术研究——以广东省为例[C]. 第八届中国智能交通年会. 中国智能交通协会,2013:7.
[2] 杨洪. 城市交通动态研判应用技术研究[D]. 成都:西南交通大学,2013.
[3] 陈飞,李晔. 公安交通管理信息系统运维监管平台建设研究[J]. 计算机光盘软件与应用,2012(17):13-14.
[4] 张鹏程. 移动警务系统的设计与实现[D]. 成都:电子科技大学,2012.
[5] 庞渤. 公安移动警务系统的综合设计研究[D]. 天津:天津大学,2012.
[6] 卫小伟. 城市智能交通控制系统研究与设计[J]. 现代电子技术,2010(17):189-192.
[7] 严新平,吴超仲. 智能交通运输系统——原理、方法及应用[M]. 武汉:武汉理工大学出版社,2014.
[8] 曲大义,陈秀锋,魏金丽. 智能交通技术及其应用[M]. 北京:机械出版社,2011.
[9] 陈明珊. 东莞市公安局交通警察支队交通事故管理系统的研究与分析[D]. 昆明:云南大学,2015.
[10] 王文,张社生. 缉查布控系统提高道路管控能力[J]. 道路交通管理,2015(06):18-19.
[11] 柳奇. 淄博公安智能交通综合管控平台设计与实现[J]. 山东理工大学学报(自然科学版),2011(04):59-63.
[12] 卫小伟. 城市智能交通控制系统研究与设计[J]. 现代电子技术,2010(17):189

-192.
- [13] 赵新勇. 公安交通管理信息系统集成技术应用研究[J]. 交通运输系统工程与信息,2009(01):133-138.
- [14] 隋亚刚,李正熙,刘小明,等. 城市智能交通控制理论与应用[M]. 北京:中国水利水电出版社,2011.
- [15] 徐建闽. 智能交通系统[M]. 北京:人民交通出版社,2014.
- [16] 李庆印,张俊友. 道路交通管理机制创新研究[M]. 哈尔滨:黑龙江科学技术出版社,2014.
- [17] 陈宏伟,陈鑫. 基于GIS的道路交通管理系统的设计与实现[D]. 成都:电子科技大学,2015.

第6章 交通信息服务系统

先进的出行者信息系统(Advanced Traveler Information System,ATIS)从传统的道路交通范围扩展到了铁路、航空、水运等领域的 ITS 系统中,先进交通信息系统改善人、车、路等交通要素之间的互动关系,交通信息服务系统(Traffic Information Service System,TISS)是 ITS 的一个重要组成部分,实时、准确、全面的交通信息为交通参与者和管理者的行为与管理决策提供信息支持,避免交通事故和拥挤的产生,提升整个交通运输系统的经济效益和社会效益。

6.1 概　　述

交通信息服务系统为交通参与者提供信息服务,交通信息服务平台是交通管理部门面向广大交通出行者、交通参与者提供社会化服务的综合性、互动性信息服务平台。交通信息服务系统主要面向公众出行者,利用无线与有线通信手段,以文字、语音、图形、视频等形式实时动态地提供与出行相关的各类交通信息,使出行者在整个出行过程中能够随时获得有关道路交通情况、所需时间、最佳换乘方式、所需费用以及目的地等各种相关信息,从而引导出行者选择合适的交通方式、出行路线和出发时间,以最高的效率和便捷的方式完成出行过程。

交通信息服务系统以出行者为服务对象,它将采集到的数据信息进行综合分析和处理后,通过各种通信手段向使用者提供合适的交通信息与服务,来影响出行者对出行路线和方式的选择,从而达到规划出行、节约时间、避免拥挤、路径最优、提高效率和保障安全的目的。智能交通系统以"人"为中心,因而为交通信息使用者提供最佳的服务是交通信息服务系统追求的目标。交通信息系统使人的交通行为更加具有科学性、计划性和合理性,是实现智能运输的重要标志。交通信息系统应具备以下功能:

(1)交通信息采集和处理功能。

交通信息系统通过交通信息采集装置或是各子系统获得道路状况信息、车辆状态信息等。信息处理包括数据转换、信息编码、数据融合、数据挖掘等各种信息处理技术。

(2)信息传输功能。

信息传输功能实际上就是通信功能,要真正实现交通信息系统的作用就必须建立一个全面的通信系统。

(3)信息服务功能。

共用信息平台最终要实现的目的就是提供优质的信息服务,一个完善的信息系统应该能够提供出行前的出行信息、在途与目的地有关的信息。

出行前的出行信息服务可以使出行者预先获得综合交通信息,如公交车运行路线和行驶时间、天气条件、绕行线路及交通事故等实时信息。出行者可根据这些信息选择最佳出行线路、出行方式和出发时间。实时交通信息和道路导航信息可以根据具体情况安排或及时调整出行计划,提高出行效率,方便出行者。

ATIS 呈现以下发展趋势:

(1) ATIS 的服务功能和服务领域进一步得到扩展,服务对象也由出行者扩展到所有交通参与者、公众和交通管理部门等,ATIS 覆盖多种运输方式,综合运用多种高新技术,满足驾乘人员、出行者、公众和交管部门对交通信息的各种需求,使交通参与者的交通行为更具有科学性、计划性、合理性,保障出行的机动性、方便性和安全性,最终提高整个交通运输系统的社会效益和经济效益。

(2) 交通信息服务系统提供实时动态的与出行相关的各类交通信息,使出行者(包括司机和乘客)从出发前、出行中直至到达目的地的整个过程中随时能够获得有关道路交通情况、所需时间、最佳换乘方式、所需费用以及目的地等各种相关信息,从而指导出行者选择合适的交通方式(私家车、火车、公交车、地铁等)、出行路线和出发时间,缩短出行时间或减少费用。

(3) 通信、电子地图、计算机和多媒体技术的高度发展,使得先进的出行者信息系统可以为出行者提供个性化的服务和帮助,依托道路信息资源系统和客运站场管理信息系统的信息资源,通过互联网、呼叫中心、手机等移动终端、交通广播、图文电视、车载终端、大型显示屏等装置,为出行者提供准确、及时、充分的较为完善的出行信息服务。

(4) 随着信息采集、处理、传输等技术的不断进步,公众出行交通信息服务系统对信息的处理和发布的实时性要求越来越高,交通参与者既是信息用户,又是信息提供者。

6.2 交通信息服务系统的主要内容

6.2.1 交通信息的分类

交通运输活动中,人员、车辆、货物等从一个地方转移到另一个地方,交通活动对象的状态伴随时间、空间地理位置变化发生变化,为了更好地满足人们生产、生活或其他目的,需要采取管理措施和信息服务提高交通出行效率及道路利用效率,满足交通管理和服务的需要。同时,交通参与者既是交通信息的提供者,又是交通信息的需求者。

不同类型的活动主体因出行目的、出行方式、出行路线、出行时间选择的差异,对交通信息在形式、内容、数量、格式、媒介等方面的需求均会有差异,从而使得信息需求呈现多样性。人们对交通信息的需求既有管理信息又有服务信息,既有静态信息又有动态信息,既有原始信息(直接信息)又有加工信息(间接信息),既有语言、文字信息又有数据、图像信息,既有统计信息、支持信息(与交通运输系统有关的其他支持信息,如交通运输技术与革新、交通运输人才需求等信息),又有计划信息、控制及作用信息。

交通信息服务系统所涉及的应用范围较广,因此它提供的服务内容也各种各样,服务方式也各不相同,根据不同的分类标准,可以把智能交通服务系统分为不同的类型,如下所示:

1. 按照向出行者提供信息服务的时机进行分类

(1) 出行前信息。

出行前信息服务为出行者提供出发前交通信息服务,通过计算机、手机等终端设备查询,根据出行者的实际需求获取适合自己的出行方式、出行路径、出行时间等出行信息,为出行提供辅助参考。

(2) 出行中信息。

出行中信息服务为出行者提供在途交通信息服务,由于天气原因或者交通道路临时突发的状况等需要改变原先出行计划,需要动态信息提供支持。

(3) 出行者换乘信息。

出行者换乘信息服务为乘坐公交、汽车、火车、飞机等公共交通工具的出行者通过广播、信息显示屏、互联网等公共交通工具的运行信息和换乘信息,从而提高公共交通的运输效率。

2. 按照信息服务系统所提供的信息内容的不同进行分类

(1) 驾车路线规划。

驾车路线规划系统为车辆驾驶者规划符合当前交通状况的最佳行驶路线,避免其遭遇拥堵和阻塞,从而使交通更加通畅。

(2) 实时路况。

实时路况系统向交通管理部门和社会公众提供交通信息服务,交通管理部门通过实时路况系统对道路进行有效的管理,避免交通阻塞,社会公众可以通过当前的交通流量状况制定自己的出行线路,避开拥堵的道路。实时路况系统能够及时地反馈交通道路实时信息,对交通流量重新引导,进行更加科学的分布,让交通道路网更加畅通,提高交通道路利用率。

3. 按照信息服务系统所服务的对象的不同进行分类

(1) 交通管理信息服务。

交通管理信息服务系统主要为交通管理部门提供交通信息服务,该系统基于智能交通平台对交通信息数据的处理,为管理人员提供详细的路况信息,能够提供实时的城市交通道路流量,及时地发现交通拥堵及阻塞,为道路交通网的监测提供辅助。

(2) 出行者信息服务。

出行者信息服务系统的主要服务对象是公众出行者,包括自驾车出行者和乘坐公共交通工具出行者。该系统能提供完善的出行交通信息,为自驾车出行者提供最佳的出行路线,为使用公共交通工具的出行者提供换乘信息。

(3) 个性化信息服务。

此类系统主要是针对有个性化需求的单位机构或个人提供的系统。此类单位信息一般为部门单位,包括消防、医院、公安等,也包括基础服务机构,包括酒店、停车场等。出行者在出行过程中如果需要获取相关的信息服务,可以通过访问个性化信息服务系统,及时获取自己需要的信息。

6.2.2 交通信息服务系统的组成

先进的交通信息服务系统主要由交通信息中心、通信网络和用户信息终端三大功能单元组成，系统构成图如图6.1所示。

1. 交通信息中心(Traffic Information Center, TIC)

交通信息中心(TIC)是指为整个系统控制的实现提供数据处理、显示和接口功能的区域，包括对道路交通运输数据和社会公众信息的采集、分类、加工、分析和提供，以及涉及的最优路径搜索等算法的实现。TIC是先进交通信息服务系统的核心，为车辆及相关交通信息资源提供中心通信接口，并在此基础上建立一个综合的交通运输信息数据库，实现各类交通信息服务功能，它包括信息的采集、加工和处理。

（1）交通信息的采集系统。

ATIS最根本的目的之一是使一切交通参与者（包括交警和出行者）变被动为主动，根据交通环境决策出行，从而改善交通拥堵，最大限度地提高路网的通行能力。城市交通流信息采集系统是实时动态交通流信息采集、处理与分析，总体流程图如图6.2所示。

交通信息的采集可以分为静态交通信息的采集和动态交通信息的采集。静态的交通信息可以通过测量人员使用专业的测量仪器获得。动态的交通信息又可分为移动型和固定型两大类。前者主要有使用GPS和GIS相结合的浮动车信息采集以及利用RFID（Radio Frequency Identification）电子标签的交通信息采集，其中浮动车的信息基本由出租车公司提供，后者则有通过地感线圈、测速摄像头等设备由国家相关部门所采集的信息。

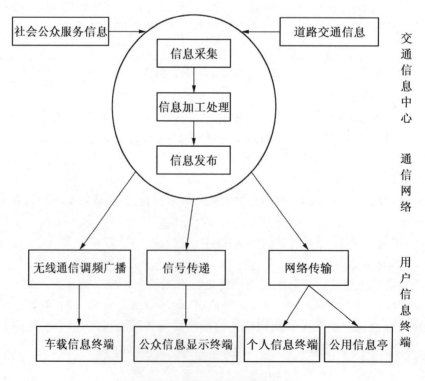

图6.1 交通信息服务系统构成图

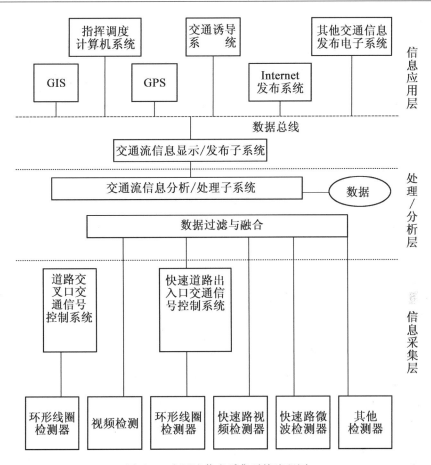

图 6.2 交通流信息采集系统流程图

交通信息检测技术利用 GPRS、车路协同通信系统、牌照识别等检测车辆出行的出发地和目的地(Origin Destination,OD)、路径、道路交通流量等信息,实现道路交通状态判别、车路协同,如表 6.1 所示。

表 6.1 交通出行信息动态 OD 采集

序号	动态 OD 信息采集方法	参数	备注
1	手机定位	路径、OD、速度	全程、较准确
2	车路协同	路径、OD	路侧设备
3	动态导航	路径、OD、速度	驾驶人请求
4	视频识别	路径、OD	覆盖率低

由于利用手机位置信息作为出行 OD 信息采集方法,需要获知车辆驾驶人的移动号码。在移动通信系统中,利用基站跟踪定位系统对拥有驾照者的手机定位,可判断其出行方式、时间和路径。

车路协同系统,利用车载通信设备与路侧通信基站的通联记录,分析车辆出行信息(ID、电子车牌号码、出行时间及其路径)。利用城区的交通监控系统、电子警察系统的牌照识别系统,可以记录车辆的行驶时间和路径。

(2)交通信息的大数据处理。

中国第十三个五年规划纲要,支持公共云服务平台建设,布局云计算和大数据中心。在交通领域,大数据一直被视作缓解交通压力的技术利器。应用大数据有助于了解城市交通拥堵问题中人的出行规律和原因,实现交通和生活的和谐,提高城市的宜居性,为政府精准管理提供基于数据证据的综合决策。城市交通信息数据系统是基于大数据应用技术的交通行业信息共享交换中心,数据中心建立以后,将成为城市交通信息的枢纽。它主要包括五方面的内容:城市交通信息数据系统、城市交通综合监测和预警系统、城市交通碳排放实时监测系统、公交都市管理系统、公众出行信息服务系统。城市大数据云计算支撑平台如图 6.3 所示。

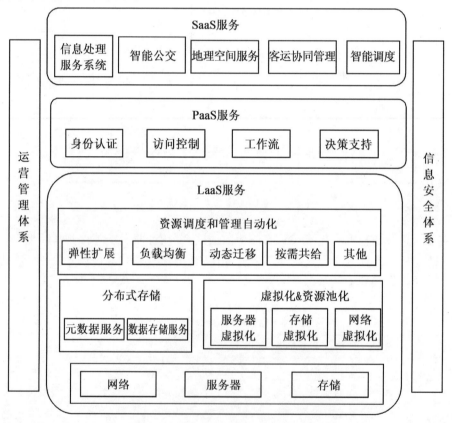

图 6.3 城市大数据云计算支撑平台

(3)交通信息的发布。

交通信息服务系统是交通路况信息的发布平台,政府及相关管理部门通过该系统以多种媒体形式向公众发布信息。对于普通出行者而言,他们需要的交通信息是多种多样的,既有道路交通情况信息,也有实时公交信息;既有铁路时刻信息,也有民航等航班信息。但就实际情况来看,这些信息分属不同的部门。传统的交通信息发布媒介有电视、广播、可变信息板、手机短信等,随着移动互联网、云计算、大数据、物联网新一代信息通信技术的发展,在交通信息服务的顶层网络设计、多部门跨界信息整合以及基于移动互联网的信息发布等方面不断涌现新的增长点,呈现出一些新的态势和特征。依托交通信息服务网站、短信服务平台、多媒体查询终端等媒介,采用信息发布网站、智能终端APP、微博、微信、短信等形式,支持信息查询及信息推送的交互方式,向交通参与者提供全面、及时的实时路况信息、出行路径规划、交通业务办理提醒、交通业务办理查询、交通业务办理流程模板、交通安全主题宣传等服务,让广大交通参与者能够及时获取路网路况、主动选择出行路线、及时高效办理交通业务,从而改善交通出行者的出行体验和交通管理者的服务水平。出行者根据出行需求调整自己的出行路径和方式,避开拥堵路段,更加快速到达目的地,并有效节约时间和资源,有效提升城市交通的服务水平。

交通相关的运营单位有公安信息网、交通局内网、公交专网、轨道交通网、铁路、民航、出租、专车等不同专网与互联网。2005年由交通部组织实施的"公众出行交通信息服务系统"已成为三大信息化建设示范工程之一。公众出行交通信息服务系统是依托公路信息资源整合系统和客运站场管理信息系统的信息资源,通过互联网、呼叫中心、手机和PDA等移动终端,交通广播、路侧广播、图文电视、车载终端、可变情报板、警示标志和车载滚动显示屏,分布在公共场所内的大屏幕、触摸屏等显示装置,为驾车出行者提供路况、突发事件、施工、气象、环境等信息;为采用公共交通方式的出行者提供票务、营运、站务、转乘等信息,出行者据此可提前安排出行计划,变更出行路线,使出行更安全、更便捷、更可靠。同时与铁路、民航、旅游、气象等相关的各类信息进行整合,与广播、电视结合,提供更全面、更多方式的服务,让公众切身感受交通信息服务的便利。

2. 通信网络(Communication Network,COM)

通信网络是指在用户信息终端和交通信息中心之间、信息源与信息中心之间提供数据传输的媒介。现代物联网下的交通信息传输更多是通过移动、无线的方式进行传输的。

3. 用户信息终端

信息发布终端主要为出行者提供各式各样的交通信息服务,可以使用的信息发布方式比较多,可以分为信息显示屏、交通广播、大屏幕、移动电视等被动接受信息的方式和车载终端、手机(APP)、信息服务平台、互联网等主动查询信息的方式。信息发布方式如图6.4所示。

6.2.3 交通出行信息服务平台

交通出行信息服务平台是智能交通系统的重要组成部分,其主要任务是通过交通网站、服务热线、动态交通显示屏、车载信息终端等信息发布终端向公众提供实时的交通出行信息。对个人而言,出行信息服务系统协助出行者进行合理的出行选择,提高了出行效率和出行安全性;对系统而言,使道路上的交通分配更为合理,从而避免交通拥挤产生,显著减少系统整体出行时间,降低车辆燃料消耗和尾气排放,提高道路系统的使用效率。交通出行信息服务平台的总体框架图如图6.5所示。

图 6.4 停车位信息发布图

交通出行信息服务平台要对外提供的实时交通信息包括:动态路径规划、公共交通信息、POI 搜索、地图服务、基站定位等。由于交通出行信息服务平台提供的服务众多,并且是分布部署的方式,平台需要通过 SOA 技术对服务进行组合,统一通过以 XML 为基础的 API 接口让外部的 SP 系统调用。交通出行信息服务平台推荐使用的 API 技术形态有两种:Web Services 和 http + XML。交通出行信息服务平台通过实施 SOA 软件架构,使平台与外部的信息系统更容易对接,并使业务调整和升级更加灵活。服务平台软件体系架构图如图 6.6 所示。

第 6 章 交通信息服务系统

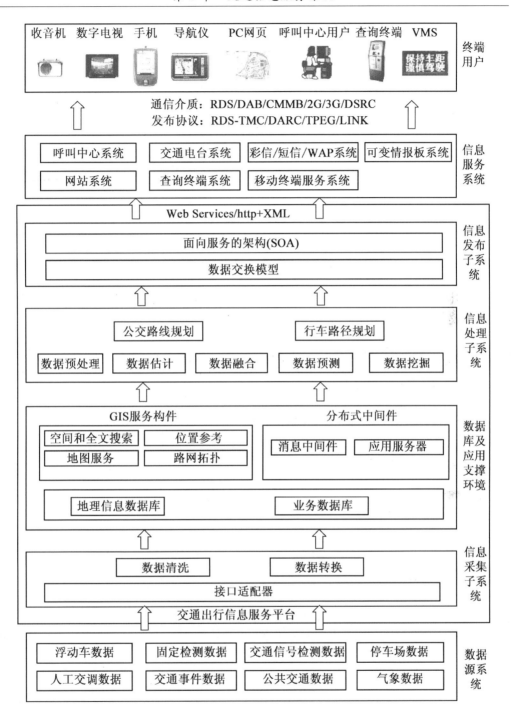

图 6.5 交通出行信息服务平台总体结构

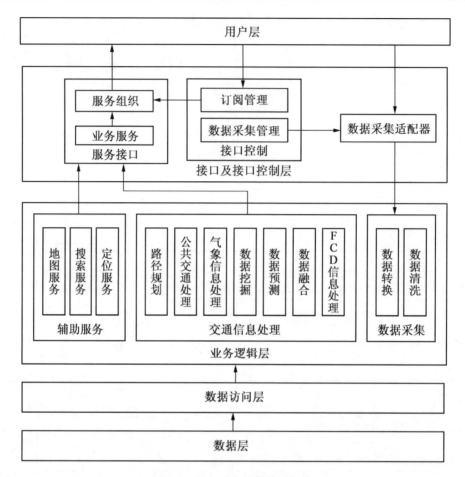

图 6.6 服务平台软件体系架构

6.3 交通信息服务系统应用实例

在利用上述交通信息服务的原理上,全国各大城市如北京、深圳、青岛等地都开发了与此相关的为公众服务的系统,并创造性地提出了许多"热词"。不但如此,在大数据时代的背景下,各网络巨头公司紧跟时代步伐,依托便捷高效的网络技术,开发出多种网络技术产品供公众使用,为他们提供了便捷的服务。

6.3.1 北京市公众出行交通信息服务系统

北京市在公共汽车、地铁、高速公路运营管理、长途客运、出租车等交通领域的信息化和智能化领域中先后建成并应用的系统主要有:公交运营指挥调度系统、公交网站、公交服务热线、电子站牌和车内滚动显示屏、地铁运营指挥调度系统、高速公路监控中心、省际客运联网售票系统、出租车 GPS 卫星定位系统等。北京交通调频广播、数字北京信息亭、位于环线和高速公路的可变情报板都具有较广的覆盖性和利用性为北京市公众出行交通信息服务系统的建设提供信息接入和发布的基础。

北京市公众出行交通信息服务系统的建设内容包含了交通数据采集、整合、加工处理和发布的全过程,是一项复杂的交通领域集成信息化系统,其总体结构如图6.7所示。

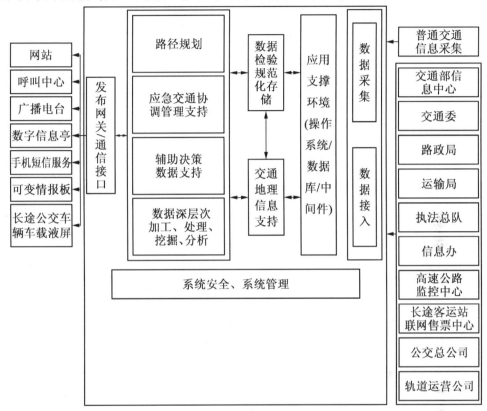

图6.7 北京市出行交通信息服务系统总体结构图

北京市公众出行交通综合信息服务系统的建设内容(主要在示范工程阶段):在选定的示范工程实施区域——北京市市域范围内的干线道路网(含高速公路、主要公路、快速路、城市主干道),在现有交通动态信息采集设施的基础上,通过在具有示范性的主要公路上布设交通信息采集设施进行交通数据采集;在充分利用现有通信网络资源的基础上,建设北京市公众出行交通综合信息服务系统数据通信网络,实现北京市各相关政府部门及交通运输运营企业与示范工程数据处理中心的连通,以及示范工程数据处理中心与交通部信息中心的连通;建设公众出行交通综合信息服务数据处理平台,接入不同来源的交通运输数据,实现多源交通数据的融合、加工、处理,生成满足公众需要的信息;充分利用现有的交通信息发布方式,并进一步整合、建设、完善,通过网站、呼叫中心、手机、调频广播、可变情报板、数字信息亭、公交车辆车载显示屏等多种方式,为公众提供含交通动态路况信息、交通事件信息、道路施工信息、客运(含长途客运、城市公交、轨道交通)信息(含票务、站务、换乘、线路等信息)、气象信息,及铁路、民航等其他运输方式信息等在内的出行交通综合信息服务。

北京市公众出行交通信息服务系统的逻辑构成如图6.8所示。北京市公众出行信息服务系统从逻辑上可以分成三个部分:数据的接入和采集、数据的融合与加工处理、交通信息的多方式发布。其中数据接入和采集的功能是通过不同的方式将多样化的交通数据传输到信息服务系统的数据处理平台。平台主要实现数据的融合和加工处理功能,即对多源异构的交通数据按照一定的标准规范进行多层次的处理,最终生成综合性和个性化的交通信息。交通信息的多方式发布体现在两个方面,一方面体现在其能够服务于采取多种出行方式的社会公众,另外一方面体现在其能够通过各种不同种类的发布终端显示信息。

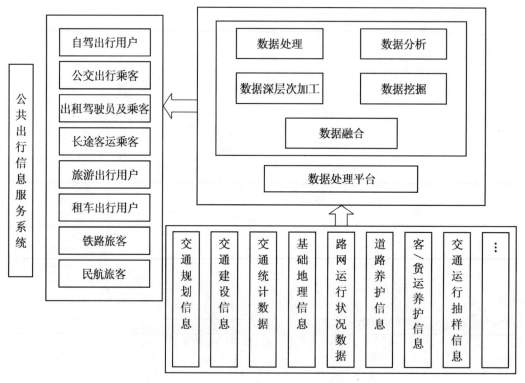

图 6.8 北京市公众出行交通信息服务系统逻辑结构图

6.3.2 深圳市交通指数的运用

1. 交通指数的定义

交通指数是道路交通运行指数(也称道路交通拥堵指数)的简称,道路交通运行指数是综合反映道路网交通运行状况的指标。是对路网交通总体运行状况进行定量化评估的综合性指标,与传统的车速、流量等参数相比,具有直观、简单的特点。类似于体检时量体温,交通指数让人们不仅是模糊地知道堵或不堵,更能清楚地了解堵到何种程度,从而对全市整体交通,以及特定片区或路段的交通运行情况有一个直观量化的了解,为市民出行提供有益参考。

交通指数取值范围为 0~10,分为五级,见表 6.2。交通指数越大表明一次出行相比顺畅状况(如凌晨时刻)多花费的时间越长。例如,当处于"畅通"等级时,车辆可如在凌晨时段一样自由行驶;处于"拥堵"等级时,路上花费的时间将至少是顺畅状况下的2倍以上,拥堵状况严重。

表6.2 交通指数的分类

指数	出行状态	交通运行状况	表征色	出行时间倍数
0~2	畅通	交通运行状况良好,基本没有道路拥堵	绿色	0.0~0.3
2~4	基本畅通	交通运行状况较好,有少量道路拥堵	浅绿	0.3~0.6
4~6	轻度拥堵	交通运行状况较差,缓慢行驶,部分环路、主干路拥堵	黄色	0.6~0.9
6~8	中度拥堵	交通运行状况差,大量环路、主干路拥堵	橙色	0.9~1.2
8~10	严重拥堵	交通运行状况很差,全市大部分道路拥堵	红色	1.2

2. 交通指数在国内外的运用

交通指数在国内外已经有成功应用的经验。例如,美国每年发布《城市畅通性报告》,选择交通拥堵指数等指标,定期评估并向公众发布。随着我国交通信息化的不断推进,北京、上海等国内城市研究了不同定义、不同算法的交通指数,发布后取得了良好的效果。

北京市城市规模与机动车保有量快速增长,交通拥堵造成了社会问题、环境污染、出行成本上升等,北京交通发展研究中心希望能为政府提供一个简单的数值作为决策依据,为市政府和公众简单、准确地描述交通系统的状态。为此,北京交通发展研究中心与世界著名的德州交通研究院(TTI)、美国麻省理工学院、北京交通大学、北京工业大学、上海综合交通规划研究所、清华大学、四通智能交通集成有限责任公司、北京清图杰运软件技术有限公司等国内知名机构,以及国内外交通、城市规划、数学统计等研究机构与专家,从2007年的北京奥运测试赛开始,利用信息技术采集各种基础的道路交通信息,研究城市道路交通运行评价技术体系和应用系统,在国内外首创实现交通指数的生成和监测,为北京市政府实时掌握交通系统运行情况,进行科学决策分析提供了有力保障。

交通指数系统的路网运行监测为公交改革效果评价、奥运交通运行保障、高峰交通限行措施研究和实施、缓解交通拥堵治理措施、各年度疏堵工程、十二五交通规划等一系列工作提供了大量数据保障。受到了奥组委、北京市政府的多次高度表扬。目前,系统在北京交通协调指挥中心实时运行。交通指数是根据所在城市的实际特点进行定义和计算的,不同城市的交通指数之间并不具有可比性。例如上海的交通指数是指车速与交通负荷的关系,深圳的交通指数是行程时间比,而北京的交通指数是拥堵里程的比例与程度。

深圳市交通指数在定义和算法上主要针对深圳城市和交通运行情况,采用出行时间的概念,通过大量实地调查和问询标定参数,建立拥堵等级划分标准和指数计算模型,较好地符合了深圳市居民对道路状况的实际感受。其他城市同类型的交通指数在定义上则各不相同,包括采用道路饱和度、综合加权或拥堵路段里程比例等。

3. 交通指数的计算

交通指数是对交通拥堵在空间、时间、强度等方面特征的综合化、简单化描述。通过一个简单的交通指数，居民就可以立即了解到道路网交通拥堵情况，从而对自己出行所需时间、可能遇见的交通拥堵有一个准确的预期。交通指数是通过分布在城市各条道路的运行车辆实时、动态地获得每一条道路在该时刻的行程速度，并通过无线通信网络实时上报数据处理中心；数据处理中心从全路网（覆盖五环内的主城区）整体的角度出发，按照道路上通过的车辆越多则其在全路网评价中权重越大的原则，通过对每一条道路加权集成，得出路网整体或者交通走廊、重点功能区的交通拥堵特征数据；再根据出行者对交通拥堵的感知判断，依据大量现场调查数据的聚类分析，将交通拥堵特征数据转换为单一化的交通指数。

从 2010 年开始，交通指数算法已被正式纳入正在编制的国家标准《道路交通信息服务交通状况描述》和北京市地方标准《城市道路交通运行评价指标体系》，即将成为规范性的指导文件。

4. 交通指数的使用方法

市民通过访问交通指数网站，能够方便地查询和了解到全市、热点片区以及道路关口等不同范围的交通指数，如图 6.9、图 6.10、图 6.11 所示。市民可以查询全市和各行政分区的实时及历史交通指数，了解交通总体状况和变化趋势。

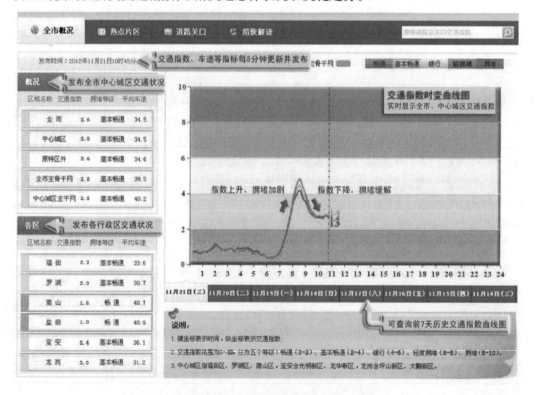

图 6.9　市域交通指数分布

第 6 章 交通信息服务系统

图 6.10 片区交通指数查询

图 6.11 道路交通指数查询

深圳市交通运输委员会官方微博在早晚高峰时段发布交通指数。市民利用实时的"五色"交通指数,学会"察颜观色",道路运行状况颜色等级图如图6.12所示。能够科学选择出行目的地、出行时间、出行方式和出行路径,将大大提高出行效率,减少因拥堵造成的等待时间。比如:

◇开车去哪？根据交通指数反映的拥堵状况,从市民中心出发,决定晚上去香蜜湖还是去罗湖万象城吃饭。

◇什么时候？观察交通指数曲线变化,找个不太堵的时间去看望老同事。

◇开不开车？出发前看看当前路况,考虑去市民中心办事是开车快还是坐地铁更快。

◇走哪条路？下班回家前查下可选择线路的路况,提前判断走深南大道快还是走北环更快。

图6.12　道路运行状况颜色等级图

全面、客观地掌握交通运行状态,对于交通拥堵治理相关的政策制定具有重要的决策支持意义,有力提升交通规划、建设、管理决策的科学水平,区域交通拥挤程度分析判断如6.13所示。

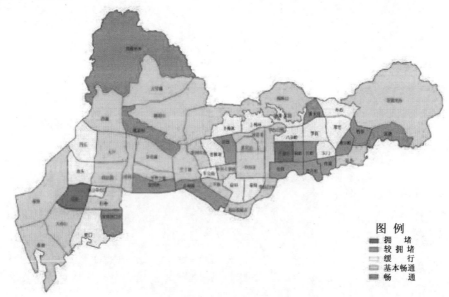

图6.13　区域交通状态判别

在具体的实施方面,城市交通管理部门根据交通指数,能够动态跟踪和监测拥堵状况和变化趋势,识别诊断交通拥堵片区、路段和节点,及时制定和出台相关管理政策,合理安排和实施交通改善措施,科学评估重大交通基建(如轨道、干线道路等)、交通事件(特殊天气、交通事故等)的影响,作为重大交通政策的考核目标和定量评估手段。

在未来深圳交通指数的研究和发布工作中市交通运输委员会进行了大量基础调研,力争更切合深圳实际和市民需求。在系统试运行期间,市交通运输委员会将通过邮件、信函、微博等渠道广泛收集市民的反馈意见,进一步完善发布内容和形式。届时,市民将可以享受到更方便、更快捷的交通出行信息服务。

6.3.3 "智慧青岛"

2014 年 9 月 29 日,为深入贯彻《青岛市智慧市民服务专项规划》,推动智慧青岛总体规划中市民服务平台的发展,由青岛新闻网络传播有限公司和中国移动通信集团山东有限公司青岛分公司联合出品的"智慧青岛"手机客户端上线暨启动仪式在青岛国际新闻中心隆重举行。智慧青岛手机客户端是青岛新闻网专注于"互联网+城市服务"的产品,汇集了新闻热帖、违章办理、实时公交、生活缴费等 40 余项青岛市民生活常用功能。

2016 年 1 月,青岛"互联网+政务"获得了"2015 城市服务政务人气大奖",53 个部门的 2 246 项政务服务事项,就已经有 1 600 余项开通网上办理。很多政务服务不但可以到网上便民服务大厅办理,还可以在淘宝、支付宝和微信上办理。根据支付宝发布的《"互联网+政务"报告(2016):移动政务的现状与未来》显示,青岛市共有 22 项政务服务入驻了支付宝。一年内,累积有近 110 万青岛市民通过支付宝,足不出户就能享受移动政务服务带来的便利。"智慧青岛"客户端的首页如图 6.14 所示。

图 6.14 "智慧青岛"客户端的首页

在青岛,腾讯微信城市服务与青岛新闻网合作,打造"智慧青岛",由青岛新闻网提供本地数据。推出的"智慧青岛"微信公众号不仅可以实现医院挂号、缴纳水电燃气费、查缴违章,还具有查询社保和公积金、查公交等功能,市民只需要在手机上下载智慧青岛客户端 APP 即可。

客户端"智慧青岛"的功能众多,下面就介绍一下使用"智慧青岛"来缴纳违章罚款的操作步骤。

(1)打开"智慧青岛"手机客户端,在"出行"栏目中点击"违章办理"。

(2)输入车牌号和车架号后四位,输入车牌号时请注意使用英文输入法,避免中文输入法字母、数字之间产生空格造成无法识别。

(3)绑定爱车信息后,点击车牌号文字区域即可进入违章查询办理,如果想重新编辑车辆信息或删除该车辆,可向左滑动蓝框区域,点击下方"添加"按钮可添加其他车辆,点击"违章提醒",输入电话号码,在该车辆产生新违章记录后可免费接收违章提醒短信。

(4)点击车牌号后进入违章查询办理界面,当爱车有未处理的违章信息时会按时间先后排列,在该页面可查询到违章地点、原因、扣分、罚单金额等信息。需要缴纳罚款请点击页面下方的"处理违章"。

(5)首次办理违章时需要按示例要求上传照片,包括行驶证,驾驶证,本人手持驾驶证、身份证正反面照片,点击右侧相机按钮即可上传图片。上传完毕后填写真实姓名和手机号码,点击"确定下单"即可。

(6)再次查看需要处理的违章记录,确认无误后点击"去支付"即跳转到支付宝页面进行支付。支付完成后,违章办理圆满成功。需要说明的是"智慧青岛"违章处理由淘帮办提供服务支持,用户在缴费时淘帮办会加收10%手续费。

(7)违章罚款缴费成功后,可在此查询办理状态:点击"智慧青岛"右上角的人形按钮进入个人中心,点击"交易"中的"违章罚款"。

6.3.4 滴滴打车

2015 年 7 月,国务院总理李克强批准印发《关于积极推进"互联网+"行动的指导意见》。指导意见共提出了 11 个具体行动内容,其中第 9 项是"互联网+便捷交通",由发改委和交通运输部牵头,将互联网+交通运输行业深度融合,提升交通基础设施、运输工具、运行信息的互联网化水平,推进交通运输资源在线集成,增强交通运输科学治理能力,创新便捷化和一体化的交通运输服务体系。在这种大的趋势下,"滴滴打车"软件应运而生。

2012 年 6 月 6 日北京小桔科技有限公司成立,经过 3 个月的准备与司机端的推广,9 月 9 日"滴滴打车"在北京上线。杭州快迪科技有限公司是国内最大的城市智能综合交通平台,旗下"快的打车"成立于 2012 年 5 月。2014 年 8 月,滴滴专车上线,进军商务用车领域。2015 年 1 月,滴滴打车企业版正式上线。2015 年 2 月 14 日滴滴打车与快的打车合并,成立滴滴快的,开启中国移动出行市场发展新阶段。2015 年 5 月 13 日,滴滴快的推出经济型专车服务"滴滴快车"。2015 年 6 月 1 日,滴滴快的推出拼车服务"滴滴顺风车"。2015 年 7 月 16 日,滴滴快的旗下"定制巴士"业务滴滴巴士正式在北京、深圳上线运营,用户可在"滴滴巴士"微信公众账号内直接购票乘坐。"滴滴打车"的业务框架图和系统框架图如图6.15和图6.16所示。

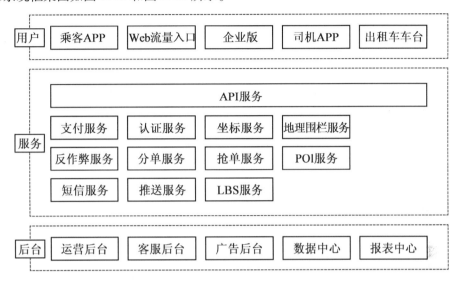

图6.15 业务架构

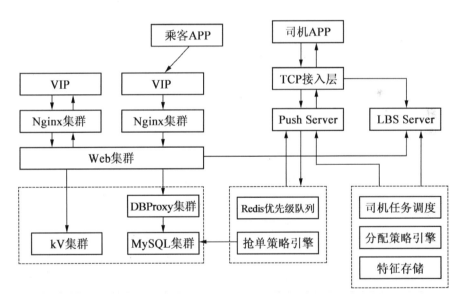

图6.16 系统架构

1. 运营模式分析

滴滴打车的运营模式,就是整合线下的服务资源,将具有乘车需求的消费者集中到一个平台上,为他们提供打车和载客的服务。其发展的主要业务有出租车、快车、专车、顺风车(拼车)和代驾服务,其运营模式如图6.17所示。

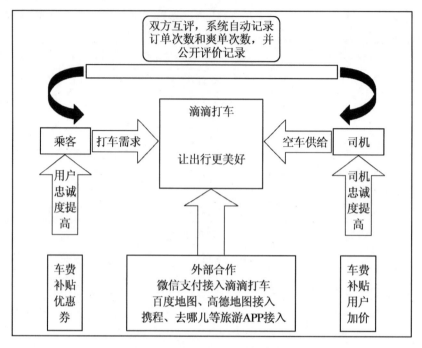

图 6.17　滴滴打车运营模式图

根据这种模式，司机和乘客各自的任务也非常明确：

(1)乘客通过手机的打车软件客户端(APP)提出了打车需求，点击"现在用车或者预约用车"，按住说话，发送一段语音说明现在所在具体的位置和要去的地方，松开叫车按钮，叫车信息会以该乘客为原点，在90秒内自动推送给直径3千米以内的出租车司机，司机可以在滴滴打车司机端一键抢单，并和乘客保持联系。抢单完成后，客户端会将相关的信息发送到滴滴打车的服务器上。

(2)滴滴打车服务器通过和百度地图的合作，把乘客所需的打车信息反馈给乘客，让乘客选择打车的起点和终点以及打车预期的费用。

(3)滴滴打车把用户的电话资料和打车信息发布到了滴滴打车的搜索界面以便司机搜索。

(4)司机可以对乘客的信用进行查看，用户也可以查看司机的信用，双向选择是否进行服务或者消费。

(5)如果双方有一方拒绝，则再次从头开始。如果用户和司机双方完成打车，则通过第三方合作软件支付宝付款给司机。

滴滴打车的最大社会价值是匹配用户和司机的需求，减少司机的空载，提高效率，提高出行者的舒适度。很多情况下，司机不能正确把握乘客信息，常出现所到之处乘客稀少或出租车扎堆的现象，这就造成了极大的不便，甚至还会加剧交通堵塞。滴滴打车实现乘客与司机的实时沟通，有效减少拒载和跑空趟，减少了乘客在炎热、寒冷、刮风、下雨等恶劣天气中的等待时间。

2. 推广模式

滴滴打车的推广模式是循序渐进的,线上线下同步进行。

(1)线下地推,靠地推营销人员向出租车公司推广安装滴滴打车 APP 软件,成功实践后以此为市场样板大力宣传推广。

(2)通过补贴方式培养司机和乘客的消费习惯,早期推广 APP 安装时是以补贴后近似免费(如 1 分钱打车)的方式吸引用户群体。

(3)以补贴方式引导司机和乘客的支付习惯,如通过微信支付立减 10 元,或开通微信支付赠送大量优惠券等,帮助第三方移动支付公司抢占互联网金融市场,实现合作共赢的局面。

(4)线上线下同步推广,与传统媒体实现跨平台合作,通过电视娱乐节目植入广告方式推动营销。如与创下全国省级卫视晚间节目收视率和市场份额双料冠军的湖北卫视合作,借助《我为喜剧狂》和《打车找乐》,实现电视、移动终端、微博、微信等多传媒、多渠道、多平台互动,提升了滴滴打车的知名度和品牌效应。这种开创性的营销模式一炮打响之后,滴滴加快了与文化传媒界的合作,持续不间断地与乐视、优购商城、携程等公司合作推出多种多样的"消费+补贴"的优惠活动,创新型的营销模式路径日渐清晰。

综上所述,滴滴打车的"线上+线下",前期烧钱后期补贴的营销推广模式已具备可借鉴的实践意义。

3. 滴滴决策的原则

滴滴分析利用打车系统运行所获取的大数据,发现部分用户的居住地和工作地、收入水平、行业属性、出行需求相近,可以合并需求、降低出行成本、节省社会资源。滴滴平台研发的基本原则是撮合乘客和司机,满足他们的需求,保证他们的体验。举个例子,某一个时刻在中关村,同时出现很多订单,周围有很多司机。滴滴决策的原则是:

(1)将订单发送给合适的司机。因为司机在任何时刻都只能听到同时爆发订单中的一个。所以匹配要准确,那么背后就是推荐算法要准确,匹配效率要高,计算要快,推送要及时。

(2)推送订单到某位司机之前,先预测司机对订单感兴趣的程度。在后验过程中,滴滴可以做到 80% 的准确度。

决策的过程是:计算司机的个人特征,还要结合其决策体系,如喜好,是对小费敏感、长短途敏感、时间敏感,还是对方向敏感等静态特征以及司机和订单之间的位置关系、时间关系等动态特征进行综合分析。除此以外,还有补贴,给乘客什么样的补贴,给司机什么样的补贴,谁更敏感,多少金额影响更积极,这些策略的背后都是大数据在起作用。

4. 滴滴打车的使用方法

(1)进入主界面后,通过语音呼叫或者文字输入目的地,地图会提示乘客的位置信息和附近出租车信息,如图 6.18 所示。

图 6.18 选择输入目的地

(2)呼叫了出租车后,滴滴系统会自动给您附近的司机分配订单,当有司机接单后,会显示该司机的身份信息以及车牌号,司机会主动打电话过来跟您确定具体上车的位置,如图 6.19 所示。

图 6.19 司机响应界面

(3)当您到达目的地之后,滴滴会自动计算出您本次的出行费用,您可以根据提示输入支付密码,支付成功,如图 6.20 所示。

图 6.20　支付界面

5. 滴滴打车的社会意义

(1) 数据的采集。打车软件记录打车起点和终点,分析交通出行的 OD、频率、分析消费行为以及常用出行路线。掌握了城市道路的利用效率与堵车节点,由此出发可以给市政建设部门提供数据支持,来改善交通,缓解堵车现象,提高城市道路使用率。

(2) 信息推送。利用数据分析居住、购物、消费等,精准信息推送,商业推广,道路导航规划。

(3) 移动支付与滴滴打车的入口合作,在支付宝和微信中可以直接启动滴滴打车,促进了移动支付的发展,为生活带来了便利。

6.3.5　海信网络科技:城市交通信息服务平台解决方案

HiATIS 动态交通信息服务平台是建设立体化、面向公众出行的交通信息服务体系。该系统以多元交通信息采集网络为基础,以实时交通路况与旅行时间计算为核心,为广大出行者提供基于动态实时路况的云导航服务。该产品由交通信息发布平台、交通信息服务平台、旅行时间计算子系统、拥堵判别子系统、手机导航系统组成。该产品具有路网状态判别准确;服务手段丰富多样;路网数据实时更新;动态规划,云端导航等优势。Hi-ATIS 动态交通信息服务平台的程序图和框架体系如图 6.21、图 6.22 所示。

海信的交通信息服务平台的方案特色如下:

(1) 交通状态判别准确。采用定点检测作为交通数据采集的主要手段,根据道路状况、交通流特性和信号放行特点综合设计检测器优化部署方案,充分发挥超声波、微波、线圈等各类采集设备的优点,按照国标推荐的检测距离布设检测器,使采集的交通信息比国内传统技术更加丰富准确。路网拥堵状态支持精细化判别交通状态,可区分通畅、缓慢、拥堵 3 种状态,判别周期≤5 分钟。辅以人工采编等多种手段,还能为用户提供各类交通事件的实时处理进展,这是全国性的交通信息服务所不具备的。

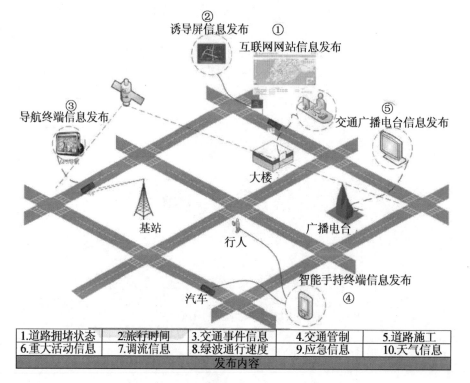

图 6.21　HiATIS 动态交通信息服务平台工作程序图

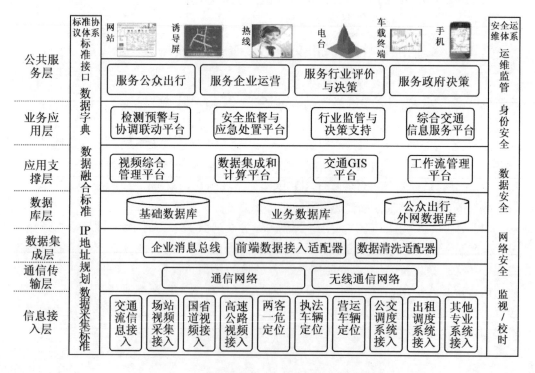

图 6.22　HiATIS 动态交通信息服务平台框架体系

(2)服务手段丰富多样。针对不同交通出行者、交通管理者的综合信息服务平台,可以采取多种信息服务手段(诱导屏、智能终端、网站、短信服务、微博等),发布各类交通参数(拥堵程度、旅行时间、事故信息、交通管制信息、气象信息等),根据车辆 OD 分析结果,识别在不同季节、不同时段下,路口、路段、区域的交通需求,通过路网范围、发布内容实时改变自适应交通信息发布手段,提高交通信息发布内容的有效性,帮助出行者选择最佳出行路线,从而达到最优的路网负载均衡,方便市民出行。

(3)路网数据实时更新。由于地图数据更新周期缓慢,交通管制、交通事件、道路施工、分时间段交通控制、道路单双向通行更改等道路通行状态的变化无法及时更新到导航服务系统,导致传统的交通信息服务技术不能真实反映道路通行状态,难以满足出行者日益增长的服务需求。本方案通过融合交通事件、交通管制、交通调流线路、道路通行方向改变等交通信息,实现信息服务及导航所需各项基础数据的实时更新,提高了信息服务及导航路线的准确性,提升了用户体验。

(4)动态规划,云端导航。通过 3G/4G/Internet 网络提供基于云计算的动态交通信息服务,信息服务终端只要是一台能够访问互联网的设备即可,如个人电脑、智能手机、Pad 等。终端设备负责用户的输入、结果的显示,云端负责实时路况计算、动态路径规划与导航、地图更新、路况信息推送、个人定制业务分发等,使出行者能随时随地获取所需的交通信息服务。系统支持语音导航:正常行驶时每隔 100 米左右就会给出行车建议,遇到前方有电子眼的路段,也会出现相应的闪烁提示和语音提示。导航路线规划,全程语音播报、电子眼提醒,半小时仅需 0.2M 流量。语音导航让出行者的手和大脑都可以解放出来,不用去考虑怎么按键,而手也可以专注于驾车操作,保证了驾驶人的安全。

1. 功能介绍

(1)交通数据采编。

①交通事件信息采编。

②道路施工信息采编。

③交通管制信息采编。

④停车场信息采编。

⑤路口简易图信息。

⑥恶劣天气预警。

⑦微博路况采编。

(2)交通信息发布管理。

①路网基础数据管理。

②信息发布 GIS 与警用 PGIS 结合。

③发布数据统一审核。

④发布流程管理。

⑤路况信息的人工校正。

⑥信息发布管理的安全机制。

⑦信息发布的闭环控制。

(3)交通信息服务运维管理。

①实时监管发布内容。

②第三方系统数据交换监管。

③网站服务负载监管。

④系统管理。

(4)交通信息发布。

①实时路况展示。

②旅行时间发布。

③动态导航。

④路径规划。

⑤热点搜索。

⑥违章查询。

⑦全程语音播报。

⑧道路气象预警。

⑨规避提示。

2. 主要产品

交通信息服务平台主要包括旅行时间计算子系统、拥堵路况计算子系统、交通信息发布审核子系统、地图服务子系统、动态导航服务子系统、交通信息发布网站、手机导航客户端软件等。其主要效果体现在：

(1)准确的交通数据采集,精细的路网状态判别。支持精细化判别交通状态,可区分通畅、缓慢、拥堵3种状态,判别周期≤5 min。

(2)利用交警优势,发布特色信息,包括临时管制、临时调流、单行线、分时段交通控制,交通事件、管制、施工、气象信息等。

(3)基于位置的交通信息发布。导航客户端基于出行者的当前位置,及时将信息服务中心发布的道路拥堵情况、旅行时间、交通管制、事件、气象等信息有选择地向出行者进行语音播报。

(4)基于微博的自动摘录,语音播报。

此终端管理系统精确度高,对于产品的相关参数要求严格,相关参数的数据如下:

(1)城市级海量交通数据的检索响应时间<3 s。

(2)交通状态判别准确度>95%。

(3)实时动态路径规划计算周期<3 s。

(4)交通信息发布周期1~5 min可调。

(5)云数据平台具备服务器冗余机制,单台服务器故障不影响系统正常运行。

(6)云数据平台单台服务器支持的并发访问数不低于1 000,具备平滑扩容的能力。交通信息服务支持互联网、IOS和Android智能手机、PAD、微博等发布形式。

3. 产品的实际应用

2014年青岛世界园艺博览会于青岛市李沧区东部的百果山森林公园举办,举办期间,海信的交通信息服务平台综合集成了交通行业信息资源,形成了覆盖世园会周边的交通运行监测与指挥体系、面向出行者的动态交通信息服务体系,构建了具有平行交通管理与控制的人工交通系统,提升了世园会周边整体的交通运行的效率和管控能力,为世园会的顺利举办提供了有力的支撑,图6.23为交通信息服务系统的服务范围。

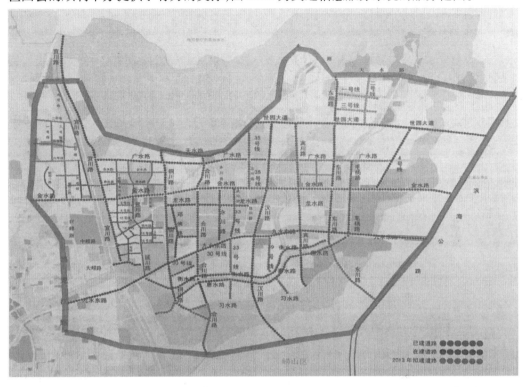

图6.23　交通信息服务系统的服务范围

结合自身的特点和本次世园会的具体情况,海信网络科技制定了一系列的建设内容,发布了多个平台的具体作用,图6.24为交通信息服务平台的建设内容框架。

专为世园会开发的交通信息服务平台是在交警支队指挥中心数据的基础上,开发了微信发布功能,实现了微信的实时路况查询、拥堵指数发布、路况上报、机动车查询、驾驶证查询、违法查询、手机号更新、自助移车等功能,配套购置移动终端,为社会公众提供交通信息服务。

通过服务平台,主要可以实现以下功能:

(1)路况效果。

基于定点检测器的路况计算系统与基于电警采集过车数据的路况计算系统,结合世园会周边的道路交通流特征,采用线圈、微波、视频复用3种方式进行交通信息综合采集,实现路况判别,提供实时准确的交通路况,有效诱导出行。

(2)诱导发布。

在进出世园会的主要道路交叉口、高速公路的出口设置5处交通诱导屏,按需发布实时路况、管制信息、拥堵信息、事故信息及停车场剩余泊位信息等内容。

(3)微信服务。

微信发布实现了实时路况查询、拥堵指数分布、路况上报、机动车查询、驾驶证查询、违法查询、手机号更新、自助移车等功能。基于微信的路况信息（包括高点视频路况截图实时发布和地图路况实时发布）可以让出行者及时直观地了解路况,选择合适的出行路线。另外,基于微信的车驾管信息查询、定制服务,为驾驶员及时提供车辆违法、驾驶证年审等提醒信息,以便驾驶员及时了解车辆及驾驶证的当前状态,同时节省了短信定制的费用。

图 6.24 服务平台的建设内容框架

本章参考文献

[1] 王笑京.新一代智能交通系统的技术特点和发展建议[J].工程研究——跨学科视野中的工程,2014,6(1):37-42.

[2] DIMITRAKOPOULOS G, DEMESTICHAS P. Intelligent transportation systems: systems based on cognitive networking principles and management functionality[J]. IEEE vehicular technology magazine, 2010,5(1):77-84.

[3] JAYAKRISHNAN R, MAHMASSANI H S, HU T Y. An evaluation tool for advanced traffic information and management systems in urban networks[J]. Transportation research part C: emerging technologies, 1994, 2(3):129-147.

[4] 杨晓光.中国交通信息系统框架体系研究[J].公路交通科技,2000,17(5):50-55.
[5] 郑芳芳.公众出行交通信息服务系统及关键问题研究[D].成都:西南交通大学,2005.
[6] 赵祥模,惠飞,史昕,等.泛在交通信息服务系统的概念、架构与关键技术[J].交通运输工程学报,2014(04):105-115.
[7] 席申娥.基于物联网需求的区域交通信息网络布局与管理研究[D].武汉:武汉理工大学,2013.
[8] 梁晓彬.智能交通服务系统设计与实现[D].洛阳:河南科技大学,2014.
[9] 贾丹.先进的交通信息系统的研究[D].大连:大连海事大学,2002.
[10] 戴春妍.浅谈先进的智能交通信息服务系统[J].城市建设理论研究:电子版,2013(4).
[11] 高颖.面向共用信息平台的交通信息系统关键技术及应用研究[D].长春:吉林大学,2004.
[12] 罗玉柱,朴立华.浅谈先进的交通信息系统[J].石家庄铁路职业技术学院学报,2008(01):35-39.
[13] 李晓斌.交通出行信息服务平台及其关键技术应用研究[D].广州:华南理工大学,2010.

第7章 交通控制与诱导系统

道路交通的畅通依赖于交通管理执行法律或行政性的管理措施,利用交通标志、标线、信号控制、诱导信息与工程技术手段,调控道路上的行车、停车、行人和道路使用。因此,在现代交通管理中,交通管理与交通控制是一个有机结合的整体,交通管理包含交通控制的内容,按其所实施的措施是否具有法律意义,在性质上可分为两类:

第一,在交通法规中制定的具有法律意义且必须强制执行的管理措施,为维护交通秩序,保障交通安全所必需的基本交通规则。

第二,改善交通状况的工程技术措施,譬如单向交通、公共交通专用道、诱导信息、限速、限行、停车管理等技术措施,不具有法律意义,必须由交通管理部门设立具有法律意义的交通标志或标示等具有法律意义的管理措施,或依靠经济手段来诱导执行,才能强制实施。

先进的交通管理系统和先进的出行者信息系统的核心部分是智能化的交通控制和交通诱导,其基础为动态交通分配。交通信号控制、出行诱导与动态交通分配的结合研究,有助于深化智能交通系统在现实路网中的作用,对解决道路拥挤问题具有深远的意义。

7.1 交通信号控制的设置

无信号控制交叉口,设置停车或让路标志的交通量达到最大通行能力时,交通流因停车造成延误增加,需要增设交通信号控制,根据路网通行能力与交通的流量、流向等路网负荷调整信号控制参数分配通行权,使不同交通组成、不同方向的交通流有序高效地通过交叉路口。按控制方法分定时控制、感应控制、自适应控制;按信号控制系统的工作范围可以划分成单点控制、干线协调控制(也称绿波系统)、区域协调控制。从整体控制效果上来看,干线协调控制与区域协调控制比单点控制更具优势。

如果交叉口之间距离近,交通流量大,车辆在交叉口遇红灯时停车等待造成的排队过长,会引起二次停车延误,并影响相接的交叉口的通行效能。同时,因信号控制系统参数设置不合理,造成车辆走走停停,频繁启动加速刹车,发动机尾气排放恶劣。干线协调的目的是减少车辆在各个交叉口上的停车时间与次数,特别是使干道上的车辆能够畅通行驶,是把主干道上若干连续交叉口的交通信号的配时方案进行相位差、周期的协调控制,使车辆通过这些交叉口时,减少遇上红灯的概率,提高整个主干路的通行能力。确定线控系统相位差的一种传统方法是图解法,其基本思路是:通过几何作图的方法,利用反映车流运动的时间-距离图,初步建立交互式或同步式协调系统,然后再对通过带的速度和周期时长进行反复调整,从而确定相位差,最终获得一条理想的绿波带,即通过带。车辆通过第一个交叉口后,按一定的车速行驶,到达以后各交叉口时再遇上红灯的概率较低,减少停车次数与延误,线控制可分为有电缆线控、无电缆线控。

区域协调控制以某个区域中所有信号控制交叉口作为协调控制的对象,通过优化相位差,提高区域的通行效率。对范围小的区域,可以集中控制整个区域的信号机;范围大的区域,则需要分区分级控制,由几组干线协调控制系统组成的分级集中控制系统,分区的结果使面控制成为一个由几条线控制组成的分级集中控制系统,这时,可认为各线控系统是面控制系统中的一个单元;有时分区还会成为一个由点、线、面控制的综合性分级控制系统。

高速公路交通控制系统是对高速公路上匝道(进出口)、交汇和行驶速度进行控制的系统。在高速公路匝道上设有信号灯或可变标志,当高速公路上车辆阻塞或车流达到饱和容量时,通过控制入口处的信号灯或可变标志限制车辆驶入。在发生交通事故或遇有施工等紧急情况时,也限制车辆驶入或驶出,或完全关闭匝道。对于刚驶入高速公路匝道的车辆,靠匝道上的信号机引导进入干线,以保证交汇时的安全。设在高速公路上的各种可变标志,随时给驾驶人员提供道路上的车辆阻塞度、速度限制、路面湿度和冰冻状况、交通事故和施工等情报,保证车辆按规定速度行驶。

7.2 交通诱导系统

交通信息服务系统满足驾乘人员、出行者、公众和交通部门对交通信息的各种需求,使交通参与者的交通行为更具有科学性、计划性、合理性,提高整个交通运输系统的社会效益和经济效益。交通诱导系统把人、车、路综合起来考虑,根据出行者的起讫点向道路使用者提供最优路径、路况等实时交通信息,实现交通流在路网中各个路段上的合理分配,在交通拥挤的情况下,路径优化选择尤为重要。最优路径采用的技术是通过对比多条路径,进而找到最小出行费用的路线,出行费用可以用出行时间、出行距离或者交通拥挤度等来度量。交通诱导系统组成如图7.1所示。

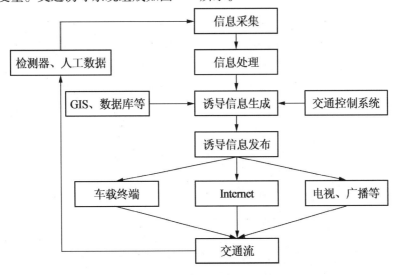

图7.1 交通诱导系统组成

交通诱导系统中动态交通信息服务情况见表7.1,交通诱导系统的实现取决于出行者对诱导信息做出的反应,其目标主要有两个:

(1)交通诱导系统可以均衡分配道路网上的交通流量,使道路网的综合交通能力达到最充分利用。

(2)交通诱导系统减少行驶时间,缩短每辆车行驶的距离。交通诱导系统仅仅是给出行者提供信息和建议,出行者并不一定遵循。

表7.1 动态交通信息服务

序号	媒介	信息	备注
1	手机	路况、停车、管制、事故	文字、图片
2	车载动态导航	路况	路阻参数、短信
3	可变信息板	路况、停车	内容少
4	车路协同车载终端	交通信息服务	研发阶段
5	Web	交通信息服务	建设复杂,数据量大
6	电话呼叫中心	交通信息服务	人工查询
7	广播/电视	道路、路况、事故、停车	信息源受限

7.3 交通控制与诱导

7.3.1 交通控制与诱导的关系

交通控制和交通诱导是智能交通系统的核心部分,是城市交通管理系统的重要组成部分,两个系统都是对由人、车、路、环境组成的交通流进行管理。交通诱导为出行者提供最优路线,需要考虑道路的拥挤度和延误最小,而信号控制系统造成的车辆停车与延误,影响交通诱导策略与出行者的选择,从而又会影响其他路线的交通状态与信号控制。因此,在制定交通诱导策略时必须考虑交通控制的影响,交通控制和交通诱导是互为影响的,是不可分割的。在交通网络平衡过程中把出行者路径选择与信号控制策略的相互影响考虑进来。

1. 交通控制与交通诱导的一致性

为了保障道路的畅通,降低道路拥挤程度,缩短出行者的行驶时间,就要合理地疏散拥挤路段的交通流量,调整道路网的流量使之趋于平衡,主要有两个方法:

(1)诱导部分车辆绕行或者减少出行,避开拥挤路段。

(2)通过交通控制,提高道路的通行能力。

交通控制与交通诱导互相配合的效果一定优于单个系统独立工作产生的效果。交通诱导可以对信号控制不能处理的路段堵塞、拥挤现象、突发的交通事件通过合理的引导,减少交通流量,从而减轻交通堵塞。在交通管理中应充分发挥诱导的作用,同时充分考虑控制方案与诱导策略之间的相互影响,即控制系统与诱导系统的之间的耦合关系。从系统整体及相互联系上都应当综合起来研究。控制与诱导措施必须要采取统一的策略,主要原因如下:

(1)控制与诱导互为输入和约束,是不可分割的。对交通控制而言,是对诱导形成的交通量进行的优化控制。交通控制决定了车辆在交叉口的延误和路段行驶时间。路段行驶时间是交通诱导系统的基础,影响司机对行驶路线的认可程度,驾驶员的线路选择决定各个路段和路口的车辆到达的时间和数量。

(2)诱导和控制是分别从空间、时间两个不同方面对网络交通流进行有效管理的两种不同手段,是相辅相成的。前者的本质是对路网上即将通过的交通流量的空间分布进行调整,后者是对路网上已经发生的交通流量的时间分布进行调整。对于一个特定的道路网络,其时间、空间两方面的管理和控制是不可分离的,缺少任意一个都是片面的,不完整的。

(3)控制和诱导可以建立在共同的子系统之上,交通流检测系统、道路信息采集系统、数据通信系统都是控制系统和诱导系统正常运行所必需的支持子系统。

(4)从目标来看,两者都是以减少车辆的延误时间、缩短行驶时间、提高网络的实际通行能力为目的。

综上所述,诱导和控制是有机、和谐的统一,二者互相制约、互相影响。诱导是对控制的补充,而控制是对诱导的制约。因此,控制和诱导一体化是必要的和可行的。

2. 交通控制与交通诱导的差异性

交通控制与交通诱导虽然有着密切的关系,但是它们之间也存在着不同。

(1)交通控制具有被动性和强制性。交通控制是对路网上已经产生的车流进行管理,路网上的车辆必须遵守信号和管制措施,所以是一种被动管理;路网上的车辆必须遵守,所以它又是一种强制性的管理。

(2)交通诱导具有主动性与灵活性。交通诱导通常是对路网上即将产生的车流分布进行管理,是一种主动管理;交通诱导仅仅是提供信息,出行者可以选择服从或不服从,是一种灵活性的管理。

(3)交通控制与交通诱导在交通管理中所起的作用和实现的目标不同。交通控制侧重于道路通畅,即控制效果主要表现在交通流流动过程中的性能参数上,常用车辆通过路口的延误时间作为决策依据和评价指标。交通诱导则侧重道路网流量均衡,以一定的道路通行能力下车辆在各路段上的行驶时间为依据,根据道路网络平衡的方法提示驾驶员选择合理的路线、时间等,即诱导效果主要表现在路网实时状态、交通流向的均衡性。

3. 交通控制与诱导研究方法

交通控制优化能够帮助服从诱导的车辆顺畅通过路口,不仅能改善路网性能,减少其停车次数,也可以提高驾驶人对诱导系统的服从率和信任程度,从而使路网运行处于良性循环。交通控制与交通诱导的结合可以有效实现交通管理系统的资源整合。交通控制和交通诱导一体化模型一般都是以其中的一种管理方法——控制或诱导为主,而将另一种作为外生变量或约束条件,这是一种改进的控制或诱导的方法。Smith and Ghal(1991)提出了估计交通控制系统和路线诱导策略的动态分配模型。Nathan H 将信号控制分为六个层次的自适应的控制策略,利用动态交通分配模型进行预测,该模型需要给出诱导路段预先制定的相应动态控制策略。

交通控制和诱导真正结合模型可以从两个不同的角度去考虑。第一种是将控制方案与诱导方案作为系统的控制分量,综合控制与诱导的所有状态方程和约束作为系统的状态方程和约束,以路网的总体指标为最优指标,并通过各种静态的或动态的优化方法进行求解,获得控制、诱导的最优策略。第二种是借鉴系统递阶控制的思想,在较低的层次上分别对诱导、控制的优化问题进行求解,在较高的层次上对二者的优化结果进行交互式协调,并将协调的结果返回到底层上。作者认为各种协调的方法无优劣之分,具体使用什么方法要根据具体的路网情况和要达到的目标的不同等条件去选择。

控制和诱导结合的研究理论基础是动态交通分配,主要分为两类:数学解析方法及计算机仿真方法,而数学解析方法又包含数学规划模型、最优控制理论模型及变分不等式模型等三种。由于无论是何种数学分析方法,都需要应用路段阻抗函数模型或流出率函数模型对交通流传播机制进行描述,而且函数模型也不可能考虑到所有能够对交通流传播产生影响的参数,因此动态交通分配的结果都很不理想。另外,数学解析方法的动态交通分配模型在应用到大型路网时,计算维度巨大,模型求解困难,致使在实际应用过程中的难度加大。基于计算机仿真的动态交通分配方法通过不断的仿真迭代,确定 OD 间的最优路径,最大的优点在于两点:

① 克服了数学解析法对交通流传播描述机制拟合度的依赖。

② 在计算机硬件性能达到需求的前提下,基于仿真的动态交通分配方法能够完美应用于实际生活中的大型路网。

关于信号控制、交通诱导与动态交通分配结合,主要是通过将 $M-N$ 模型、最优化模型及 VI 模型与信号控制、路径决策模型结合,组建双层模型来进行研究,此类模型均假设实时的交通需求已知,而交通控制与诱导在现实生活中是一个人人参与的能动过程,瞬时的交通需求会因为某些人为原因等严重影响人们的出行规律。其中交通控制与交通诱导结合的示意图如 7.2 所示。

为能够充分发挥交通信号控制系统、交通诱导及动态交通分配理论三者在城市交通中的重要作用,通过构建包含基于仿真的动态交通分配思想的微观仿真平台,在微观与宏观层面上同时进行路网交通优化,即在实现高峰小时城市路网流量最大化均衡分布的基础上,得到实时的最优高峰小时交通诱导及信号控制管理方案。基于动态交通分配的诱导及信号控制系统总体设计框架如图 7.3 所示。

将动态 OD(实际为小时段离散的高峰小时静态 OD)加载到该平台,得到各小时段的出行量。通过基于仿真的动态交通分配方法得到的路网流量均衡分布的路径诱导信息传递给出行者,进而产生道路网流量。根据信号控制适应交通诱导的思想,通过各交通子区状态判别,对当前子区交通情况进行相应的信号控制优化(单点优化,干线协调优化,区域优化等)。整个研究时段的区域诱导及信号控制方案的制订是以划分的离散小时段为基本操作元,每实施完上一离散小时段的诱导及信号控制策略,随着车辆在策略下的运行,实施效果会立即反映到下一离散小时段的路网运行状态中。微观仿真平台诱导及信号控制系统分析反馈过来的实施效果(即每一交通子区状态)后,会相应制定下一离散小时段的诱导及信号控制策略,实现信息反馈,并按时间轴逐步推进,最终得到最优的整个高峰小时的实时交通诱导及信号控制管理方案。

动态交通分配将整个路网划分为 M 个交通子区,并将研究时段平均划分为 N 个离散小时段,然后根据 i 个离散小时段的动态交通分配的结果进行驾驶员出行诱导,依据具体的起讫点,推荐最优路径。在第 i 个离散小时段,驾驶员按照推荐路径出行后,运用相应的交通子区交通状态判别方法判断出行诱导后各子区的交通流运行状态,根据各子区不同的交通状态(畅通、轻度拥挤、拥挤及拥堵),制定相应的信号控制策略。实施完毕第 i 个离散小时段相应的诱导及信号控制方案后,转入第 $i+1$ 个离散小时段,再次运用基于仿真的动态交通分配过程,并在上一离散小时段交通运行的基础上,实施该阶段内新的出行诱导服务,并再次通过交通子区交通状态判别方法判断此时的各子区交通状态,进行第 $i+1$ 个离散小时段的信号控制策略,直至完成整个研究时段路网诱导及信号控制方案制订。

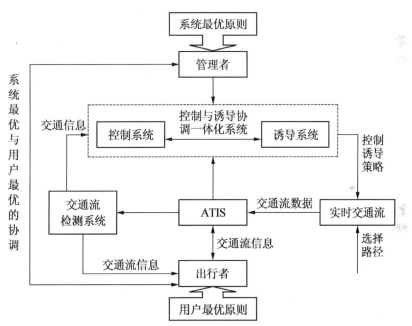

图 7.2 交通控制与交通诱导的结合

7.3.2 交通控制与诱导的驾驶人因素

诱导系统是通过对交通出行的主动疏导改变路段上的交通流量分布,由于出行者可以忽略,其准确性是基于驾驶员选择的,因此可靠性不能确定。交通管理以系统最优、路网总的通行能力为控制目标,保证系统的全局旅行时间最短,但同时也会引导少数出行者进入非最短时间路径,这势必引起出行者的反感,甚至拒不接受路径诱导,降低系统的可控性。

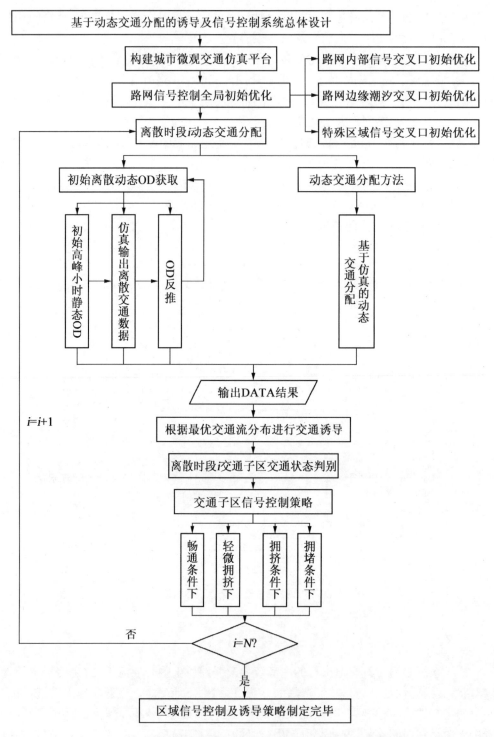

图 7.3 基于动态交通分配的诱导及信号控制系统总体设计框架

试验表明,驾驶员不都是按照诱导信息提供的路线、限制速度行驶,因此在交通管理中必须要把驾驶员的因素考虑进去。交通流分析模型必须要考虑驾驶员是否服从诱导的问题,在模型分析的交通量预测中引入驾驶员因素,计算驾驶员服从诱导的比率对交通的影响,提高预测的准确性。控制与诱导的效果可以根据监控信息与车载设备的反馈进行评价并及时地调整。

在驾驶员出行时,通过设置路径诱导信息提示标志(仿真模型中称之为模拟绕行信息标志)将系统推荐路径传达给驾驶员,结合相应的驾驶员行为模型参数等进行出行诱导。

7.4 路网交通状态判别

交通管理是在对路网实时交通状态判别的基础上,根据当前路网状态,对外发布实时路况信息和诱导信息、调整信号控制系统的参数等。路网的交通状态主要与路网内交通流的分布情况有关,路网交通流分布通常受到出行日性质、区位、费用与出行距离、路网交通管制等因素的影响,通常这些因素都间接或直接对人们选择出行路径产生影响,从而影响路网状态,通过分析以上影响因素,为路网状态判别和预测提供思路。

路网交通状态预测根据不同时长的预测尺度,满足不同应用的需求。长期预测应用于路网交通规划,为规划扩建或新建道路提供依据。中期预测是指预测尺度间隔大于 15 min 至数小时的交通状态预测,与路网交通控制相比,路网交通诱导和信息服务所需的时间尺度较长,常将路网交通状态中期预测结果作为制定路网诱导策略和信息发布的依据,而对与出行者而言,希望获得出行时间范围内的路网交通状态预测信息,以便制定合理的出行路线,达到缩短出行时间的目的。可见,中期预测是路网交通管理的一个重要参数指标。

短期预测是指预测尺度间隔小于 15 min 的交通状态预测,短期交通预测常被应用在路网交通控制方面,交通控制系统需要对路网交通流进行实时控制,需要短期的交通状态预测信息,便于对控制方案在线实时调整。

7.4.1 交通状态的分类

交通状态量化应用最为广泛的是"服务水平"这一概念,是用来描述道路中车辆间的运行条件以及驾乘人员对道路交通流状态的主观感受的一种质量测度。交通状态一般分为五个等级:畅通、基本畅通、轻度拥堵、中度拥堵、严重拥堵。目前,用于描述道路交通状态的交通流参数可以分为路段交通流参数和路网交通流参数,其中路段交通流参数主要包括交通流量、速度和占有率,路网交通流参数主要包括路网饱和度、路网畅通率和路网连通性。

(1)路网饱和度。

路网饱和度是用来表示路网内部承载交通需求的负荷程度,是体现路网交通需求与供给的平衡程度指标,同时也是反映在不同交通状态下路网服务水平的重要指标,且与服务水平呈负相关。一般用道路的实际交通量与道路基本通行能力的比值表示道路饱和度,路网饱和度反映的是路网内各路段饱和度的总体情况,其公式如下

$$S = \frac{\sum_{i=1}^{N} s_i L_i}{\sum_{i=1}^{N} L_i} \tag{7.1}$$

式中　S——路网饱和度；

　　　s_i——路段饱和度；

　　　L_i——路段长度。

(2) 路网畅通率。

路网畅通率是反映路网交通运行质量的宏观统计指标，将状态判别间隔内路网状态处于畅通状态的道路长度总和与路网内部所有道路总长度的比值定义为路网畅通率，公式如下

$$F = \frac{\sum_{i=1}^{N} \theta_i L_i}{\sum_{i=1}^{N} L_i} \tag{7.2}$$

式中　F——路网畅通率；

　　　θ_i——参数，其中当交通状态处于畅通和基本畅通时取 1，处于其他状态时取 0；

　　　L_i——路段长度。

(3) 路网连通性。

路网连通性最早用于公路网规划的研究中，描述两个交通小区之间交通联系强度的指标。运用图论的方法对路网的连通性进行分析，路网连通性反映路网内部各节点的连通情况和结构特点网络的结构特性。

定义图 $G(V,E)$，其中 V 表示高速路网所有互通节点集合 $V = \{v_1, v_2, \cdots, v_m\}$，$E$ 表示高速路网中相邻节点之间的路段集合 $E = \{e_{ij} | e_{ij} = (v_i, v_j), i,j = 1,2,\cdots,m; i \neq j\}$。

为了分析路网中各节点的连通性，定义在图 $G(V,E)$ 中，用 a_{ij} 表示 G 中节点 v_i 与节点 v_j 之间的连接状态，则由 a_{ij} 组成的 m 阶方阵 $M(G) = (a_{ij})_{m \times m}$ 称为 G 的邻接矩阵。定义一个由点和边交替出现的有限非空序列 $W = v_0 e_0 v_1 e_{12} v_2 \cdots e_{k-1 k} v_k$ 称为从 v_0 到 v_k 的一条路径。

$$M(G) = (a_{ij})_{m \times m} = \begin{cases} 1 & i \text{ 和 } j \text{ 相连} \\ \infty & i \text{ 和 } j \text{ 不相连} \\ 0 & i = j \end{cases} \tag{7.3}$$

路网的连通性是指路网内的控制点通过路段彼此连接的强度。以往对路网连通性的研究多集中在公路网规划的评价中，用路网中连通节点的边数、路网中的回路数、直线系数等指标来描述节点间的连通度，这些指标是静态的，是从结构上反映路网的连通性，而路网交通流在运行时是动态的。因此在路网连通性评价时，应结合路网当前的通阻状态，从状态和结构上动态地反映路网的连通性。

在一般的路网中，定义从某点通过边到达相邻的另一点的行为称为一次行走。在不考虑距离、路网状态的影响下，任意两个存在路径的节点可以经过有限次的行走而达到连通。因此，本文提出一种新的定义节点连通度的方式，以路网中从节点 i 出发途经不同

的节点到达节点 j 所需的最小行走次数来描述节点的连通度,从而构建路网连通度矩阵 $D(G)$,其中:

$$D(G) = (l_{ij})_{m \times m} = w(v_i, v_j) = l_{ij} = \begin{cases} n & i \neq j \text{ 且从节点 } i \text{ 到节点 } j \text{ 存在路径} \\ 0 & i = j \\ \infty & \text{从节点 } i \text{ 到节点 } j \text{ 没有路径} \end{cases} \quad (7.4)$$

当路网中没有车辆行走时,此时路网的连通度是最优的,这里是指连通状态的最优,不是结构上的最优。当路网中有车辆运行时,各路段会随着交通量的不同而呈现出不同的交通状态,路网的连通度会随着阻断(或严重拥堵)路段数量的增多而呈下降趋势。

因此,可以通过比较当前交通状态下的连通度矩阵与基础连通度矩阵的不同,寻找出连通性能下降的节点,来反映路网的交通状态,具体流程如图7.4所示。

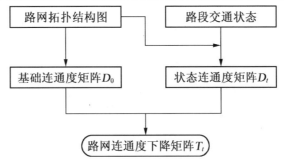

图 7.4 路网连通度判别流程图

连通度矩阵的求解可以转化为,求边权为1的拓扑图内部任取的两点间路径最短问题,本文运用 Floyd 算法来求解连通度矩阵。Floyd 算法是通过对加权图中插入顶点的方式,寻找任意两点之间最短路径的求解方法,也称为插点法。其算法步骤如下:

步骤1:初始化 $k = 0$,取 m 阶矩阵 $M^{(0)} = (a_{ij}^{(0)})_{m \times m}$,称为 G 的邻接矩阵。

步骤2:计算连通度矩阵 $D^{(k)} = (l_{ij}^{(k)})_{m \times m}$,其中 $l_{ij}^{(k)}$ 表示从点 v_i 到 v_j 之间所有路径中最短的长度,且路径中每个点的编号都不大于 k。已知 $D^{(k-1)} = (l_{ij}^{(k-1)})_{m \times m}$,可得:$l_{ij}^{(k)} = \min\{l_{ij}^{(k)}, l_{ik}^{(k-1)} + l_{kj}^{(k-1)}\}$。

步骤3:当 $k = m$ 时,终止算法并输出 $D^{(k)}$,否则转至步骤2。

步骤4:运用 Floyd 算法求得路网基础连通度矩阵 D_0 和 t 时刻路网状态连通度矩阵 D_t,定义矩阵 $T = (t_{ij})_{m \times m} = D_t - D_0$ 为路网连通性下降矩阵,表示路网在 t 时刻的交通状态下,节点连通度的变化。

路网交通流运行时,随着路段阻断数量的增加,会出现节点或者路网的不连通现象,即 $l_{ij}^{(t)} = \infty$,这将影响后续路网连通度变化的计算,需要将其替换为常数。

根据连通图的性质,至少需要 $n - 1$ 条边才能将 n 个顶点连通。对于边权为1连通图中任意两节点间的最短路径长度 $1 \leq l_{ij} \leq n - 1$,可以得出矩阵 T 中连通度 t_{ij} 的变化范围 $1 \leq t_{ij} \leq n - 2$。因此,可以将连通度下降矩阵 T 更新为

$$T = D_t - D_0 = (t_{ij})_{m \times m} = \begin{cases} l_{ij}^t - l_{ij}^0 & l_{ij}^t - l_{ij}^0 \neq \infty \\ m - 1 & l_{ij}^t - l_{ij}^0 = \infty \end{cases} \quad (7.5)$$

根据连通度下降矩阵 T，可以求得在当前交通状态下路网连通度变化指数 P，公式为

$$P = \frac{\sum_{i=1}^{m}\sum_{j=1}^{m} t_{ij}}{m(m-1)(m-1)} \quad (7.6)$$

式中　P——路网连通度变化指数；

　　　m——路网拓扑节点数；

　　　t_{ij}——路网节点连通度的变化值。

7.4.2　路网交通状态判别与预测

根据道路网层次特性,将路网划分为路网层、道路层、路段层三个层次。路网层是指交通状态判别区域内的路网整体状态(交通指数),主要体现路网宏观交通运行状态,可根据管理需要将路网按照行政区划划分为若干个子路网。道路层是指与路网内的单一道路、快速路、主干路等的交通流的运行特性具有较强的相似性,道路层是连接宏观路网层与微观路段层交通状态的"桥梁",可实现交通状态由微观层向宏观层的过渡。路段层是指以路段交叉口为控制点的道路的局部路段,是路网整体交通状态判别的基础,其状态判别的准确性直接影响着最终路网整体状态的结果。

通过路段交通流量和速度数据,实现对路段状态的判别,在此基础上对路网内部连通特性进行分析,并结合畅通率、饱和度等交通参数实现路网层面的状态判别,路网交通状态判别思路如图7.5所示。

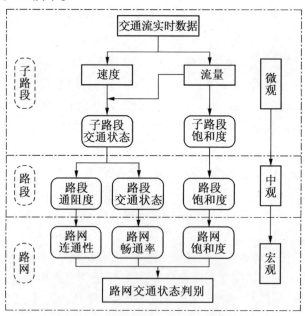

图7.5　路网交通状态判别思路

路网交通状态的预测实质上是对未来时刻路网中各路段的交通状态进行预测,根据预测手段的不同可以划分为两大类:直接预测和间接预测,如图7.6所示。

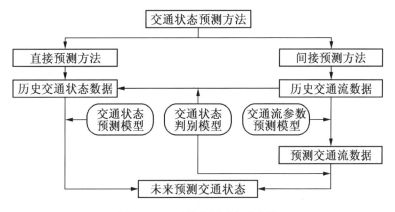

图7.6　交通状态预测方法分类

交通状态的直接预测和间接预测都是基于历史和当前的交通数据对未来时刻交通状态进行预测,不同的是两者预测选择数据的切入点不同,前者直接以"状态"作为变量进行预测;后者则是将间接反映状态的"交通流参数"作为变量进行预测,之后对预测结果进行分类,在预测步骤上相对复杂。

间接预测方法通过对路网交通需求与分布的预测,结合路网交通流分配理论,完成路网交通流量预测,之后结合交通状态判别方法,实现路网交通状态的预测,如图7.7所示。

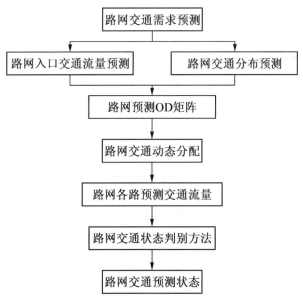

图7.7　路网交通状态预测思路

路网是一个复杂、高度随机、时变的系统,对路网状态进行判别会涉及路段和路网不同层次的交通参数,本文在对路网状态判别时,首先根据交通流检测器采集的流量、速度数据采用模糊聚类算法计算得到五种状态的中心以及各路段的隶属度,然后根据最大隶属度原则,实现对子路段交通状态的判别以及子路段饱和度的计算。在此基础上,根据子路段当前的交通状态,可以得出路段的通阻情况,运用加权平均的方法得出路段层面的交通状态以及路段饱和度。之后,根据路段的通阻情况运用图论的方法可对路网的连通性进行拓扑分析,找出路网中连通性能下降的节点,根据路网中连通性下降节点的比率、路网畅通率、路网饱和度三项指标,运用模糊综合评价法,实现对高速路网当前交通的判别,具体思路流程如图7.8所示。

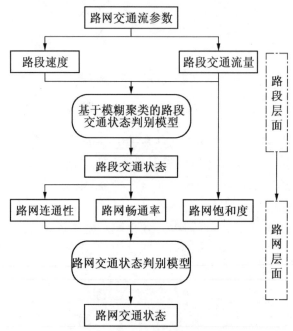

图7.8 路网交通状态判别流程

1. 路段交通状态判别

随着近年来高速公路交通监测系统的逐步完善,管理部门已经积累了海量的交通流数据,这些海量、随机的交通流数据隐含着大量待挖掘的交通信息。路网交通状态判别正是可以从这些数据中挖掘出具有一定时空规律的信息,实现对路网交通状态的分类,因而交通状态判别实质上是一种模式分类的问题。

(1)模糊聚类分析方法介绍。

由于交通状态在类别区分方面具有模糊不清的特性,特别是在分类界限附近的数据,其状态的归属难以区分,因此本文在对路段层的状态判别时采用模糊聚类算法求解各类状态的聚类中心和路网内部各路段状态的隶属度,之后根据最大隶属度原则,实现对路段交通状态的判别。

传统的聚类分析是根据各目标样本之间的相似度将待分类样本划分为有限的几个种类,该算法要求各样本在聚类时必须划分到唯一的某种类别中,也就是说每个样本只能属于其中的一种类别,对于其他类别的关系均为不属于,也可称为硬聚类法,合理的聚类结果通常是每个子类中的样本具有较强的相似性,不同子类之间的样本相似性较低,算法具有较高的计算效率和样本分类明确的优点,但由于算法切断了样本之间的关联,在样本归类的中介性表现不足,致使结果与实际情况有差异。

模糊聚类分析是把各样本对每个类别的归属程度由属于和不属于(用 0 表示不属于,1 表示属于)扩展到样本与每个类别都存在隶属关系且隶属取值区间为 $[0,1]$,该方法考虑了各样本间的关系,对处于两类边缘的样本进行了优化,更好地反映了实际中样本具有的模糊特性。在实际应用中,由 Bezkek 提出的模糊 C 均值聚类(Fuzzy C - Means,FCM)理论最为成熟,应用广泛。

定义样本集 $X = \{x_1, x_2, \cdots, x_n\}$,其中每个样本 $x_i = \{x_{i1}, x_{i2}, \cdots, x_{ik}\}$,将该样本集按照一定的规则划分为 c 个模糊子类,隶属度矩阵 $\boldsymbol{\mu}$ 和聚类中心向量 $\boldsymbol{K}$ 表示如下

$$\boldsymbol{\mu} = \begin{cases} \mu_{11} & \mu_{12} & \cdots & \mu_{1n} \\ \mu_{21} & \mu_{22} & \cdots & \mu_{2n} \\ \vdots & \vdots & & \vdots \\ \mu_{c1} & \mu_{c2} & \cdots & \mu_{cn} \end{cases} \tag{7.7}$$

$$\boldsymbol{K} = \{k_1, k_2, \cdots, k_c\} \tag{7.8}$$

其中,μ_{ij} 表示样本 x_j 对子类 k_i 的隶属度,由各隶属度构成的矩阵 $\boldsymbol{\mu}$ 需满足:

① $\forall j, \sum_{i=1}^{c} \boldsymbol{\mu}_{ij} = 1$,即单一样本 x_j 对各类别 k_i 隶属度的和为 1。

② $\forall i, 0 < \sum_{j=1}^{n} \boldsymbol{\mu}_{ij} < n, 0 \leq \boldsymbol{\mu}_{ij} \leq 1$ 即每个模糊子类 k_i 中至少有一个元素。

那么,FCM 算法的一般描述为

$$\min J(\boldsymbol{\mu}, \boldsymbol{K}) = \sum_{i=1}^{c} \sum_{j=1}^{n} (\boldsymbol{\mu}_{ij})^m d_{ij}^2 \tag{7.9}$$

式中 m——加权指数,$m \geq 1$,影响隶属度矩阵的模糊性;

d_{ij}——样本 x_j 元素属性到子类 i 聚类中心 k_i 的欧氏距离,$d_{ij} = \|x_j - k_i\|$,$i = 1, 2, \cdots, n$。

模糊 C 均值算法的目标是寻找 $\boldsymbol{\mu}$ 和 $\boldsymbol{K}$,使得 $J(\boldsymbol{\mu}, \boldsymbol{K})$ 最小,其算法步骤如下:

步骤 1:初始化模糊子类数 c、加权指数 m、收敛阈值 ε、聚类中心 $\boldsymbol{K}^{(0)}$、迭代次数 $b = 0$。

步骤 2:计算隶属度矩阵 $\boldsymbol{\mu}^{(b)}$

$$\boldsymbol{\mu}^{(b)} = \frac{1}{\sum_{k=1}^{c} \left(\frac{d_{ij}^{(b)}}{d_{kj}^{(b)}}\right)^{\frac{2}{m-1}}} \tag{7.10}$$

步骤 3:计算模糊聚类中心 $\boldsymbol{K}^{(b+1)}$

$$k_i^{(b+1)} = \frac{\sum_{j=1}^{n} (\boldsymbol{\mu}_{ij}^{(b)})^m x_j}{\sum_{j=1}^{n} (\boldsymbol{\mu}_{ij}^{(b)})^m}, \quad i = 1, 2, \cdots, c \tag{7.11}$$

步骤 4:若 $\|\boldsymbol{K}^{(b+1)} - \boldsymbol{K}^{(b)}\| < \varepsilon$,则计算停止,输出隶属度矩阵 $\boldsymbol{\mu}^{(b)}$ 和聚类中心矩阵 $\boldsymbol{K}^{(b)}$,不然则令 $b = b + 1$,返回步骤 2。

(2)基于模糊聚类分析的路段交通状态判别。

针对路网状态描述时具有的模糊特性,采用模糊聚类算法可以很好地实现对路网状态的判别。基于模糊聚类分析的交通状态判别流程分为数据处理阶段、聚类分析阶段、状态识别阶段3个阶段,如图7.9所示。

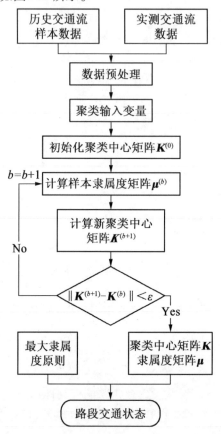

图7.9 基于模糊聚类分析的交通状态判别流程

聚类数据处理阶段选取的历史样本数据应较为全面,尽可能反映出路网中所有状态,之后将其与待分类的样本数据进行组合作为聚类输入变量,并进行预处理,以提高交通状态判别结果的准确性。

聚类分析阶段主要是将组合好的交通数据,运用模糊聚类算法对事先划分好的 c 个交通状态类别进行聚类,确定各状态子类的聚类中心和隶属度矩阵。

状态判别阶段主要是将输入的待判别数据,利用输出的各样本对类别的隶属度,选取最大值对样本进行状态分类,假设通过对组合数据进行模糊聚类求得5种状态的聚类中心为

$$K = [k_1, k_2, k_3, k_4, k_5] = \begin{bmatrix} k_{11} & k_{21} & k_{31} & k_{41} & k_{51} \\ k_{12} & k_{22} & k_{32} & k_{42} & k_{52} \end{bmatrix} \quad (7.12)$$

式中 k_{i1}——状态 i 的速度聚类中心；

k_{i2}——状态 i 的交通流量聚类中心。

运用模糊聚类求得每个样本对五种交通状态隶属度构成的矩阵为

$$\boldsymbol{\mu} = [\mu_1, \mu_2, \mu_3, \cdots, \mu_m] = \begin{bmatrix} \mu_{11} & \mu_{12} & \mu_{13} & \cdots & \mu_{1m} \\ \mu_{21} & \mu_{22} & \mu_{23} & \cdots & \mu_{2m} \\ \mu_{31} & \mu_{32} & \mu_{33} & \cdots & \mu_{3m} \\ \mu_{41} & \mu_{42} & \mu_{43} & \cdots & \mu_{4m} \\ \mu_{51} & \mu_{52} & \mu_{53} & \cdots & \mu_{5m} \end{bmatrix} \quad (7.13)$$

其中，μ_{ij} 表示样本 $j(j=1,2,3,\cdots,m)$ 对五种状态 $i(i=1,2,3,4,5)$ 的隶属度，选取每行中隶属度的最大值即完成对实测数据的状态分类。

道路是由若干路段连接而成的，可通过对各子段交通状态进行信息融合得到路段的交通状态。根据前文将路网交通状态划分为畅通、基本畅通、轻度拥堵、中度拥堵、严重拥堵 5 类，为方便路段交通状态融合，路段交通状态指数见表 7.2。

表 7.2 路段交通状态指数表

交通状态	畅通	基本畅通	轻度拥堵	中度拥堵	严重拥堵
状态指数（F_{ij}）	4	3	2	1	0

路段交通状态可以用各子路段状态指数加权平均的方式融合得到，公式如下

$$F_{ij}^t = \left[F_{ij}^{t\prime} \right] = \begin{cases} \sum_{k=1}^{n} \dfrac{l_k F_{ijk}^t}{L_{ij}} & \prod_{k=1}^{n} F_{ijk}^t \neq 0 \\ 0 & \prod_{k=1}^{n} F_{ijk}^t = 0 \end{cases} \quad (7.14)$$

式中 F_{ij}^t——路段 L_{ij} 在 t 时刻的交通状态；

F_{ijk}^t——子路段 L_{ijk} 在 t 时刻的交通状态；

$[F_{ij}^{t\prime}]$——对计算数值运用四舍五入的方法取整数；

L_{ij}——相连接的节点 i 与节点 j 之间路段的长度；

l_k——子路段 k 的长度。

2. 路网交通状态判别

路网交通状态判别是从总体上描述整个或者区域路网内交通流的运行状况，从宏观上掌握路网状态的变化趋势，为制定路网管理策略、充分发挥路网整体效能提供有效支撑。根据前文的分析，选取路网饱和度、路网畅通率和路网连通性变化指数三个反映路网宏观状态的统计指标作为路网交通状态判别的参数，考虑到路网状态的模糊特性，运用模糊综合评价的方法对路网的状态进行判别。

模糊综合评价（Fuzzy Comprehensive Evaluation，FCE）是以模糊数学理论为基础，对边界模糊、难以量化的问题进行定量分析和综合评价的方法。模糊综合评价的基本原理是：首先选取评价目标中的指标组成因素集 U 和评价集 V，然后分别确定因素集中每个

元素的权重和隶属度向量,获得评价因素与判断集合之间的模糊关系矩阵 $\boldsymbol{R}$,最后将权重集 A 与关系矩阵 $\boldsymbol{R}$ 进行模糊运算,求得综合评价集 B,它们之间的关系可以表示为:

$$B = A \circ \boldsymbol{R} \tag{7.15}$$

其评价的过程如下:

步骤1:首先选取评价目标中的指标组成因素集 U 和评价集 V。本文在路网状态判别时,选取路网饱和度(S)、路网畅通率(F)和路网连通度变化指数(P)3个指标组成的集合,如式(7.16)所示。评价集 V 指的是根据实际的需求,将评价的结果划分为若干个等级所组成的集合,本文根据实际情况将路网交通状态划分为畅通、基本畅通、轻度拥堵、中度拥堵、严重拥堵五个等级组成评价集,如式(7.17)所示

$$U = \{u_1, u_2, u_3\} = \{S, F, P\} \tag{7.16}$$

$$V = \{V_1, V_2, V_3, V_4, V_5\} = \{畅通,基本畅通,轻度拥堵,中度拥堵,严重拥堵\} \tag{7.17}$$

步骤2:确定评价因素的权重集 A。在因素集中,由于每一个评价因素对评价对象的影响程度不同,因此,需要给各评价因素确定一个权值 a_i,各个权重值组成的集合称为权重集 A。目前,确定权重的方法主要有专家打分法、层次分析法、主成因赋权法等方法,或综合运用这些方法确定权重值。

$$A = \{a_1, a_2, a_3\} \quad (\sum_{i=1}^{3} a_i = 1, 0 < a_i < 1) \tag{7.18}$$

步骤3:建立模糊评价矩阵 $\boldsymbol{R}$。在建立评价矩阵时,用 r_{ij} 表示元素 u_i 对路网状态集合 V 中的第 j 个状态 v_j 的隶属度,因素集 U 中全部的元素到路网状态集 V 的模糊映射关系所组成的矩阵,称为模糊评价矩阵 $\boldsymbol{R}$,即

$$\boldsymbol{R} = \begin{bmatrix} r_1 \\ r_2 \\ r_3 \end{bmatrix} = \begin{bmatrix} r_{11} & r_{12} & r_{13} & r_{14} & r_{15} \\ r_{21} & r_{22} & r_{23} & r_{24} & r_{25} \\ r_{31} & r_{32} & r_{33} & r_{34} & r_{35} \end{bmatrix} \tag{7.19}$$

一般地,在构建模糊评价矩阵时,常用隶属度函数来反映因素集与评价集之间的模糊隶属关系,常用的隶属度函数有正态函数、三角函数、梯形函数等,本文选用梯形函数来表示隶属关系。

步骤4:求解模糊综合评价集 B。当权重集 A 与隶属度矩阵 $\boldsymbol{R}$,运用模糊运算求得综合评价结果,即可得到综合评价集 B,即

$$B = (b_1, b_2, b_3, b_4, b_5) = A \circ \boldsymbol{R} = [a_1, a_2, a_3] \circ \begin{bmatrix} r_{11} & r_{12} & r_{13} & r_{14} & r_{15} \\ r_{21} & r_{22} & r_{23} & r_{24} & r_{25} \\ r_{31} & r_{32} & r_{33} & r_{34} & r_{35} \end{bmatrix} \tag{7.20}$$

式中 "∘"——模糊变换是一种模糊合成的运算方式。

常用的模糊变换有:主因素决定法、主因素突出法、广义加权平均法和加权平均法,本文采用加权平均法求解模糊综合评价集 B。

步骤5:根据最大隶属度原则,确定最终路网交通状态类别。

7.5 基于 TransModeler 的城市交通仿真系统

交通仿真用计算机数字模型来反映复杂道路交通现象的交通分析技术和方法,采用数字方式或图形方式来描述动态交通系统,动态地、逼真地仿真交通流和交通事故等各种交通现象,复现交通流的时空变化,深入地分析车辆、驾驶员和行人、道路以及交通的特征,对城市规划、交通工程和交通管理的有关方案进行比较和评价,分析预测存在潜在风险的地段和原因,在问题成为现实以前,尽量避免,或有所准备。

交通虚拟环境须与真实交通状况一致。当交通仿真模型建立后,为了使得仿真模型与实际系统相一致,模型能准确地描述交通问题,因此需要对模型进行评估。对仿真模型进行评估时,要从不同的方面进行校正,包括交通数据的取得、交通环境的设置等。在建立宏观仿真模型时,路网信息模型相关属性设置是否正确、道路功能与属性是否匹配、交通生成模型中参数是否选择合理、估算是否采用定性与定量相结合的方法、交通出行方式划分及各种方式折算系数是否正确等关系到需求模型的精度。微观仿真模型中,由于参数较多,因此校正模型时需要考虑多方面的参数,包括各个车道的功能、交通控制方案的设置、车辆加减速度的取值、驾驶员的反应参数、车辆的性能、车辆变换车道模型参数等。仿真模型的校正是一个复杂的过程,需要有充足的数据对模型进行验证,微观仿真模型中各种交通信息的获取及分析对模型的建立有着重要的意义,准确的交通数据也能提高仿真模型的精度,降低仿真模型的误差。

仿真工具采用 TransCAD、TransModeler 及 Synchro。TransModeler 是美国 Caliper 公司为城市交通规划和仿真开发的多功能交通仿真软件包。TransModeler 以地理信息系统(GIS)为基础,采用最新的交通行为仿真模型,能够逼真地模拟车辆在各种情况下的形式状况。另外,TransModeler 提供了丰富的数据指标可供选择,输出统计指标包括基本的性能指标(交通量、平均速度和密度)和更复杂的性能指标(交叉口延误、排队长度),并且可以生成报告、专题地图、统计图表等多种数据分析结果。当使用 TransModeler 进行仿真时,既可以通过实际观测的道路的数据生成出行矩阵和模拟的时间序列数据定义路网中车辆的出行需求,也可以用信号控制编辑中的转弯流量功能定义路口的不同流向的转弯流量定义车辆的出行路线。TransModeler 软件可与 TransCAD 有机结合,可以达到出行需求预测与交通仿真的无缝集成,从宏观、微观两个方面模拟交通的运行状态。

TransModeler 仅能执行定义好的交通控制方案,在 TransModeler 中无法根据现状交通量对控制方案进行优化,为了提高运行效率,TransModeler 可以对选择集交叉口定时信号配时方案进行统一优化设置。多交叉口信号配时优化程序并不会考虑相邻交叉口的协调相位差,只对目标选择集交叉口进行信号配时优化。每相位最大绿灯时间、最小绿灯时间、相位设计、左转及右转等参数需要在多交叉口优化配时界面进行相应设置。因此,需要借助由 Trafficware 公司开发的 Synchro 软件优化控制方案。

交通仿真系统的根本作用是指导城市交通规划及辅助决策,该作用贯穿于整个交通规划过程中,因此要求交通仿真系统的设计应与交通规划的过程相结合,以满足交通规划的功能要求为目的。交通规划的一般过程如图 7.10 所示。

基于 TransModeler 构建的微观仿真平台主要包括：仿真工程创建、仿真数据库编辑、交叉口控制添加、交通管理添加及交通需求生成等步骤，其工作流程图如图 7.11 所示。

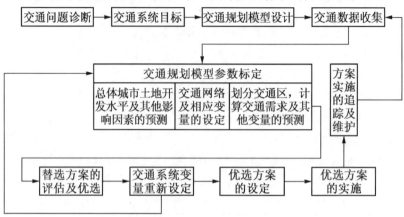

图 7.10　交通规划流程

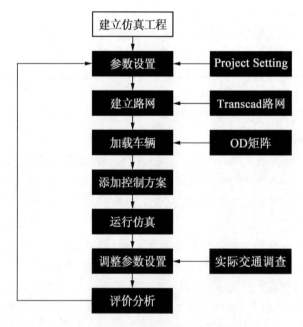

图 7.11　TransModeler 的工作流程图

基于动态交通分配的诱导及信号控制系统中初始离散动态 OD 矩阵的获取，适用于大型路网的基于仿真的动态交通分配方法的应用和交通诱导策略及信号控制方案的制定，均需要以 TransModeler 微观仿真平台为基础，并以该平台的集合输出仿真结果为系统分析数据来源。TramsMeeleler 微观仿真平台构建过程如图 7.12 所示。

道路交通信号控制方案是根据经验人工设置，在 TransModeler 微观仿真平台中，采用定时连续信号配时优化方案设计思想，即目标为交叉口延误最小的 Webster 方法，该定时信号配时优化进程可优化信号控制方案。

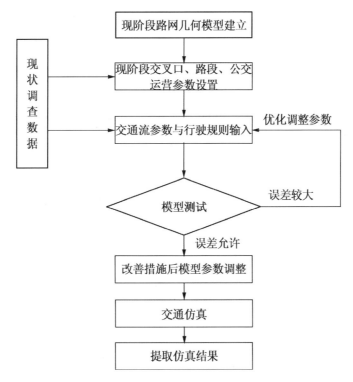

图 7.12 TransModeler 微观仿真平台构建

基于 TransModeler 的配时优化进程至少需要两类数据:流量 v 及饱和流率 s(均以辆/小时为单位),其主要是用来计算分配每相位时长——v/c。

$$通行能力 = 饱和流率 \times \frac{有效绿灯时间}{周期时长} \tag{7.21}$$

所谓动态交通分配,即将现有预测的实时动态 OD 矩阵中每一 OD 对所对应的出行量按照路网流量均衡分配原则及降低用户出行行程时间的目的,分配到路网中各条路径上,从而产生路段流量及交叉口流量。该过程是在交通需求(实时 OD 矩阵出行等)及交通供给(路网负载能力、路网拓扑结构、路段属性等)状况均为已知的前提下,分析得出最优的交通流量分布模式,进而为交通管理部门制定相应准确实时的路径诱导策略、控制策略提供数据支持,实现交通路网高效运行,为用户提供最为便捷的出行条件。

动态 OD 矩阵可以通过交通调查、出行调查、利用信息技术实时获取、OD 反推。

7.5.1 运行基于仿真的动态交通分配

TransModeler 微观仿真平台中应用的基于仿真的动态交通分配方法,模拟出行者选择路径的行为,集成交通控制等措施,分析当前交通流状况,并对行程时间不断进行迭代仿真,用每次迭代输出的行程时间来进行用户路径收敛,即路网加载过程收敛于用户平衡,每辆车根据上一次的迭代来选择更合适的路径,直到能够通过改变路径来显著改善各自的行程时间花费。

在每次基于仿真的动态交通分配迭代后,TransModeler 会计算以前一次地带与平衡界之间的相对间隙。

$$Gap^r = \frac{\sum_{i \in I} \sum_{k \in K_i} f_k^r t_k^r - \sum_{i \in I} d_i^r t_{\min,j}^r}{\sum_{i \in I} d_i^r t_{\min,j}^r} \quad (7.22)$$

式中　Gap^r——时间间隔 τ 内的相对误差；

I——所有的 OD 对集合；

K_i——应用在第 i 对 OD 对的所有路径集合；

t_k^r——在时间间隔 τ 内经过第 k 条路径的行程时间；

f_k——在时间间隔 τ 内经过第 k 条路径的行程数；

d_i^r——在时间间隔 τ 内的第 i 对 OD 对需求量；

$t_{\min,j}^r$——在时间间隔 τ 内第 i 对 OD 对的最短路径行程时间。

如果达到某一基于相对间隙定义的收敛准则,该分配会收敛且终止。反之,将会一直持续,直到达到最大迭代次数。

基于仿真的动态交通分配流程图如图 7.13 所示。

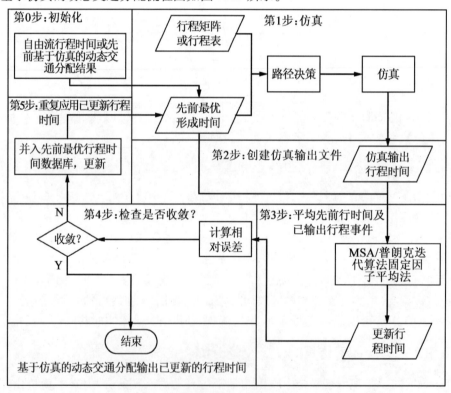

图 7.13　基于仿真的动态交通分配流程图

用来平均每次迭代间的行程时间和转弯延误的公式为

$$X_{i+1} = (1 - \alpha_i) X_i + \alpha_i f[X_i] \quad (7.23)$$

式中　X_i——输入到反馈运行 i 的路段行程时间或者转弯延误流量；

$f[X_i]$——从反馈运行 i 提供 X_i 作为输入($f[\ ]$代表仿真模型),而输出的路段行程时间或者转弯流量;

α_i——用来平均输入和输出反馈运行 i 的因子。

这里有 3 种可用来平均行程时间和转弯延误的方法,它们之间的不同就在于 α_i 因子:

连续平均法(MSA)

$$\alpha_i = \frac{1}{i+1} \quad (7.24)$$

普朗克迭代平均

$$\alpha_i = \beta i^{-\gamma} \quad (7.25)$$

固定因子

$$\alpha_i = C \quad (7.26)$$

MSA 是递归平均方法,应用在平均交通需求模型的已分配流量,反馈到交通规划中。普朗克法是迭代平均法的一种,旨在根据每次迭代的结果,寻求趋近于解的可行空间。最后,最简单的方法是固定平均因子 C,意味着从上一次迭代到下一次迭代均不会发生变化。

在动态交通分配过程中,TransModeler 打开动态交通分配工具箱,里面列出了每次迭代的相对间隔,以便于能够追踪分配过程。每次迭代都会有下面三个输出表:

行程时间表(TRAVEL_TIMES_i.BIN,i 为仿真迭代次数);

转向流量表(TURN_MOVEMENTS_i.BIN,i 为仿真迭代次数);

路径流量表(PATH_FLOWS_k_i.BIN,k 代表不同的车辆等级,因为不同的车辆等级具有不同的路径决策,i 为仿真迭代次数),可作为制定针对每个小区出行的推荐路径诱导信息。

当到达最大运行次数或者分配已经收敛,分配过程将会终止。

7.5.2 交通子区出行诱导

1. 驾驶员行为模型研究

在微观仿真模型中,驾驶员行为模型决定着驾驶员对驾驶环境的诸多反应,如相邻车辆驾驶行为、信号控制、车辆指示牌及突发情况等。这些驾驶员行为模型被用来仿真驾驶员加速超车、换道、可插间隙进入、会车等一系列的驾驶行为。TransModeler 驾驶员行为模型的应用直接影响出行诱导的实施效果。在加减速模型、合流及让行模型中,一般不需要针对交通路径诱导策略进行专门的参数设置,只需按默认值处理。交通出行诱导相关参数设置主要分为以下内容:

(1)换道模型。

换道行为是微观交通仿真模型中最为关键的驾驶行为之一。TransModeler 通过以下三个步骤模拟换道行为:

①选择合适的车道。

②换道决策制定和目标车道选择。

③车辆间距评估和换道决策执行。

每一步骤都需要对换道决策的可行性进行检查。

目标车道的选择取决于换道模型。有三种换道模型：自由性换道(DLC)、强制性换道(MLC)及迫使性换道(FLC)。

所有的换道行为都可以被划分为自由换道、强制性换道及将二者结合的另一种换道行为——迫使性换道。强制性换道指的是在需要遵守某些交通规则的前提下进行换道的行为，比如在匝道出口的地方、进入左转车道进行左转的情况等。车辆也可能在发生突发情况或者遵守车道使用信息的前提下进行强制性换道。自由性换道指的是为获得更好的驾驶环境改善目标而进行的换道行为，比如为获得更快的行驶速度等。

在 TransModeler 中有两种自由性换道模型：相邻车道模型和目标车道模型。这两种模型最大的不同在于可选改变车道的范围。在相邻车道模型中，司机只考虑相邻车道；而在目标车道模型中，驾驶员会将路段中所有车道纳入模型换道决策范围。因此，在目标车道模型中，驾驶员为达到既定的换道目标，可以执行两车道以上的换道行为。

在相邻车道模型中，路径影响因子的设置会直接影响模型的准确性，进而影响交通路径诱导的实施效果。路径影响因子是反映车辆换道是否遵从于原先设定路径的变量。为尽量降低车辆在行驶过程中的换道行为对路径诱导的影响，并与实际情况相符，设定路径影响因子为以"换道距离"(指的是车辆换道过程所行驶的距离)为自变量的函数，自变量取值 0～1 500 m，因变量取值 0～0.96。路径影响因子函数图如图 7.14 所示。

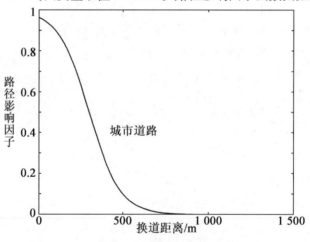

图 7.14　路径影响因子函数图

对于其他最小获得增速、平均获得增速及可容忍换道间隙等参数的设置均采用常规默认值即可。

迫使性换道是一种特殊的强制性换道行为模型，指的是车辆在未达到强制性换道程度时进行的提前换道行为。该换道类型主要体现部分驾驶员在实际驾驶过程中因考虑到安全问题而进行的提前换道决策。

(2)对交通控制的反应模型。

在 TransModeler 中，所有交通信号、标志和其他控制设备，包括收费站均被并行考虑在车辆的行驶过程中,驾驶员在路网中接近这些设备时会及时做出相应的反应。由于根据动态交通分配而得到的最优路径诱导信息需要通过将相应的诱导路径提示信息指示牌设置在质心出行点处,车辆对该类交通控制设施的反应模型将直接决定路径诱导措施的实施效果。该平台主要通过设置驾驶员对诱导路径提示信息指示牌的服从率来影响效果。

服从率用于确定车辆遇到诱导信息、信号、标志及其他的驾驶规则时服从提供信息的概率。TransModeler 假设驾驶员总是遵守强制性交通控制设备,比如交通信号、进口信号灯、收费站及人行横道。然而,对于那些建议性或者不强制遵守的交通设备或信息,不是所有的司机都能遵守。当接近类似的交通控制装置时,服从率可以设置驾驶员遵从的概率。

服从率可用来定义以下类别的交通信号、标志或驾驶准则:信号控制交叉口处的防拥堵交通规则、非信号控制交叉口处的防拥堵交通规则、匝道交通准则、车道使用信息、车道使用准则和信息标志及换道准则。

本文主要是通过设置驾驶员服从率来影响交通路径诱导的效果。服从率取值在 0(不服从)到 1(100% 服从)之间。由于在 TransModeler 微观仿真平台路径设置中的模拟绕行(Detour)信息标志属于车道应用准则和信息标志类,根据实际交通情况中驾驶员对此类交通诱导信息的服从率调查结果,设定该值为 76%。其余设施服从率均采用默认值。

2. 出行诱导方法

交通诱导控制主要是通过各种信息发布方式(如道路上设置可变诱导信息指示屏等),为其提供最优路径决策方案。

基于仿真的动态交通分配运行结束后,仿真平台自动生成当前最优路径流量分布表(Path Flow Table),路径流量表是针对每一给定 OD 对,选择某一条可选路径的车辆比例及行程数目的表格。这些路径流量可以通过时间间隔来划分,因此在仿真间隔内是随时间变化的。路径流量表应该与每一条在模型中的 OD 对路径相关联,路径流量表中的所有记录定义了所有出行车辆的出行分布。表中的字段解释:path 为 path table 中的 path ID;OriLink 为起始路段;Interval 为将仿真周期划分为时间区段后的各时间段内选择该路径的比例。TransModeler 中路径流量表示例如图 7.15 所示。

OriType	OriID	DesType	DesID	OriLink	Path	[Interval 1]	[Interval 2]	[Interval 3]
Centroid	1	Centroid	2	1	1	100	50	34
Centroid	1	Centroid	2	1	2	0	50	33
Centroid	1	Centroid	2	1	3	0	0	33

图 7.15 TransModeler 中路径流量表示例

上图中从质心 1 到质心 3 共 3 条可选路径,在第一个时间间隔内,车辆全部选择路径 1;在第二个时间间隔内,选择路径 1 和路径 2 的车辆各占 50%;在第三个时间间隔内,选择路径 1 的车辆比例为 34%,选择路径 2 和路径 3 的车辆各占 33%。

TransModeler 微观仿真平台路径设置中的模拟绕行(Detour)信息标志,可以将交通引导到指定的路线。TransModeler 微观仿真平台下具体的出行诱导方法为根据基于仿真的动态交通分配结果,按照分配结果中的路径使用比例,设置模拟绕行(Detour)信息标志所提示的路径信息,小区出行者(即驾驶员)在质心出行时观察到模拟绕行(Detour)信息标志,根据所提示的路径信息,结合驾驶员行为模型中的各项参数,进行 OD 出行。行驶过程中可以实现路网流量平衡,从而实现交通流诱导的目的。

7.6 基于交通子区的交通信号控制

通过对具体区域或子区的交通状态进行判别,得到该目标区域信号控制方案的实施效果评价值,分析评价值与实际交通的关系,进而进行信号控制方案的下一步优化。由于交通信号控制策略控制范围越大,各交叉口之间的影响关系越弱,控制策略实施的效果也就越不明显,因此,需要将整个路网划分为多个交通子区,分别对其进行状态判别。

当路段上交通状态发生改变时,最为直观也是最容易获取的对应改变量就是路段行程时间,因此可以将路段行程时间作为交通状态判别的依据。因此,定义拥挤系数为

$$s_i(k) = \frac{T_i(k)}{l_i} \quad (7.27)$$

式中 l_i——路段 L_i 的长度;

$T_i(k)$——在第 k 个时间段内路段 L_i 的平均行程时间。根据计算结果可以很容易得到某路段的拥挤程度,若 $s_i(k)$ 较大,则表明该路段较为拥挤,需要进行疏导;若 $s_i(k)$ 计算值较小,则表明该路段车流畅通。

用检测到的城市道路车辆平均行驶速度描述其交通拥挤程度:

(1)畅通。城市道路车辆平均行驶速度不低于 30 km/h。
(2)轻度拥挤。城市道路车辆平均行驶速度低于 30 km/h,但高于 20 km/h。
(3)拥挤。城市道路车辆平均行驶速度低于 20 km/h,但高于 10 km/h。
(4)严重拥挤。城市道路车辆平均行驶速度低于 10 km/h。

事先为这四种交通状态赋值为 0,1,2,3。其中

$$a_i = \begin{cases} 0, & 0 \leq s_i(k) < 0.03 \\ 1, & 0.03 \leq s_i(k) < 0.05 \\ 2, & 0.05 \leq s_i(k) < 0.1 \\ 3, & s_i(k) \geq 0.1 \end{cases} \quad (7.28)$$

整个子区的交通状态用各路段的拥挤系数加权平均即可,如下式

$$s = w_1 a_1 + w_2 a_2 + \cdots + w_n a_n \quad (7.29)$$

式中 s——某交通子区的拥挤系数;

w_n——路段的权重系数。

权重系数的获取一般是根据层次分析法或者专家经验法计算得到。

由于不同交通状态下的车流行驶轨迹、路段车辆平均速度及驾驶员路径选择均不相同,因此需要根据不同的交通状态,通过出行前对每一 OD 对的推荐路径诱导信息服务来

调整所有用户的出行决策,制定相应的交通信号控制策略。本文采用信号控制适应交通诱导的思想,根据实际出行者接受推荐路径诱导信息服务后的路网交通运行效果或状态,实行交通信号控制策略。子区交通信号控制策略框架如图7.16所示。

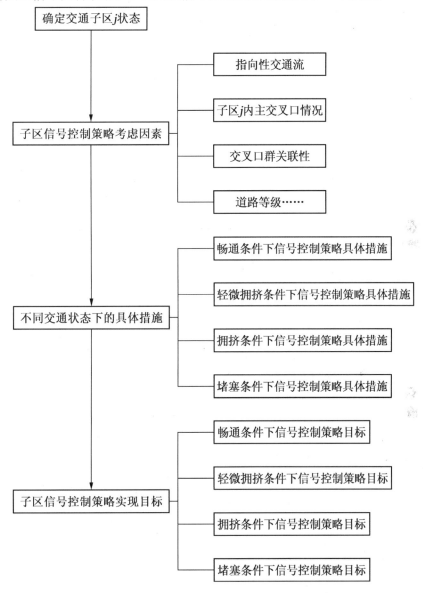

图7.16 子区交通信号控制策略框架

针对某交通子区来说,在畅通条件下的城市交通流,表明行驶在该交通子区的车辆可以按照原有的行驶意愿,顺利地通过各交叉口及路段。此时子区信号控制目标主要是在尽量不改变当前行驶状况的条件下,根据交通量状况,对各交叉口进行配时优化,提高道路通行效率。路网各交叉口以原有配时方案为主,充分利用基于动态交通分配设置的诱导策略作用,降低路网总体延误。

在轻微拥挤条件下的交通子区,子区信号控制目标主要是针对部分路网交叉口进行拥堵缓解。根据动态交通分配的结果,判断是否存在指向性交通流。若有指向性交通流,则交通信号控制策略主要是在拥堵交叉口处实行单点感应控制,根据动态交通分配的结果制订相应的交通信号配时方案,并在干线交通流处实行绿波协调控制方案;当交通子区内不含有指向性交通流时,针对各拥堵交叉口,实行单点感应控制,各相位有效绿灯时间等参数可根据动态交通分配进行路网交通流诱导后的结果进行计算。

当交通子区内的交通状态为拥挤状态时,交通信号控制策略目标为在保证区域内交通状态不会持续恶化的基础上,为主干道交通流提供疏散通道,同时将其他路口的交通拥挤控制在可以接受的范围内,不至于使得交通拥挤延伸到上游交叉口,造成拥堵回流现象的出现。拥挤交通状态下的交通信号控制系统,首先需要根据实时动态交通分配进行路网交通流诱导后的结果,判断该交通子区内是否含有指向性交通流。对于指向性交通流,我们采用对该交通流主向实行绿波协调控制方案,并在此基础上,在周围区域范围内建立平行舒缓拥挤通道,保证主干道的通行能力;若交通子区内不含有指向性交通流,则对目标区域实行区域信号控制,根据实时动态交通分配的结果,设定区域信号控制的各项参数,均衡交通子区内交通流,使得各交叉口及路段饱和度趋于一致。

在阻塞条件下,区域内的交通出行量远远超过了交通系统所能承受的范围,在这种情况下,仅靠该区域内信号控制方案的优化已不可能改变交通状况持续恶化的趋势。因此需要将该状态反馈到更大区域的信号控制方案制订系统,从更大范围上释放交通压力。堵塞交通状态下的交通信号控制系统,应该从更大范围上根据实时动态交通分配的结果,判断该交通子区内是否含有指向性交通流。对于指向性交通流,采用对该交通流主向实行绿波协调控制方案,并在此基础上,在周围区域范围内建立平行舒缓拥挤通道,保证主干道的通行能力;若交通子区内不含有指向性交通流,则对目标区域实行区域信号控制,根据实时动态交通分配的结果,设定区域信号控制的各项参数,均衡交通子区内交通流,使得各交叉口及路段饱和度趋于一致。

本章参考文献

[1] 李庆印,张俊友. 道路交通管理机制创新研究[M]. 哈尔滨:黑龙江科学技术出版社,2014.

[2] 吴兵,李晔. 交通管理与控制[M]. 北京:人民交通出版社,2013.

[3] 徐吉谦. 交通工程总论[M]. 北京:人民交通出版社,2011.

[4] 王炜,过秀成. 交通工程学[M]. 南京:东南大学出版社,2011.

[5] 周健,罗杰. 交通控制与诱导系统设计[J]. 计算机技术与发展,2015(09):75-78,83.

[6] 韦栋,郑淑鉴,佘文晟. 基于 TransModeler 的中观仿真模型研究与应用[J]. 交通科技与经济,2015(02):50-55.

[7] 花玲. 基于 VISSIM 的城市交通预测、控制和诱导研究[D]. 南京:南京航空航天大学,2015.

[8] 谢海涛,宋奇文. 基于交通仿真的区域交通协同优化控制系统[J]. 交通科技与经济,2014(03):4-7.
[9] 刘权富. 城市交通控制与交通诱导协同研究[D]. 重庆:重庆交通大学,2014.
[10] 宋博文. 基于动态交通分配的城市诱导及信号控制系统研究[D]. 淄博:山东理工大学,2014.
[11] 蒋昊宸. 基于TransModeler的城市快速路仿真平台设计与实现[D]. 杭州:浙江大学,2014.
[12] 王聪. 基于微观仿真的交通信号优化控制研究[D]. 昆明:昆明理工大学,2013.
[13] 李果. 基于TransModeler的中小城市交通控制系统建模与仿真[D]. 杭州:浙江大学,2013.
[14] 何海燕. 城市道路交通控制与诱导协调一体化探讨[J]. 现代商贸工业,2012(13):169-170.
[15] 杨慧. 城市快速路交通组织与控制一体化研究[D]. 昆明:昆明理工大学,2012.
[16] 汤瑞. 基于TransModeler城市交通仿真平台的设计[D]. 淄博:山东理工大学,2012.
[17] 魏玉晓. 城市道路交通控制与交通诱导协调优化研究[D]. 成都:西南交通大学,2010.
[18] 刘建美. 城市交通控制与诱导协调中若干问题的研究[A]. 中国系统工程学会青年工作委员会、国家自然科学基金委员会管理科学部. 系统工程与和谐管理——第十届全国青年系统科学与管理科学学术会议论文集[C]. 中国系统工程学会青年工作委员会、国家自然科学基金委员会管理科学部,2009:6.
[19] 管青. 区域交通信号控制与交通诱导协同理论与关键技术研究[D]. 长春:吉林大学,2009.
[20] 陈昕,杨兆升,王海洋,等. 城市交通控制与诱导系统协同研究[J]. 公路交通科技,2007(04):121-125.
[21] 陈昕,杨兆升,王海洋,等. 城市交通控制与诱导系统协同的信息分析与组织研究[J]. 公路交通科技,2007(02):104-107.
[22] 王秋平,谭学龙. 城市道路交通控制与交通诱导一体化系统方案研究[J]. 城市公共交通,2007(01):34-36.

第8章 先进的公共交通系统

8.1 概 述

8.1.1 公共交通问题背景

城市公共交通是由公共汽车、轨道交通、出租汽车等交通方式组成的公共客运交通系统,是城市生产和人民生活必不可少的物质条件,是关系国计民生的社会公益事业。但随着经济社会发展和城镇化进程的加快,一些城市交通拥堵、群众出行不便等问题日益突出,严重影响了城市发展和人民群众生活水平的提高。

8.1.2 系统研发前景

公共交通在效率、舒适性、环保、费效比等方面有优势,是缓解城市交通阻塞的有效方法,优先发展城市公共交通是提高交通资源利用效率,缓解交通拥堵的重要手段。为了解决好城市交通问题,促进城市健康发展,2005年,建设部、发展改革委、科技部、公安部、财政部、国土资源部提出了《关于优先发展城市公共交通的意见》,经国务院办公厅同意并通知各省、自治区、直辖市人民政府,以及国务院各部委、各直属机构,要求认真贯彻执行。

2008年,城市公共交通管理职能整体划入交通运输部。如何根据国务院的通知要求,做好城市公共交通管理工作,成为各地交通运输管理部门的一项重要工作。国发〔2012〕64号《国务院关于城市优先发展公共交通的指导意见》提出,优先发展公共交通是转变城市交通发展方式、提升人民群众生活品质、提高政府基本公共服务水平的必然要求,是构建资源节约型、环境友好型社会的战略选择。

公共交通系统"增加车辆、增加人力"的粗放经营模式很难提高运营能力和质量,受资金、交通状况、能源和环境等条件制约,公交运营服务质量、竞争、经营成本、经济效益、政府补贴压力等影响公交系统的可持续发展,基于此,开发先进的公共交通系统势在必行。

8.1.3 先进的公共交通运输系统概述

先进的公共交通运输系统(Advanced Public Transportation Systems, APTS)通过将先进的电子技术、系统工程的理论和方法应用到城市客运公共交通体系的使用与运行中,建立智能化调度系统、公共交通信息服务系统、公交电子收费系统,为出行者提供可靠和精确的出行服务信息,使公共运输更有效和可靠。

APTS 是以市场为导向的、集约化发展的出行方式。APTS 通过采集、处理动态和静态交通信息,通过多种媒体为出行者提供动态和静态的公共交通信息,对公交车辆进行动态监控、实时调度等功能,从而提高公交服务水平,从而达到规划出行、最优路线选择、避免交通拥挤、节约出行时间、提高公共服务水平的目的。

8.1.4 国外 APTS 的发展状况

城市智能公交调度系统是提高公交服务质量,实现公交可靠、安全、方便、省钱和快捷等目标的有效工具,这一点在国际上已达成共识。

美国、日本、加拿大、英国、法国、韩国等国家都投入了较大的人力和物力从事智能公共交通系统研究,并已取得了显著的成果。许多国家公共交通部门开始应用先进的信息与通信技术进行公交车辆定位、车辆监控、自动驾驶、计算机辅助调度及提供各种公共交通信息以提高公交服务水平。

(1)美国 APTS 发展状况。

美国城市公共交通管理局(UMAT)已经启动了智能公共交通系统项目 APTS。经过现场试验,UMAT 关于 APTS 的评价是"APTS 可以显著提高公共交通服务水平,吸引更多乘客采用公交和合伙乘车的出行模式,从而带来了减少交通拥挤、空气污染和能源消耗等一系列社会效益"。根据美国运输部的联邦公共交通管理局(FTA)出版的《APTS 发展现状》,美国 APTS 的主要研究动态公共交通信息的实时调度理论和实时信息发布理论,以及使用先进的电子、通信技术提高公交效率和服务水平。其实施技术具体包括车队管理、出行者信息、电子收费和交通需求管理等几方面的研究。其中车队管理主要研究通信系统、地理信息系统、自动车辆定位系统、自动乘客计数、公交运营软件和交通信号优先。出行者信息主要研究出行前、在途信息服务系统和多种出行方式接驳信息服务系统。

美国明确提出了对 APTS 的功能要求,它包括以下九点:

①运用车载数据采集技术实现对运营车辆的监视。
②运用有效策略使晚点车辆恢复正常运转。
③运用当前的操作数据及其他数据来源编制运营管理计划。
④要求应答系统为乘客提供个人出行服务。
⑤提供安全协调监控与紧急救援服务系统的接口。
⑥综合运用历史数据及其他因素规定司售人员的活动。
⑦编制运营车辆的维修计划并为修理人员进行工作分配。
⑧可实现车内收费或路边收费。
⑨为乘客提供车辆运营信息及可达车辆信息。

可以从是否满足上述九个功能来判断一个公交运营管理系统是否为 APTS 的同时,提出了对 APTS 的逻辑结构要求,逻辑结构要求包括公交系统所有与 ITS 有关的运营管理的领域,共有七个逻辑模块,图 8.1 表明了模块以及模块之间的信息流。

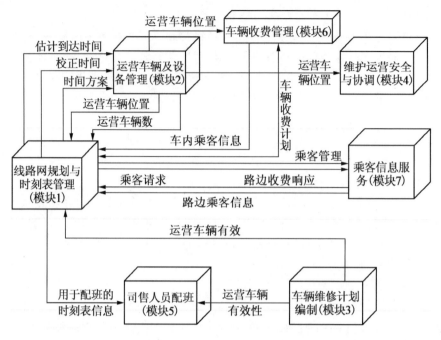

图 8.1 APTS 的逻辑模块示意图

①模块 1——运营车辆及设备管理。

运营车辆及设备管理模块提供了运营车辆的当前状态信息,以及车辆运营状况与时刻表的对照。该模块使车辆按照时刻表运行并及时对发现的偏差予以校正。可以以单个车辆或多个车辆为对象,对车辆驾驶者发布指令,同时采集运营车辆的状态信息提供给其他的模块。

②模块 2——线路网规划与时刻表管理。

线路网规划与时刻表管理模块提供线路网规划管理及常规运营服务和应答服务。新的线路网和时刻表根据运营车队管理者的要求来制定,综合考虑车辆运营数据及其他多种因素。时刻表可以脱离开线路网规划,根据停车场的变化或公交服务的要求重新制定。这部分服务信息可以提供给其他的 ITS 功能模块,也可以提供给外部单位。

③模块 3——车辆维修计划编制。

车辆维修计划编制模块根据模块 1 提供的运营数据及各种车辆的详细维修指标,编制运营车辆的维修计划并为修理人员进行任务分配。工作日志记录了所有的维修活动,可帮助车队管理者追踪或监控当前的维修活动及修理人员的工作。

④模块 4——维护运营安全与协调。

维护运营安全与协调模块用于处理运营车辆或设备的紧急故障。紧急救援信息由司机通过紧急呼叫按钮,或车站的监控设备,或由数据传输网络上的其他部分发送。根据预案对每一种紧急情况进行处理,并与紧急救援服务联系以协调救援活动。同时与调度和管理人员联系以得到他们对采取对策的认可,并可在没有预案的情况下进行直接指挥救援工作。

⑤模块5——司售人员配班。

司售人员配班功能模块用于管理司售人员的活动,司售人员的分配根据一定的标准,包括先前的经验,在以前任务分配下的表现,个人的优先权等。

⑥模块6——车辆收费管理。

车辆收费管理模块实现在车内对乘客收费,用于当前的公交服务、将来的公交服务或其他服务等。这种收费可以在车辆运行过程中穿插进行,或在车辆到达方便的地点时进行批处理。如果发现了非法使用支付方式,违法的乘客信息将由车辆传输至有关的法律执行机构。

⑦模块7——乘客信息服务。

此功能模块设在路边的某个位置如车站为乘客提供信息或付费服务。提供的信息包括车载率情况、是否有空座等。在路边对乘客收费,用于当前和将来的公交服务等。收费支持欠付或信用卡方式,包括由公交部门或金融机构发行的有价卡证。如果发现了非法使用支付方式,违法的乘客信息将由车辆传输至有关的法律执行机构。

(2)日本APTS的发展状况。

20世纪90年代,东京交通局开发了城市公共交通综合运输控制系统(CTCS),旨在改进公共汽车服务。在CTCS中,公共交通运营管理系统是一个基本的框架,其目的是通过掌握运行情况以及积累乘客数据实现精确平稳的公共交通运营服务。它在运营中的公共汽车和控制室之间建立信息交换,并利用诱导和双向通信的方法,将服务信息提供给公共汽车运营人员和驾驶人员,进行实时调度。同时这些信息也通过进站汽车指示系统及公交和铁路接驳信息系统提供给乘客。公共交通综合管理系统包括累积运营数据、乘客计数、监视并控制公共汽车运营和乘客服务等功能,其中乘客服务功能中包括进站汽车指示、信息查询和公共交通与铁路接驳信息提示。公共交通综合管理系统的硬件包括公交主控中心、区域中心以及路边、车库和车载设备等。

日本横滨APTS系统结构由公共汽车系统、中央控制系统、信息发送系统、各家庭显示器4大部分构成。其中公共汽车系统与中央处理系统相通信,公共汽车系统用于对公共汽车运行信息的处理,并负责接收DB服务器内的数据信息,内部设置有交换局中心、本局中央处理装置、调度所处理设备、信息处理服务器等。

中心控制系统是整个APTS系统结构的核心单元,内部设置有公共汽车信息输入终端、信息发送服务器以及一些终端设备等,负责控制整个APTS系统的运行状态,即负责公共汽车的运行调度,并将公共汽车的运行信息通过信息发送系统传输到各家庭显示器中,为各家庭提供有效的公共交通信息。

信息发送系统是中央处理单元与各家庭显示器之间的信息传输设备,系统组成有横滨市WWW服务器、信息发送服务器、PROXY服务器、Fire Wall等设备。

各家庭显示器与中央处理系统之间通过互联网和信息发送系统进行信息传输,传输的信息包括公共汽车的所在站点、到达时刻、上车人数、下车人数等信息,方便各家庭用户及时了解公共交通信息。

8.2 海信 BRT 智能系统

公交行业是一个服务性行业,同时具有公共事业性行业的特征,国内的公交企业绝大部分是国有企业性质,但仍然具有很强的公共事业单位性质,政府专门设置了公交的主管部门(交委或交通局)对公交行业进行管理,公交企业严格意义上说不是纯粹的企业化运作,正是由于这种非完全的企业化运作,使得公交行业管理较落后,虽然拥有很好的垄断性资源——公交营运线路,但企业效益仍然很差。近几年,公交公司通过大量采用IC卡收费,节约了大量的人力,通过发掘车厢、站牌等公交设施的静态广告资源,增加了一定程度的收入,但信息技术对公交行业而言,目前仍然处于很初级的阶段,信息系统尚没有与公交业务紧密结合,为公交企业创造价值。

8.2.1 海信 BRT 智能系统研发效益

智慧公交项目涵盖营运管理、安全管理、服务管理、劳资管理、票务管理等,能够提高公交运行效率、乘车安全系数和服务水平。

(1)车智网可通过车载智能一体机(车联网终端),实时监控运行中公交车各部位的运转情况,及时获取相关数据,针对发现的问题及时采取应对措施。远程监控公交车辆整车外部设备、主要板块、软件系统及充电桩、打卡机、泊车等各硬件电子设施,开发了车辆运载数据的实时获取、无线透传、接收处理、云端存储、容灾备份及信息跨平台一键发布等功能,实现了人、车、物、路、客等全方位信息互通互联、调和统一。

(2)云平台让庞大的数据"动起来"。智能公交系统运营的过程中,从视频监控、路况信息、车辆管控信息、营运信息、GPS定位信息等全部工作流程中产生的数据量每天可以达到16TB级别,并且是指数级的增长,这些海量数据如果没有处理计算,将成为无用的"沉睡的数据"。为了解决这一问题,真情巴士集团注册使用阿里云平台,通过IO、传感器等技术开通企业级客户端入口,为海量大数据及云计算构建联通的平台,将彼此间各个独立的数据单元融合,使各类数据有效衔接、资源共享,从而快速准确分析,实现协同办公。

(3)跨平台应用让信息透明共享。真情巴士智慧公交系统在国内率先实现电脑、手机、平板等跨平台构建与无缝对接,这意味着智慧公交系统软件需要实现跨应用服务器、跨数据库、跨操作系统、跨浏览器,在多种系统下开发、运行和维护。跨平台应用技术使各岗位可通过手机、平板电脑等终端实时导入工作过程,工作过程中所产生的信息和数据直接导入智慧公交系统,同时系统中每一项工作的信息可根据需要互通互换,通过综合信息管理决策系统进行分析、优化,并在终端上快速反馈指导。这一技术的应用彻底取消人工层层统计、流转的环节,极大地解放生产力,提升管理效率。

(4)开放式架构让智慧公交系统可持续发展。以往的封闭架构是掣肘公交企业信息化发展的重要因素,当公交企业投入重金开发信息化管理后,还面临着必须依赖第三方单位、后续高昂的维护费用、系统受环境变化无法良好应用需重新开发等诸多问题。而开放式架构确保智能公交系统具有移植性、互操作性、剪裁性、扩展性、易获得性等优点,真情巴士自主管理设置,系统随着企业内外环境的变化实时优化,可持续发展。

8.2.2 海信 BRT 智能系统功能特点

(1)海信 BRT 智能系统功能:
①提供功能、性能良好的硬件终端支持公交业务。
②提供完整的电子站牌解决方案及成熟产品。
③提供统一的功能完善的软件平台。
④系统应用的目标主要是针对公交目前急需解决的自动报站、实时监控、安全管理、服务质量管理方面的管理需求而设计。
⑤满足公交日常业务需求,提供行车计划、配车排班、现场调度系统。
⑥满足公交业务统计决策需求,支持精细化管理。
⑦满足媒体业务需求客户的公交多媒体播放系统的需求。
(2)海信 BRT 智能系统特点:
①能实时掌握客流情况。
②通过专用站台的客流识别系统实时了解客流的变化情况(视频识别客流、轧道机等方式)。
③通过 IC 卡系统、人工售票系统实时了解客流变化情况。
④路口公交信号优先。
⑤通过车载设备和路口车辆设备、区域优化系统实现车辆的路口优先通行,系统在设计时都留有了与优先系统进行通信的接口和协议。
⑥乘客信息服务的全方位。
⑦通过车载显示设备、广播设备实现车辆运行信息的显示。
⑧通过站台的各种设备(站牌、广播)实现车辆信息的实时显示。
⑨信息化管理手段更高。
⑩提供科学合理的行车计划、营运统计分析、企业管理的系统。

8.2.3 海信 BRT 智能系统方案

1. 系统方案

海信 BRT 智能系统解决方案是在依据具有 BRT 基本特征的基础上设计的智能系统方案。BRT 基本特征是:线路长、线路客流量大、专用路权(硬隔离,也有软隔离)、专用站台、路口公交信号优先、大运力车辆、站台售票。BRT 智能系统是在具有 BRT 基本特征基础上建设的一套智能调度管理系统。

该系统包括:通信网络子系统、乘客信息服务子系统、车辆定位服务子系统、视频监控与周界防范子系统、数字广播/IP 电话子系统、时钟同步子系统、UPS 电源/接地子系统、路口信号优先子系统、营运调度管理子系统等,如图 8.2 所示。

2. 智能公交关键性理论、模型和算法研究

(1)公交车辆行驶时间预测。
在乘客信息系统中采用神经网络优化算法对车辆行驶时间进行预测,保证了预测时间的有效性和时效性,据此推出能够在公交站点提供包括到站信息在内大量实时信息的电子站牌,为乘客提供更多出行选择。

(2)公交客流量预测。

在智能公交调度子系统中采用模糊神经网络优化算法对各站点的公交客流量需求进行预测,再结合公交车辆车载客流量检测器的数据,据此推出未来时刻公交线路车辆的需求,并进行相应的调度,测试效果良好。真情巴士"智慧服务、智慧车辆、智慧场站、智慧楼宇、智慧管理"应用的开发正在推进。

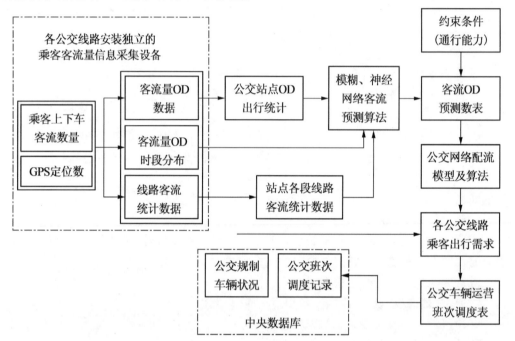

图 8.2　基于复合客流量数据源的公交客流量预测过程

(3)公交通行能力研究。

当城市路网中运营的公交车辆超过公交站点、车道、路段等设施的通行能力时,由于公交车辆彼此的互相干扰,以及公交与社会车辆的行驶冲突,公交车辆行驶的速度通常会降低。这样虽然增加了公交车辆的营运班次,但是公交服务水平反而下降,同时公交企业的经济效益也受到影响。本项目对公交车辆通行能力和公交站点通行能力进行了研究,并作为约束条件用于公交车辆的实时调度。

(4)公交动态服务水平评价模型研究。

在对智能公交管理系统评价体系进行研究的基础上,对实时调度模式下的公交动态服务水平评价模型进行了研究,确定了动态服务水平的指标体系。根据智能公交管理系统采集的公交车辆GPS定位数据和车载客流量检测器数据,可以实时监控公交系统的服务水平。

(5)智能公交实时调度算法和优化技术研究。

在公交调度采用实时调度算法,利用行车GPS数据的自动采集、车载终端双向通信、地理信息技术,获取实时车辆信息,结合公交通行能力和公交动态服务水平等作为约束条件,根据预测的客流量需求对公交车辆进行实时调度,并最终提高公交运营效率。

同时,针对公共交通业务进行了数学建模,通过对公交运营数据的分析,统计各种数据流分布规律,为公交企业进行线网规划和线路调整提供决策依据。智能公交调度子系统工作流程图如图8.3所示。

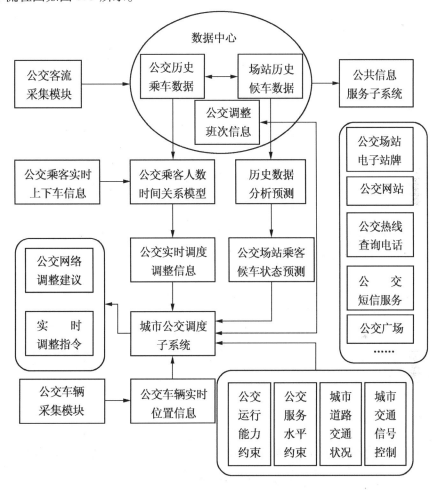

图8.3　智能公交调度子系统工作流程图

(6)公交区域调度技术研究。

对目前公交企业现有的以线路为单位的管理和调度模式进行了改进,提出了针对单车场和多车场情况的公交车辆区域调度模型。通过智能公交调度子系统与公交车辆的双向数据通信,可以对公交车辆进行灵活调度,实现区域调度的功能,实现了公交资源的最有效配置和充分利用。

(7)驾驶人行为检测。

通过指挥中心与终端,对驾驶员进行血压与酒精自动检测,通过检测才能启动车辆并进行运营;远程视频监控驾驶员行为及车内外状况,如果驾驶员有疲劳驾驶行为,比如,频繁低头与眨眼等疲劳行为,疲劳驾驶设备将自动语音提醒驾驶员注意行车安全。行驶过程中,当驾驶员出现急刹车、急加速、急转弯等不安全行为时,车辆会自动发出"嘀嘀"的响声,提示驾驶员注意驾驶行为。

海信智慧公交体系包括车智网、智能调度系统、公众信息发布平台和综合信息管理决策系统等,总体开发结构示意图如图8.4所示。

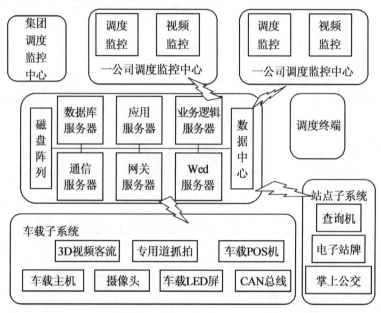

图8.4 系统总体开发结构示意图

(1)真情巴士智慧公交体系车智网。

车智网已攻克技术难关。在各协作单位的共同努力下,车智网以4G智能车载终端为中枢纽带,经CAN线、485线、RJ45线等连接,使车辆头腰尾牌、车内LED屏显示、站节牌、多媒体设备、投币机、IC卡机、报站器、车辆发动机控制器、变速箱控制器、电机控制器、集成电源、空调、前后倒车雷达、集中润滑、胎压监测、电池等有机联动,实现远程设置、一键更新升级,车辆与后台中心实时信息互联互通。目前上述功能已通过样车检测,运行良好。如果乘客携带危险物品,车载危险物品检测设备将发出报警,驾驶员将采取措施禁止该乘客上车并提醒车内乘客注意安全。公交车前后安装了数字式测距雷达,确保公交车与前后车辆保持安全车距。

(2)智能调度系统。

利用项目的智能公交理论、模型研究成果,项目组进行了智能公交管理系统软件开发,在充分考虑先进公交运行需要的基础上,综合运用网络、通信、控制、计算机、信息处理、数字地图、卫星定位及智能交通系统技术,完成公交运营数据采集和预测、公交车辆监控指挥、智能实时调度、公交区域调度和乘客信息发布。系统通过集成设计,实现了公交管理和调度的科学性,提高了公交运营效率,增强了城市公交提供安全舒适、人性化服务的能力,具有技术先进、运行高效、可靠实用的优点。研发内容包括公交智能调度系统、公交智能车载系统、公交智能车站系统、公交智能场站系统、路口公交信号优先系统。系统可适用于常规公交和快速公交企业运营管理的需要,实现对公交运营的智能、优化调度和管理及控制。

目前,64条线路1 030辆公交车全部实现后台实时调度,公交车营运的全过程都处于系统的监控之下。现场调度人员可根据车辆运行轨迹,调整发车间隔,与驾驶员双向通话,发布发车指令,发送提示语音及文字短信。当车辆发生超速、偏离线路、甩站、滞站、大间隔、双车等异常情况,系统就会自动记录和提示预警,科学规范公交营运秩序。

(3)公众信息发布平台。

公众信息发布平台已推广应用。公众信息发布平台包括真情巴士e行APP、高端电子站牌、车载视频、无线Wi-Fi、网站、微信、微博等,已全部独立启用。随着项目进展,各平台将逐步完成信息自动分类、一键联动发布。目前,通过真情巴士e行APP出行信息查询功能,不仅可以获取车辆到离站信息、最佳出行方案,还可以查看车内拥挤程度、查找周边住宿和娱乐等生活信息,包括线路查询、站点查询、定位换乘、资讯消息、失物招领、意见反馈等功能,如图8.5所示,这是真情巴士e行APP线路查询功能界面。电子站牌可实现实时发布途经公交线路信息、车辆到站预报、视频播放、视频监控、乘客反馈建议、公众信息发布等功能。

APP首页　　　　　　　　站点查询——线路查询

图8.5　线路查询——车站车辆到达查询

站点查询——线路查询　　　　　　　　　线路查询

图 8.5　线路查询——车站车辆到达查询(续)

(4)综合信息管理决策系统。

综合信息管理决策系统已完成部分搭建。综合信息管理决策系统涵盖真情巴士所有业务板块,根据职能划分安全管理、物资管理、后勤管理、服务管理、机务管理、营运管理、人资管理、票务管理、CAN 应用、党务及群团组织 10 个功能模块。该系统实现集团各岗位、工位、业务节点数据融合与共享,为各级管理人员决策提供实时、有效、准确的数据支撑,搭建自上而下分析管理业务流程。目前,安全管理、服务管理、物资管理等三大管理模块正在进行相关测试,驾驶员手机 APP、稽查手机 APP 等掌上办公终端系统已开发应用。

3. 解决的关键问题

（1）依据历史数据、当前一段时间的客流变化情况和调度经验等信息，通过信息化手段生成合理的行车计划并合理地进行配车排班工作。

（2）采用各种手段了解掌握线路客流变化情况。

（3）根据线路上客流实时变化情况，实时合理地对车辆进行调度。

（4）运用信息化手段，自动生成各种营运统计数据。

（5）加强和提高企业信息化管理水平，为科学、合理管理提供决策依据。

（6）T智能系统较好地解决了智能系统所涉及的各种问题，综合给出了较好的整体解决方案。

4. 五个关键性要求

一是软件系统采用开放式架构，保持系统的可拓展性和自适应性。

二是实现公交运营中人、车、物、路、客等各要素的综合互联，各业务板块资源共享，打破信息孤岛。

如在车辆管理方面，车智网项目研发过程中，宇通、中通、申沃、金龙等客车企业和潍柴发动机、松芝空调、奥特集中润滑、罗耐胎压、欧科佳仪表、海菱广告机等车辆外设单位在真情巴士协调下，积极参与研发，打破固有壁垒，实现有机融合。各车企和车辆外设单位在给予真情巴士极大支持的同时，实现了所属设备远程维护升级、故障维修、可视指导等先进功能，解决了车企和车辆外设单位的售后难点，节约大量人力、物力。

三是跨平台应用，让各种移动、PC终端及数据中心实现无障碍交互，应用便捷。

四是实现云平台存储，保障公交大数据应用的安全、高速、稳定。

五是全面运用车联网技术，整合车辆外接设备和整车部件，打造富有真情巴士特色的"车智网"。

8.2.4 智能公交体系的应用

智能公交体系是城市公交发展的优先战略，其应用主要体现在稽查、维修、乘客以及政府等以下四个方面：

（1）稽查：从人工抽检到智慧指导。公交具有点多、面广、分散、流动等特点。以往公交稽查管理是依靠稽查员以"查找问题"为出发点，到现场抽查，再对结果进行人工统计、录入，耗费大量人力和时间，效率低、效果差。智慧公交体系应用后，稽查员可在室内远程查看驾驶员工作情况，以"正向引导"为主，及时发现驾驶员的优秀做法；也可到现场通过专用稽查APP，使用手机、平板电脑等实时定位、拍照、录像等，快速获取稽查工作信息，自动生成并传入相应的稽查信息模块中。信息再通过综合信息管理决策系统将各相关工作信息融合分析，实时对稽查工作科学指导。

（2）维修：从"摸黑"维修到远程控制修复。以往公交车行驶途中出现故障时，维修人员无法知晓车辆具体故障，盲目赶到现场后，经常因所带工具或配件不匹配而折返，维修耗时、耗力，耽误车辆运营。智慧公交体系应用后，如车辆发生软件故障，可自动远程设置或刷机即时修复；如发生硬件故障，维修人员根据车辆远程传递的故障信息，准确掌握故障原因，携带匹配的配件和工具，快速到达解决车辆故障。当在现场遭遇难以独立解决的故障,还可通过手机等客户端与售后专家实时搭建远程视频会诊平台,在专家指导下修复车辆故障。

(3)乘客:从候车的焦虑不安到从容出行、享受贴心服务。以往,乘客乘坐公交车出行,只能在公交站点盲目地等待,不知道车什么时间来,不知道什么时间能到达目的地,想给公交企业提点建议也找不到途径。智慧公交体系应用后,乘客可通过手机 APP 查询乘车路线,实时了解公交车进站时间,掌握车内拥挤程度,精确预算到达目的地时间,随时知晓公交线路调整、站点更改等信息,及时提出意见和建议,与公交进行有效互动。在乘车过程中,乘客可以在车载电视中观看实时新闻或者通过 Wi-Fi 热点上网休闲。在等车时,乘客可以通过电子站牌了解沿途车辆到站情况、观看多媒体视频节目、为公交卡充值,为手机充电、查询其他交互信息等各种人性化功能,如果遇到危险还可以通过电子站牌一键报警,调取视频监控等,享受公交智慧服务。

(4)政府:公共安全和道路交通安全更有保障。智慧公交系统大大提升安全生产预防预控能力。实行授权人员车辆启动,酒精岗前自助检测,急加速、急刹车、急转弯时操作管控,可有效避免超速、开门行车、疲劳驾驶等情况,减少安全隐患。运用前后倒车雷达探距、公交专用道自动抓拍、与交通智能抓拍联动等技术,前后车碰撞事件将极少出现,行车安全更有保障。通过每辆公交车车内外的 8 个摄像头监控及站台、场站实时监控、挥发性危险物品自动检测、人脸自动识别、监控系统与公安交警"天网"等系统联动等技术,及时发现犯罪分子,为市民提供安全的乘车环境,提升城市治安管理水平,维护社会公共安全。

综上,智慧公交搭乘"互联网+"的时代快车,可为企业提升管理水平,提高服务质量、保障公众安全、精准决策提供有力支持,是公交优先战略的重要支撑,也是智慧城市的重要组成部分。青岛市是公交都市创建城市,也正在积极推进智慧城市建设。真情巴士的智慧公交体系,是青岛智慧交通体系的子板块,也将积极分享资源,共建智慧城市。真情巴士的智慧公交体系将逐步建成服务城市发展、服务乘客出行、融入智慧城市的现代化综合应用平台。

8.3 公交优先系统控制理论研究

公交优先系统是 APTS 系统的一个非常重要的部分,通过优先发展公共交通来解决城市交通拥堵问题已成为国内外交通工作者研究的重点。尤其是干线信号协调控制,是城市交通控制中一种常见的控制方式,研究在不影响干线协调控制效果的基础上如何实现公交优先控制具有重要的现实意义。本章节对公交优先系统的控制理论进行详细介绍。

8.3.1 系统控制框架

1.公交车优先级别确定

同一时刻,信号控制交叉口只有一个相位有通行权,当有多个相位提出公交优先请求时,则需提前设定公交优先的规则,按照此规则来决定公交的优先次序。在 TransModeler中有两类公交信号优先控制Preemption与Priority,两种公交优先机理是不同的。Preemption为"强制性"的公交优先,当有公交优先请求时立刻中断信号机的正常运行为公交车辆提供优先。Priority的优先机理为激活"调整时间"或者"插入相位"为即将到来的公交车辆提供优先,由此可以看出Preemption的优先级大于Priority。本文中采用Priority为公交车辆提供信号优先控制,为了解决信号控制交叉口公交相位优先的次序提出"就近原则",具体如下:

(1)绿灯相位期间到达的公交车优先级别高于红灯相位期间到达的公交车。

(2)当多个相位公交车均在相位红灯期间到达,则离绿灯放行相位近的车辆有较高的优先级别。

(3)当相位有多辆公交车提出申请,早到的车辆级别高于晚到车辆。

按照上述设定的公交优先级别判定规则来决定公交优先的次序,此判定规则,既解决了多相位优先申请之间的冲突,又能保证所有公交车总延误最小。

2. 公交优先条件分析

在信号控制交叉口,当有多个相位提出公交优先请求时,需要对各相位进行公交优先条件判断,只有符合公交优先条件的车辆才为其提供优先控制策略,TransModeler中的公交优先策略有延长公交相位的绿灯时间、缩短非公交相位的绿灯时间、跳跃相位等,但是并不是所有的优先请求都会被接受,在仿真公交信号优先前要设置采取公交优先符合的前提条件:

(1)晚到条件。公交车辆必须晚于公交时刻表,对"早到"的公交车辆不采取公交优先策略。

$$T_{ijk} - T'_{ijk} > L_{\max} \tag{8.1}$$

(2)满载率条件。需要设置公交车辆载客人数最小值,如果公交车辆上的人数低于此值,则忽略优先请求。

$$c_{ijk}/c_{\max} > R_{\min} \tag{8.2}$$

(3)到达相位条件。公交车到达交叉口停车线时公交相位为红灯时考虑公交优先。

(4)效用条件为

$$f_{pb} - f_{ps} > 0 \tag{8.3}$$

上述优先条件中的变量含义分别为:T_{ijk}、T'_{ijk}分别为交叉口进口i流向j第k辆公交车预测到达时间和准点到达时间;$L_{\max}$为公交车控制系统可以容忍的最大晚到时间;c_{ijk}、$c_{\max}$分别为公交车最大载客量和实际载客量;$R_{\min}$为优先公交车承载率下限,当公交载客率低于此值时,不提供公交优先请求;f_{pb}、f_{ps}分别为在交叉口相位p实施公交优先的产生的正负综合交通效用,其中正效用为公交优先车辆及同相位的社会车辆因公交优先所减少的等待延误,负效用为公交优先所引起的其他相位车辆的延误增加。

公交优先实施的综合效益采用人时总延误最少进行计算。当进行公交优先时,与公交车同相位的社会车辆的延误将减少,故相位i公交优先效用f_{pb}为

$$f_{pb} = \sum_{ij \in p} \sum_{k} \{ r_k [d_{ijk,C_p}(c_{ijk} + W_{ijk}) + Bd_{sij,C_p}G_p] \} \tag{8.4}$$

式中 r_k——第k辆公交优先减少的等待时间;

G_p——相位 p 有效绿灯时间；

W_{ijk}——进口道 i 流向 j 第 k 辆晚到公交车的社会影响系数；

d_{ijk,G_p}——G_p 时间内第 k 辆公交车是否离开交叉口 $d_{ik,G_p}=0,1$；

d_{sij,G_p}——G_p 时段内社会车辆离开率；

B——社会车辆平均载客数。

由于公交优先的原因，非公交优先相位的车辆（包括公交车和非公交车）的延误将增加，这项指标作为公交优先的负效用 f_{ps}。未优先车辆的负效用包括未优先社会车辆和未优先公交车辆产生的延误，公交优先负效用为两者人均延误之和。

其中，社会车辆延误为

$$D_s = \sum_{t \in \varphi(\bar{p})} (g_t - g_{re}) B D_{t,w} \tag{8.5}$$

公交车辆增加的延误为

$$D_b = \sum_{t \in \varphi(\bar{p})} \sum_k (g_t - g_{te})(c_{tk} + W_{tk}) \tag{8.6}$$

因此，有

$$f_{ps} = D_b + D_s \tag{8.7}$$

式中 g_t——非优先相位 t 的原绿灯时间；

g_{te}——非优先相位 t 因公交优先后的绿灯时间；

$D_{t,w}$——减少非优先相位 t 的绿灯时间而延误的社会车辆数；

c_{tk}——非优先相位 t 第 k 辆公交的实际载客数；

W_{tk}——非公交优先相位 t 第 k 辆公交车的社会影响系数。

对于多相位存在公交优先申请时，选择综合交通效用最高的优先相位进行优先控制，即 $\max(f_{ps})$，j 为激发公交优先申请的各相位。

当公交车到达交叉口激发优先申请时，判断公交车晚到条件、载客率条件、效用条件和相位条件是否均满足，以决定是否对此公交车实行优先策略，对于没有满足所有优先条件的公交请求予以忽略。

3. 控制思想及流程

干线公交优先信号协调总流程如图 8.6 所示。

TransModeler 使用"感应器"将检测到的车辆信息发送到信号控制中心，本文在距离交叉路口 80 m 处添加车辆检测器，在检测器的设置对话框中，定义了"检入"检测器及"检出"检测器，"检入"检测器用于激活优先信号控制，"检出"检测器的作用为当优先相位结束后恢复到正常信号控制。当布设在信号控制交叉口前的检测器检测到有公交车辆到达时，按照上述提出的公交优先条件判断申请公交优先的公交车辆是否满足优先条件，当不满足时忽略优先请求，运行普通信号配时方案，如果满足优先条件，则将该公交车加入优先队列，然后按照公交优先级别判定规则确定公交优先级别的次序，如果优先级别最高的公交车辆为干线信号协调相位，则触发协调相位公交优先模块，如果优先级别最高的公交车辆属于非协调相位，则触发非协调相位公交优先模块。

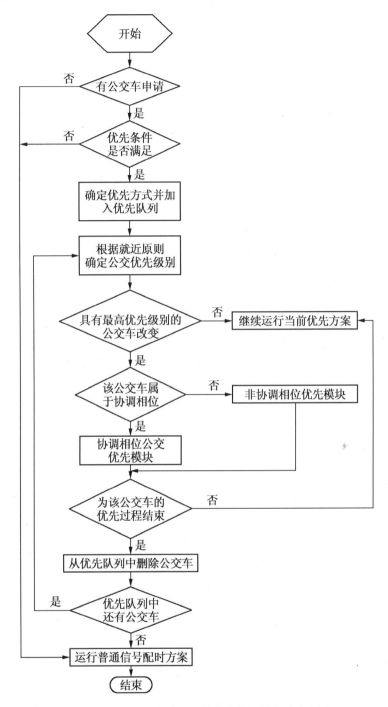

图 8.6 面向公交优先的干线信号协调控制总流程图

8.3.2 普通干线信号协调控制

当公交车辆未触发公交优先申请时则运行普通信号配时方案,干线信号协调控制的

各参数计算如下:

1. 信号周期优化

本文选用韦伯斯特方法计算各交叉口的信号周期,并选出干线系统中最大的信号周期作为干线系统的公共信号周期。

$$C_0 = \frac{1.5L + 5}{1 - Y} \tag{8.8}$$

$$L = \sum_i (l + I - A) \tag{8.9}$$

$$C = \max(c_i) \tag{8.10}$$

式中　L——每个周期总损失时间,s;

　　　l——启动损失时间;

　　　A——黄灯时间;

　　　I——黄灯间隔时间;

　　　Y——组成周期的全部信号相位的各个最大 y 值之和。

2. 绿信比优化模型

绿信比通常有两种优化思路:①等饱和度法;②不等饱和度法。绿信比优化一般是每个交叉口单独进行优化,但是在协调控制下,为了提高干线协调优化效果,可以对非关键交叉口按照不等饱和度分配,使其非协调相位具有较高的饱和度实用限值 x_p,但是,关键交叉口的绿信比应以等饱和度分配。绿灯时间的确定方法如下:

(1)确定协调相位的最小绿灯时间。

各交叉口协调相位所必须保持的最小绿灯时间就是关键交叉口协调相位的绿灯显示时间,g_{me}、g_m 均为取整后所得:

$$g_{me} = (c_m - L_m)\frac{y_m}{Y_m} \tag{8.11}$$

式中　g_{me}——关键交叉口协调相位的有效绿灯时间,s;

　　　c_m——公共周期时长,s;

　　　L_m——关键交叉口总损失时间,s;

　　　y_m——关键交叉口协调相位关键车道的流量比;

　　　Y_m——关键交叉口各关键相位流量比之和。

(2)确定非关键交叉口非协调相位绿灯时间。

根据 $c_m q_n = s_n g_{ne}$ 及非关键交叉口非协调相位饱和度实用限制 x_p(一般取 $x_p = 0.9$),计算非关键交叉口非协调相位有效绿灯时间的实用值:

$$g = \frac{c_m q_n}{S_n x_p} = \frac{c_m y_n}{x_p} \tag{8.12}$$

式中　g——非关键交叉口非协调相位的实用有效绿灯时间,s;

　　　q_n——非关键交叉口非协调相位关键车道的流量,pcu/s;

　　　S_n——非关键交叉口非协调相位关键车道的饱和流量,pcu/s;

　　　g_{ne}——非关键交叉口非协调相位的有效绿灯时间,s;

x_p——非关键交叉口非协调相位的饱和度实用限值；

$y_n = \dfrac{q_n}{s_n}$——非关键交叉口非协调相位关键车道的流量比。

(3)确定非关键交叉口协调相位绿灯时间。

协调控制子区的非关键交叉口,其周期长度采用子区的公共信号周期,协调相位的绿灯时间不应短于关键交叉口协调相位的绿灯时间。为了满足这一要求,非协调相位的绿灯显示时间确定以后,富余时间全部给协调相位,以形成最大绿波带。

3. 相位差优化方法

相位差是主干道协调控制系统中的一个重要概念,通常有两种相位差:绝对相位差和相对相位差。对于主干路协调控制,可采取两种比较实用的方法(数学解析法和图解法)来协调相邻信号间的时差。由于图解法不够精确,本文采用数解法优化相位差。

8.3.3 面向公交优先的干线配时优化

1. 协调相位公交优先模块

当符合公交优先的车辆位于协调相位时则触发,协调相位公交优先模块采用主动公交优先控制策略绿灯延长和红灯早断为公交车辆提供信号优先,下面将分别介绍其控制算法。

(1)绿灯延长控制策略。

当公交车辆检测器检测到公交车辆在协调相位的绿灯期间到达但是预测其到达交叉口停车线的时刻协调相位为红灯,如果公交车辆所需的延长时间在协调相位可提供的最大延长时间之内,则协调相位采取绿灯延长控制策略,如果公交车辆所需的延长时间超过后续相位可提供的最大延长时间,则保持信号配时不变。绿灯延长控制策略流程图如图 8.7 所示。

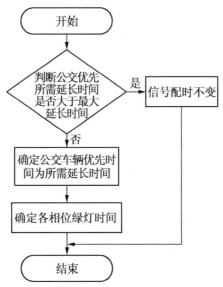

图 8.7　绿灯延长控制策略流程图

步骤一:公交优先方式优化。

①公交优先所需延长时间的确定。

第 n 个周期中公交优先所需延长时间 t_{gby}^n 为公交车到达交叉口停车线时刻 t_0^n 与协调相位绿灯结束时刻 t_{Gje}^n 之差,即

$$t_{gby}^n = t_0^n - t_{Gje}^n \tag{8.13}$$

②协调相位最大可延长绿灯时间的确定。

协调相位最大可延长绿灯时间的设置对绿灯延长控制策略有非常重要的意义,绿灯延长控制策略是在保证干线协调绿波带不被破坏的前提下尽可能地为其提供优先时间,且执行绿灯延长只会拓宽该周期的绿波带宽度,不会改变本周期绿波带的上限和下限,因此,当本周期协调相位需要绿灯延长时,在保证本周期后续各相位的绿灯时间满足饱和度 0.95 和下周期的绿波带上下限不被破坏的前提下,所有剩余的绿灯时间均可用于本周期协调相位的绿灯延长,协调相位最大延长绿灯时间的计算方法如下

$$t_{gmx}^n = \sum_{i=j+1}^{k} t_{giy}^n + \sum_{i=1}^{j-1} t_{giy}^{n+1} \tag{8.14}$$

其中:t_{giy}^n 为本周期相位 i 可提供的绿灯时间,其计算方法为:$t_{giy}^n = t_{gio}^n - t_{gic}^n$,式中 t_{gio}^n 为按照韦伯斯特公式中的等绿信比方法确定的绿灯时间。t_{gic}^n 为满足本相位的饱和度,为 0.95 对应的临界绿灯时间,选择非协调相位的饱和度 0.95 是因为当非协调相位的饱和度为 0.95 时交叉口的排队将迅猛增长,交叉口即将处于过饱和的状态,如果此时对交叉口再采取公交优先控制策略,则将会引起交叉口处严重的交通拥堵,所以将其他非协调相位的饱和度的极限值设置为 0.95。

为了保证干线信号协调控制的效果,在协调相位绿灯延长控制策略中,没有压缩 $n+1$ 周期的协调相位的绿灯时间(如绿灯启亮时刻与绿波带下限绿灯长度),虽然压缩协调相位的这部分绿灯时间并不会导致绿波带的上下限被破坏,但是压缩后会引起 $n+1$ 周期协调相位的排队长度,从而影响了干线信号协调控制的效果。

步骤二:公交优先配时参数确定。

公交优先方式确定后,确定各相位最终的配时参数。

①协调相位绿灯时间的确定。

运行绿灯延长控制策略后,协调相位的绿灯时间等于未采取优先策略前的绿灯时间加上绿灯延长时间,即

$$t_{gi}^n = t_{gio}^n + t_{gby}^n \tag{8.15}$$

式中 t_{gi}^n——采取绿灯延长策略后协调相位的绿灯时间,s;

t_{gio}^n——未采取优先策略前的协调相位的绿灯时间,s;

t_{gby}^n——协调相位绿灯延长时间,s。

②非协调相位的绿灯时间的确定。

被压缩的非协调相位按照等流量比分担被压缩的绿灯时间,因此,绿灯延长相位后的其他各非协调相位执行被压缩后的绿灯时间为

$$t_{gi}^n = \max(t_{gimin}^n, t_{gio}^n - t_{gby}^n \frac{y_i}{\sum_i y_i}) \tag{8.16}$$

式中 $i=j+1+2+\cdots+k, 1+2+\cdots+j-1$；

t_{gimin}——相位 i 的最小绿灯时间。

(2)绿灯提前启亮控制策略。

当公交车辆检测器检测到公交车辆在协调相位红灯期间到达,且公交车辆到达交叉口停车线协调相位仍为红灯,在不破坏协调相位绿波带的上下限和非协调相位的最小绿灯时间的约束下给予公交车辆最大的绿灯提前启亮时间。控制流程图如图 8.8 所示。

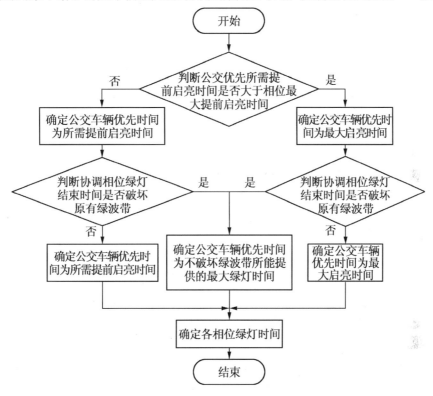

图 8.8 绿灯提前启亮控制策略流程图

步骤一:公交优先方式优化。

①公交优先所需提前启亮时间 t_{gxt}^n 的确定。

公交优先所需提前启亮绿灯时间 t_{gxt}^n 为公交车辆到达交叉口停车线的时间 t_0^n 与协调相位绿灯开始时刻之差 t_{giq}^n。

$$t_{gxt}^n = t_{giq}^n - t_0 \tag{8.17}$$

②协调相位最大可提前启亮绿灯时间的确定。

在第 n 个周期中,公交优先所需提前启亮时间为 n 周期协调相位后续各相位可压缩的绿灯时间与 $n+1$ 周期协调相位前面相位可压缩的绿灯时间的总和。

假设在第 n 周期中协调相位 j 有公交车辆触发绿灯提前启亮模块,此时信号交叉口 h 相位为绿灯,当压缩 n 周期 h 后续相位及 $n+1$ 周期协调相位 j 前面各相位的绿灯时间后,则会导致 $n+1$ 协调相位绿灯时间提前,然而为了保证绿波带上下限不发生改变,绿波带下限最大可提前时间为 $t_{Gjm2}^{n+1} - t_{Gje}^{n+1}$，所以，需要对协调相位的最大提前启亮绿灯时间进行限制。

考虑相位 h 运行时间是否达到临界绿灯时间，可以分为以下两种情况。

a. 相位运行时间未达到临界绿灯时间。

如果相位 h 运行时间未达到饱和度 0.95，则不打断相位的正常运行，直至相位 h 达到临界绿灯时间 t_{ghe}^n，则压缩 n 周期 h 后续相位 $n+1$ 及周期协调相位 j 前面各相位的绿灯时间，各相位被压缩的绿灯时间计算公式为 $g_{ki}^n = g_{ci}^n - g_{li}^n$，采取绿灯提前启亮控制策略总压缩绿灯时间总和为

$$t_{gsy} = \sum_{i=h}^{k} t_{giy}^n + \sum_{i=1}^{j-1} t_{giy}^{n+1} \tag{8.18}$$

为了保证 $n+1$ 周期绿波带上下限不被移动，则允许协调相位 j 最大可提前启亮的时间为

$$t_{git} = t_{Gje}^{n+1} - t_{Gjm2}^{n+1} \tag{8.19}$$

信号机可以为该公交车提前启亮绿灯时间 t_{gyt}^n

$$t_{gyt} = \min(t_{gsy}, t_{git}) \tag{8.20}$$

此方法既保证了 $n+1$ 周期协调相位绿波带的上下限不被破坏，也确保了非协调相位的最小绿灯时间。

但是，当采取绿灯提前启亮控制策略后，$n+1$ 协调相位绿灯时间被提前 t_{gvt}，当公交车提前启动绿灯时间 t_{gvt} 与允许协调相位 j 最大可提前启亮的时间相等时，则 $n+1$ 周期及后续周期的绿波带上限将等于绿灯结束时刻，为了保证干线系统的畅通，当无公交优先申请时，对被压缩的非协调相位进行绿灯时间补偿控制策略，补偿时间计算公式如下

$$t_{gi}^{n+1} = t_{gio}^{n+1} + t_{giy}^n \tag{8.21}$$

式中 $i = h, h+1, \cdots, k$。

t_{gi}^{n+1}——$n+1$ 周期 i 相位将运行的绿灯时长，s。

$$t_{gi}^{n+2} = t_{gio}^{n+2} + t_{giy}^{n+1} \tag{8.22}$$

式中 $i = 1, 2, \cdots, j-1$。

b. 相位 h 运行时间已达到临界绿灯时间。

如果相位 h 运行时间达到临界绿灯时间，则可直接打断相位的正常运行，进入绿灯压缩模块，相位 h 可被压缩绿灯时间计算公式为

$$t_{ghy}^n = t_{gho}^n - t_{gha}^n \tag{8.23}$$

式中 t_{gh0}^n——n 周期 h 相位初始分配绿灯时间，s；

t_{gha}^n——n 周期 h 相位已运行绿灯，s。

其他相位可被压缩绿灯时间为

$$t_{giy}^n = t_{gio}^n - t_{gic}^n \tag{8.24}$$

式中的字符含义与上文中相同。

③协调相位绿波带上下限的确定。

确定 n 周期协调相位绿灯时间中点时刻 t_{gjm}^n，即

$$t_{gjm}^{n} = \sum_{i=1}^{j-1} t_{gio}^{n} + \frac{t_{gjo}^{n}}{2} + (n-1)T \tag{8.25}$$

协调相位绿波带起止时刻,即

$$t_{gjm1}^{n} = t_{gim}^{n} - \omega/2 \tag{8.26}$$

$$t_{gjm2}^{n} = t_{gim}^{n} + \omega/2 \tag{8.27}$$

$$\omega = \min(\omega_{z}, w_{f}) \tag{8.28}$$

式中 ω——协调相位绿波带的宽度,s;

ω_{z}——正向绿波带的宽度,s;

ω_{f}——反向绿波带的宽度,s。

步骤二:公交优先配时参数确定。

公交优先方式确定后,确定各相位最终的配时参数。

(1)协调相位前面相位绿灯时间的确定。

协调相位前的各相位执行的绿灯时间为基础绿灯时间减去被压缩的绿灯时间,被压缩的绿灯时间为提前启亮时间乘以各相位的基础绿灯时间占总基础绿灯时间的比例,非协调相位绿灯时间计算公式为

$$t_{gi}^{n} = t_{gio}^{n} - t_{gxt}^{n} \frac{t_{giy}}{\sum_{i} t_{giy}} \tag{8.29}$$

式中 t_{gi}^{n}——n 周期非协调相位绿灯时间,s;

t_{gio}^{n}——n 周期非协调相位基础绿灯时间,s;

t_{gxt}^{n}——n 周期协调相位提前启亮绿灯时间,s。

(2)协调相位绿灯时间保持不变。

(3)下一周期各相位基础绿灯时间的确定。

当第 n 周期协调相位执行绿灯启亮控制时,则保持 $n+1$ 周期协调相位绿灯时间不发生改变,$n+1$ 周期被压缩的非协调相位的绿灯时间为按照等饱和度原则分配的基础绿灯时间与上周期被压缩的绿灯时间的和,即

$$t_{gi}^{n+1} = t_{gio}^{n+1} + t_{gyt}^{n} \frac{t_{gio}^{n}}{\sum_{i}^{j-1} t_{gio}^{n}} \tag{8.30}$$

式中 t_{gi}^{n+1}——$n+1$ 非协调相位绿灯时间,s;

t_{gio}^{n+1}——$n+1$ 非协调相位基础绿灯时间,s;

t_{gyt}^{n}——n 周期协调相位绿灯提前启亮时间,s。

2. 非协调相位公交优先模块

当实施公交优先的车辆位于非协调相位时,公交车辆触发非协调相位公交优先模块,与协调相位公交优先模块一样,仍采用绿灯延长和绿灯启亮两种策略为公交车辆提供信号优先。

(1)绿灯延长控制策略。

与协调相位公交优先模块相同,当公交车辆检测器检测到公交车辆在非协调相位的

绿灯期间到达,但是预测其到达交叉口停车线的时刻非协调相位为红灯,如果公交车辆所需的延长时间在非协调相位可提供的最大延长时间之内,则非协调相位采取绿灯延长策略,如果公交车辆所需的延长时间超过后续相位可提供的最大延长时间,则保持信号配时不变。

步骤一:公交优先方式优化。

①公交优先所需延长时间的确定。

在第 n 个周期中公交优先所需延长时间 t_{gby}^n 为公交车到达交叉口停车线时刻 t_t^n 与非协调相位绿灯结束时刻 G_{ij}^n 之差,即

$$g_{gby}^n = t_t^n - G_{ij}^n \tag{8.31}$$

②非协调相位最大可延长绿灯时间的确定。

与协调相位绿灯延长控制策略相同,在保证干线协调绿波带不被破坏的前提下尽可能地为其提供优先时间,因此,当非协调相位需要绿灯延长时,在保证后续各相位的绿灯时间,满足饱和度0.95的前提下,所有剩余的绿灯时间均可用于非协调相位的绿灯延长。假设非协调相位 h 有公交车辆提出绿灯时间延长,根据非协调相位 h 与协调相位 j 的相对位置,可以分为两种情况:

a. $h<j$ 时。

在第 n 周期中,当有公交优先请求的相位在协调相位前,即 $h<j$ 时,为了确保干线协调绿波带不发生改变,只压缩本周期 $h+1$ 相位至协调相位 j 的绿灯时间,$h+1$ 相位至 j 相位的总压缩绿灯时间为

$$t_{gsy} = \sum_{i=h+1}^{j-1} t_{ghy}^n + t_{giy}^n \tag{8.32}$$

式中 t_{ghy}^n ——n 周期相位 h 富余绿灯时间;

t_{giy}^n ——n 周期相位 j 绿灯起始与绿波带下限 t_{Gjs}^n 之间的绿灯时间,即

$$t_{giy}^n = t_{Gjm1}^n - t_{Gjs}^n \tag{8.33}$$

若公交车所需延长时间在非协调相位可提供的最大延长时间之内,即 $t_{gsy} \geq t_{gby}^n$ 时,则非协调相位采取绿灯延长控制策略,若否,则保持信号配时不变;如果不压缩协调相位 j 的绿灯时间可以满足公交优先申请,即 $\sum_{i=h+1}^{j-1} t_{giy}^n \geq t_{gby}^n$ 时,则只压缩 $h+1$ 至 $j-1$ 相位;如果 $\sum_{i=h+1}^{j-1} t_{giy}^n < t_{gby}^n$,则同时压缩 j 相位绿灯时间。

b. $h>j$ 时。

当优先请求相位位于协调相位后即 $h>j$ 时,则被压缩的相位涉及信号周期 n 与 $n+1$,两周期中被压缩绿灯时间的总和为

$$t_{gsy} = \sum_{i=h+1}^{k} t_{giy}^n + \sum_{i=1}^{j-1} t_{giy}^{n+1} + t_{giy}^{n+1} \tag{8.34}$$

上式中的各 c 参数的计算方法与 $h<j$ 的情况相同。

步骤二:公交优先配时参数确定。

公交优先方式确定后,计算最终运行的配时参数。

①公交优先非协调相位绿灯时间的确定。

运行绿灯延长控制策略后,非协调相位的绿灯时间等于未采取优先策略前的绿灯时

间加上绿灯延长时间,即

$$t_{gi}^n = t_{gio}^n + t_{gby}^n \tag{8.35}$$

式中 t_{gi}^n——采取优先策略后非协调相位的绿灯时间,s;

t_{gio}^n——未采取优先策略前非协调相位的绿灯时间,s;

t_{gby}^n——非协调相位绿灯延长时间,s。

②其他非协调相位绿灯时间的确定。

被压缩的其他非协调相位按照等流量比分担被压缩的绿灯时间,因此,绿灯延长相位后的其他各非协调相位执行被压缩后的绿灯时间为

$$t_{gt}^n = \max(t_{gimin}^n, t_{gio}^n - t_{gby}^n \frac{y_i}{\sum_i y_i}) \tag{8.36}$$

③协调相位绿灯时间的确定。

为了保证干线协调绿波带不被破坏,对协调相位的绿灯时间进行补偿,补偿时间为

$$t_{gjc}^n = t_{gby}^n - \sum_{i=i+1}^{j-1} t_{giy}^n \tag{8.37}$$

即相当于把协调相位 j 的绿灯启亮时刻向后移 t_{gjc}^n。

(2)绿灯提前启亮控制策略。

当具有最高优先级别的公交车辆到达交叉口停车线的时刻,非协调相位为红灯,则公交车辆触发非协调相位绿灯提前启亮控制模块,在保证非协调相位的最小绿灯时间和不破坏协调相位绿波带的上下限的约束下给予非协调相位公交车最大的绿灯提前启亮时间。

步骤一:公交优先方式优化。

①公交优先所需提前启亮时间 g_{xy}^n 的确定。

公交优先所需提前启亮时间 g_{xy}^n 为非协调相位绿灯开始时刻 G_{jq}^n 与公交车到达交叉口停车线时刻 t_0 之差:

$$g_{xy}^n = G_{jq}^n - t_0 \tag{8.38}$$

式中 g_{xy}^n——n 周期公交优先所需提前启亮时间,s;

G_{jq}^n——n 周期非协调相位绿灯开始时刻,s;

t_0——公交车到达停车线时刻,s。

②其他非协调相位最大可提前启亮绿灯时间的确定。

设非协调相位 h 触发公交优先绿灯提前启亮时,非协调相位 m 为绿灯,根据非协调相位 m 的运行时间是否达到临界绿灯时间,分以下两种情况。

第一种情况:相位 m 运行时间未达到临界绿灯时间。

如果非协调相位 m 的运行时间未达到饱和度0.95,则不打断相位 m 的正常运行,直至相位 m 达到临界绿灯时间 t_{gmc}^n,则压缩 n 周期相位 m 至位协调相位 j 前的其他非协调相位及 $n+1$ 周期协调相位 j 前面各相位的绿灯时间,各相位被压缩的绿灯时间计算公式为

$$g_{ki}^n = g_{ci}^n - g_{li}^n$$

在第 n 周期中,当相位 h 在相位 m 前时,即相位 h 已运行完毕,第 n 周期及第 $n+1$ 周期各相位可提供的绿灯时间为

$$t_{gyt} = \min(\sum_{i=m+1}^{j-1} t_{giy}^n, t_{Gje}^n - t_{Gjm2}^n) + \min(\sum_{i=j+1}^{k} t_{giy}^n + \sum_{i=1}^{j-1} t_{giy}^{n+1}, t_{Gje}^{n+1} - t_{Gjm2}^{n+1}) \quad (8.39)$$

在第 n 周期中,当相位 h 在相位 m 后时,即还未到达相位 h 的绿灯时间,各相位可提供的绿灯提前时间计算公式为

$$t_{gyt} = \min(\sum_{i=h+1}^{k} t_{giy}^n + \sum_{i=1}^{j-1} t_{giy}^{n+1}, t_{Gje}^{n+1} - t_{Gjm2}^{n+1}) \quad (8.40)$$

式中各公式含义同上。

第二种情况:相位 m 运行时间已达到临界绿灯时间。

如果相位 m 运行时间已达到临界绿灯时间,则可直接打断相位的正常运行,进入绿灯压缩模块,相位 m 可被压缩绿灯时间计算公式为

$$t_{gmy}^n = t_{gmo}^n - t_{gma}^n \quad (8.41)$$

式中 t_{gmo}^n——n 周期 m 相位初始分配绿灯时间,s;

t_{gma}^n——n 周期 m 相位已运行绿灯时间,s。

其他方法与(1)相同,不再详细叙述。

步骤二:公交优先配时参数确定。

公交优先方式确定后,确定各相位最终的配时参数。

①其他非协调相位绿灯时间的确定。

其他各非协调相位绿灯时间为基础绿灯时间减去被压缩绿灯时间,被压缩的绿灯时间为提前启亮时间乘以各相位的基础绿灯时间占总基础绿灯时间的比例,非协调相位绿灯时间计算公式为

$$t_{gi}^n = \max(t_{gimin}^n, t_{gio}^n - t_{gby}^n \frac{y_i}{\sum_i y_i}) \quad (8.42)$$

②下一周期各相位基础绿灯时间的确定。

与协调相位模块相同,为了保证干线绿波带不被破坏,对被压缩的相位进行绿灯时间补偿控制策略

$$t_{gi}^{n+1} = t_{gi0}^{n+1} + t_{gyt}^n \frac{t_{gi0}^n}{\sum_i^{j-1} t_{gi0}^n} \quad (8.43)$$

式中 t_{gi}^{n+1}——$n+1$ 周期非协调相位绿灯时间,s;

t_{gio}^{n+1}——$n+1$ 周期非协调相位基础绿灯时间,s;

t_{gyt}^n——n 周期协调相位绿灯提前启亮绿灯时间,s。

8.4 TransModeler 公交优先系统仿真

TransModeler 可以用来模拟以不同比例组成的公交车、小汽车和卡车交通流,根据车站的长度、上下车乘客人数和比例,以及线路发车频率、车辆类型等分析公交车辆行驶受到的影响,通过设定公交专用车道,动态的公交信号,分析公交优先策略对路网的影响及效果。

为验证文章上节提出的面向公交优先的干线信号协调控制的效益和可行性,利用 TransModeler 软件进行仿真建模,以路段和交叉口输出的仿真结果作为对比分析数据,从量化方面说明该公交优先控制技术的可行性及优越性,下图 8.9 为在 TransModeler 软件中仿真面向公交优先的干线协调控制的仿真流程。

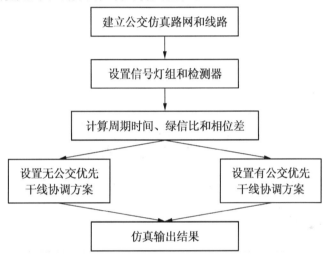

图 8.9 面向公交优先的干线协调控制仿真流程

8.4.1 仿真路网建设与仿真环境设置

1. 仿真路网建设

在 TransModeler 中可以通过以下 3 种方法创建仿真工程。

(1)基于空的仿真数据库创建新的仿真工程。

打开软件的 file 菜单下的 new 子菜单,选择需要建立的文件类型,确定则可进入创建新的仿真工程页面。创建工程的同时,仿真数据库也同时被创建,包括路段层 links、线段层 segments、车道层 lanes、节点层 nodes、车道连接线层 lane connectors、质心层 centroids、质心连接线层 centroid connectors、检测器层 sensors、道路信号、标志和控制设施层 signals,如图 8.10 所示。

建立完新的仿真工程,使用道路编辑器工具,可以添加、删除、合并、打断路段、编辑路段的高程等。需要注意的是路段和线段是两个不同的图层,当打断一条路段的时候会生成两条线路,而合并时则可以合并路段或者线段,其主要原因是数据库各图层间存在着一定的关联关系,其关系如图 8.11 所示。

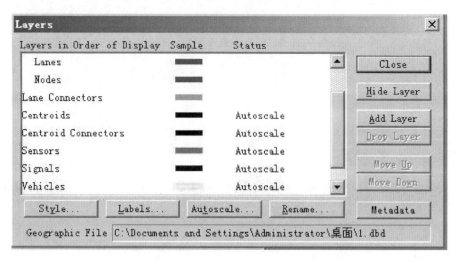

图 8.10　建立仿真工程默认的数据库图层

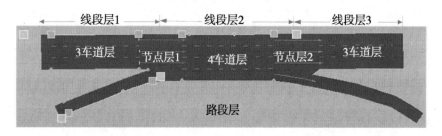

图 8.11　图层关联关系

(2) 基于已有的仿真数据库创建。

基于已有的仿真数据库创建仿真工程,在编辑仿真工程时,出现操作错误,导致系统强制性地关闭软件程序,此时创建的仿真工程没有保存,如果想修复原来的仿真工程,则可采用该方法。因此该方法对恢复仿真工程有着重要的作用。由于 TransModeler 和 GIS 的无缝集成,可以把 GIS 数据导入,经过加工可生成基础路网模型。

(3) 基于线层地理信息建立仿真工程。

基于线层地理信息建立仿真工程是 TransModeler 和 TransCAD 有机结合的一个应用。该方法操作便捷,可以减少编辑工程时出现的各种操作问题,从而可以节约搭建仿真工程的时间。在建立仿真数据库时,需要在线层设置道路等级、车道数、道路系统的拓扑关系等属性。由于 TransCAD 内部命令可以检查路网的连通性,因此在导入 TransModeler 之前需要检查路网的连通性,检查无误后再建立仿真工程。

本文采用第三种方法建立交通仿真工程。首先在 AutoCAD 中按照道路等级分图层绘制道路网,然后将画好的道路网导入到 TransCAD 中,在 TransCAD 中创建不同的字段输入路网属性:道路通行能力、车辆运行速度等。最后将路网导入 TransModeler 软件中,在导入线层信息时需要定义车辆的行驶方向、指明车道数的具体含义(单向/双向)、选择是否导入质心层。当按照以上步骤创建仿真工程时,其对应的仿真数据库也生成。其实,仿真数据库是一个地理文件,它是各图层信息的集合体,系统界面图如图8.12所示。随着新的交通路段的添加,数据库也不断更新,且有些属性字段是不可编辑的,有些字段的信息是实时更新的。

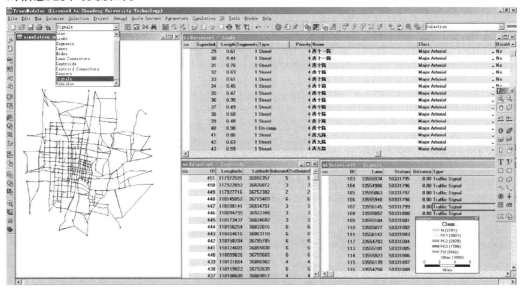

图 8.12 仿真路网及属性

2. 公交系统建立

公交系统是基于道路网的基础上建立的,在创建公交路线系统之前,要先建立道路层,把道路层激活,建立新的 route system。公交系统的属性字段值及公交时刻表将作为公交仿真的输入数据,公交系统需要设定必选属性的值,如公交车辆平均车头时距、公交车辆类型等属性,这些属性分别来自公交线路层、线路站点层、物理站点层,其中车头时距、乘客到达率、乘客下车率是必选属性,其他属性则可不选。

在 TransModeler 中创建公交系统基于以下四要素:仿真数据库、公交线路系统、公交车辆类型和公交时刻表。各要素的功能介绍见表8.1。

表 8.1 创建公交系统四要素

要素	描述
仿真数据库	定义了公交系统所基于的路网,包括公交线路路段和路边车站
公交线路系统	定义了一个或更多的路线组成了整体的公交系统,包括线路和车站
公交车辆类型定义	包括影响车站停站时间的车辆属性
公交时刻表	包含既定的针对每条线路的若干个车站到达时间和针对服务于每条线路的若干条出行路径的公交时刻表

(1)公交系统图层。

公交系统图层由三个相关的地理图层构成:公交线路、公交站点和物理站点。公交系统是基于仿真数据库中的道路层建立的,在公交系统属性表中可定义公交线路的平均车头时距、公交车辆的平均车头时距标准差、服务于公交线路的车辆类型、公交车辆的初始荷载和公交线路的优先类型等属性,公交线路层属性如表 8.2 所示。

表 8.2 公交线路层属性表

字段名	类型	描述
Headway	数值	指定线路的公交车辆的平均车头时距/s
Standard Deviation	数值	指定线路的公交车辆的平均车头时距标准差
Vehicle Type	字符	公交车辆的类型
Preemption	字符	公交优先的类型

随着公交系统的建立,线路站点层和物理站点层也被创建,物理站点和线路站点是相互独立的。物理站点依附于道路层,而线路站点是基于公交线路层建立的。当设置线路站点时系统会自动添加物理站点。在 TransModeler 中两类站点都要被建立。在为某线路添加线路站点时,要提前建立物理站点,因此在没有物理站点的路线上创建线路站点的时候,系统会提示是否创建物理站点。如果该线路的路段上有设立的物理站点,那么系统会提示是否使用这些物理站点为线路站点。当该线路在某一物理站点停靠时,则选择 use,否则选择 ignore 忽略该物理站点。也就是说一个指定的物理站点可以服务于多条公交线路,但是每条线路必须基于物理站点建立自己的线路站点。TransModeler 中的线路站点图层属性如表 8.3 所示。

表 8.3 公交车线路站点图层属性表

字段名	必选	类型	描述
Arrival Rate	是	数值	车站的每小时乘客到达率
Alighting Percentage	是	数值	车站的乘客下车比率
Stop Type	否	字符	车站类型:线路式、尽头式或港湾式

(2) 公交系统设置。

公交系统设置用来对公交线路系统层的字段进行配置,不同的仿真工程可以在不同的公交系统配置下使用同一个线路系统。例如,可以针对高峰和非高峰时段分别使用不同的公交车车头时距字段进行仿真。

TransModeler 会随着系统中的公交线路系统删除的同时将公交系统设置删除,因此,当一个新的公交系统添加到工程中时,TransModeler 将打开"工程设置"对话框用于公交系统设置的确认,所以,当在运行仿真前需检查公交系统设置。

在公交系统设置中适合的字段选择完毕之后,需要在字段中填入适当的数据。TransModeler 会根据公交系统设置中的有关参数对公交线路层的车辆类型、车辆优先字段和公交车站层的车站类型地段的值进行添加或修改。在公交车站层的数据窗中,每个公交车站记录对应的字段均包含一个下拉列表框,其中包含着可选项,如图 8.13 所示。

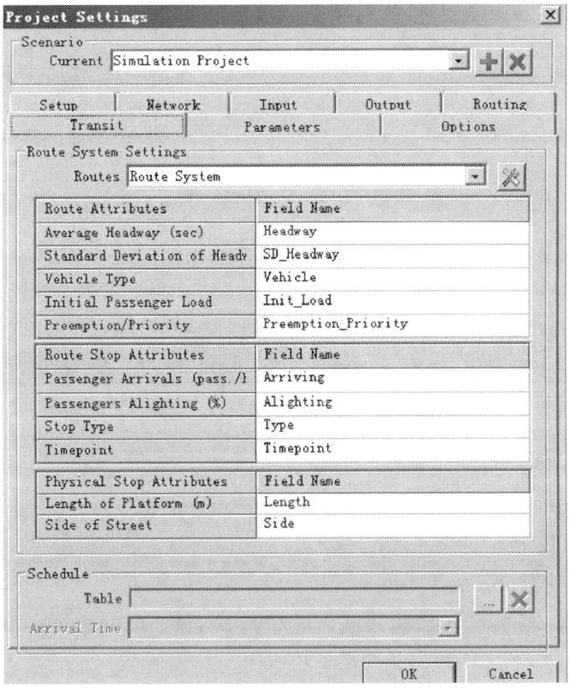

图 8.13　公交系统设置选项框

(3) 公交车辆属性。

在对公交线路系统进行仿真时,必须选定每条线路上的公交车辆类型。公交车辆类型是从完全的车辆类型清单中抽取出来的,并且包含一些附加属性使得公交仿真模型便利化,如图 8.14 所示。公交车辆被分配到线路系统中的线路层中的线路上,不能被分配到其他的输入出行文件中。

每类公交车辆将使用基准类型的车辆属性和特征。例如,基于"标准公交车辆"类型,可以创建公交车辆类型,该公交车辆类型将是有着公交车辆仿真所要求的附加参数集合的"标准公交车辆",用户也可以根据需要创建需要的公交车辆类型。公交车辆属性表见表 8.4。

表 8.4　公交车辆属性表

参数	内容
Vehicle Class	公交车辆的基准车辆类型
Seating Capacity	车辆的总座位数
Total Capacity	车辆所能容纳的乘客总人数
Dead Time	车辆在车站的损失时间,包括开关门的损失时间
Alighting Time	每位乘客下车的平均消耗时间/s

续表 8.4

参数	内容
Boarding Time	每位乘客上车的平均消耗时间/s
Crowding Factor	乘客数量超过座位数时,附加的乘客上车时间

在 TransModeler 中公交车辆参数用来仿真公交车辆在站点的停靠时间模型,当公交车辆在站点停靠时,停留时间包括在站点的延误时间(车辆在公交车站的损失时间,包括关门情况下的车站损失时间和开关门的时间)和服务时间两部分。

公交车辆在某一车站的停留时间计算模型为

$$T = \gamma + \alpha A + \beta B \tag{8.44}$$

式中　T——公交车辆在某一车站的总停留时间,s;

γ——公交车辆在某一车站的损失时间,包括车站损失时间和开关车门的时间;

α——每位乘客平均下车消耗的时间,s/人;

A——某一车站上车的总人数,s/人;

β——每位乘客上车时消耗的时间,s/人;

B——某车站上车的总人数,s/人。

然而,当考虑座位数和公交车辆的承载能力时,公交车辆在站点的停留时间模型将不同于上述公式。如果公交车上的乘客数减去下车的乘客加上上车的乘客数大于公交车辆的承载能力时,那么一些乘客上车时所消耗的时间将大于不拥堵时上车所消耗的时间,此时,公交车辆在站点的停留时间模型修改如下

$$T = \gamma + \alpha A + \beta B'' + (\beta + CF)B''' \tag{8.45}$$

式中　$B'' = L - A + B' - SC$

$B''' = B' - B''$;

$B' = \min[TC - (L - A), B]$;

CF——乘客数量超过座位数时,附加的乘客上车时间,s/人;

L——到达车站时刻,公交车上的总乘客数;

SC——公交车辆的总座位数;

TC——公交车辆总容纳乘客数;

B'——允许上车的总乘客数。

如果等候上车的总人数没有超过公交车辆承载能力时,B'将等于车站等候上车的总人数 B,即 $B' = B$。然而,如果公交车上的乘客数 L 减去下车的乘客数 A 加上上车的乘客数大于公交车辆的承载能力 TC 时,则允许上车的乘客数为剩余公交车辆的承载能力。

如果公交车上的人数即将达到公交车辆的总承载量时,则需要考虑拥挤系数的影响。由于公交车上站着的乘客数量较少,提前上车的人数 B' 上车时很少或几乎没有受到拥挤的影响,然而,当这部分乘客上车后,后续乘客上车所消耗的时间需要考虑拥挤系数,此时,乘客上车所消耗的时间 β 将调整为 $\beta + CF$。

第 8 章　先进的公共交通系统

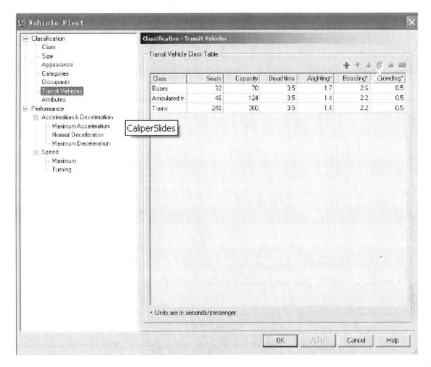

图 8.14　公交车辆类型选项框

（4）公交时刻表。

公交时刻表可以作为输入提供到微观仿真模型中，用来仿真基于时刻表的公交服务，在 TransModeler 中，公交线路可以按时刻表发车，也可按频率发车，基于公交时刻表的公交优先仿真与公交线路按频率发车不同，发车频率较高的线路可用平均间隔时间和随机变差来定义，如果车辆是定时发车，则可以用基于公交时刻表的发车进行仿真。基于公交时刻表的微观仿真模型，公交时刻表将作为仿真模型的输入数据，同时需要在公交仿真设置中定义线路站点层的 Timepoint 字段。在 TransModeler 中，可以使用 Route Schedule Creator 功能创建公交时刻表，公交时刻表属性见表 8.5。

表 8.5　公交时刻表属性

参数	内容
Route ID	时刻表对应的公交线路编号
Trips ID	仿真的出行顺序号（首次出行为 1，依此类推）
Timepoint Number	公交路线上的车站的顺序号
Arrival Time	从零点算起，线路上车站的到达时间（如 482 代表上午 8:02）

在 TransModeler 中，在一个仿真项目中加入路线系统或公交系统主要有两种方法供选择，一种方法是单独新创建一个路线系统，加入到地图中去。另外一种是从线层（line layer）直接转换生成 TransModeler 自己的线层和路线系统，本文采取第一种方法在淄博市

张店区仿真路网的基础上,在柳泉路上添加公交线路 35 路、251 路、58 路、125 路、157 路、123 路、89 路、90 路、158 路作为仿真对象,添加公交线路后的仿真路网如图 8.15 所示。

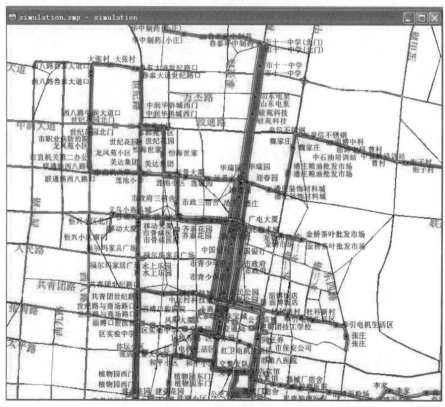

图 8.15　公交线路系统

8.4.2　交通仿真模型的输入

在 TransModeler 中,可以通过动态矩阵或车辆出行列表来描述路网上或起讫点之间的交通量,用路径列表或路径选择模型来表示车流在路网上的分配,也可以像其他仿真软件一样,用路口的转向流量来定义交通需求量和随机路径选择,本文采用 TransCAD 中"四阶段法"得到的出行需求 OD 矩阵来模拟路网中的交通流。

1. 添加交通需求矩阵

在进行交通需求预测之前需要制订相应的方案,交通需求预测高峰小时 OD 矩阵流程图如图 8.16 所示。

根据交通小区划分原则,将张店区及相关区域划分为 54 个交通子区,其中 7 个外部子区。张店区交通子区划分示意图如图 8.17 所示。

第8章 先进的公共交通系统

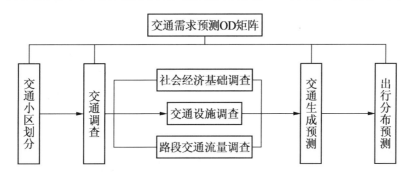

图 8.16 交通需求预测高峰小时 OD 矩阵流程图

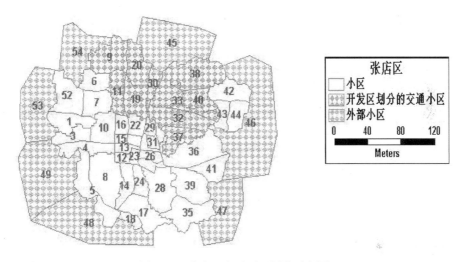

图 8.17 张店区交通子区划分示意图

本文采用原单位法进行交通需求预测,在原单位法及总量平衡原则下得到各交通子区早高峰小时发生量与吸引量见表 8.6。

表 8.6 各交通子区早高峰小时发生量与吸引量

ID	2012P	2012A	ID	2012P	2012A	ID	2012P	2012A
1	875	882	19	1 059	1 065	36	3 027	3 170
3	4 280	4 283	20	1 276	1 273	37	875	921
4	5 757	5 767	21	4 756	4 764	38	1 979	2 072
5	2 161	2 170	22	9 196	9 207	39	1 789	1 954
6	659	662	23	3 420	3 425	40	1 606	1 506
7	978	980	24	2 463	2 466	41	1 517	1 601
8	2 865	2 871	25	2 582	2 591	42	1 779	1875

续表 8.6

ID	2012P	2012A	ID	2012P	2012A	ID	2012P	2012A
9	1 653	1 659	26	2 582	2 703	43	797	844
10	6 415	6 425	27	1 769	1 852	44	1 211	1 282
11	859	862	28	1 01	1 992	45	1 080	1 127
12	3 557	3 564	29	2 306	2 414	46	1 573	1 609
13	6 412	6 423	30	511	535	47	1 152	1 157
14	3 420	3 425	31	2 073	2 171	48	1 222	1 225
15	3 891	3 896	32	1 488	1 554	49	1 924	1 969
16	7 524	7 536	33	1 210	1 271	52	1 274	1 280
17	6 281	6 294	34	1 538	1 613	53	1 056	971
18	1 509	1 516	35	1 901	1 992	54	1 457	1 333

本文采用重力模型法进行交通出行分布预测，得到张店区交通分布矩阵如图 8.18 所示。

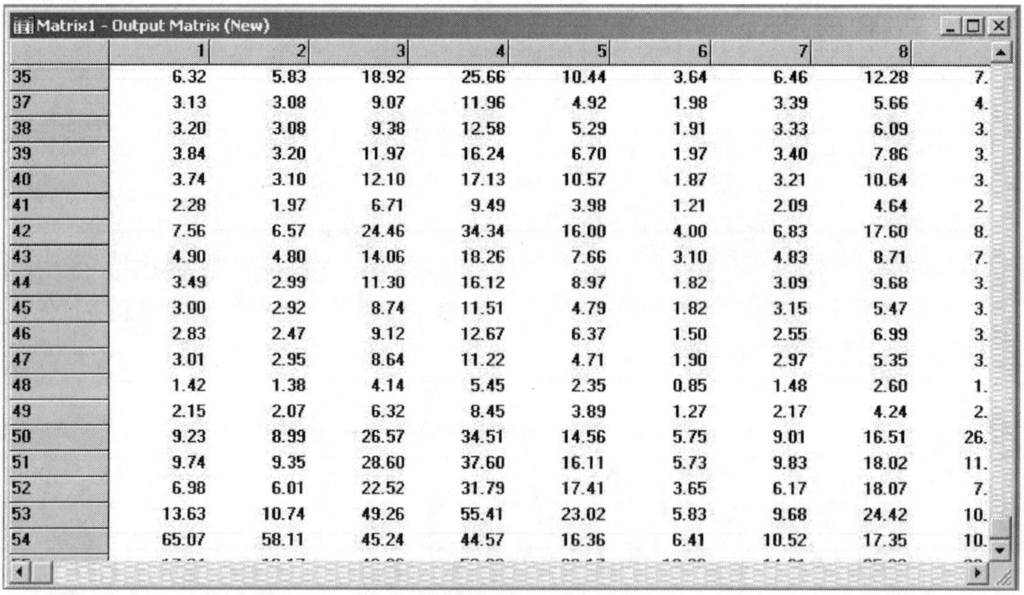

图 8.18 张店区交通分布矩阵

Transmodeler 使用出发地—目的地矩阵来模拟地区交通状况，仿真过程中交通区域内的车辆从小区质心点或者路段端点产生，完成仿真时车辆将会消失在目的地小区的质心点或者路段的端点处。

利用 TransCAD 分布得到的 OD 矩阵不能直接应用于 TransModeler 中，需要对其转换，将出行 OD 矩阵转换为质心点或者路段端点矩阵。通过选择出行矩阵的索引来生成新的出行矩阵，如图 8.19 所示。

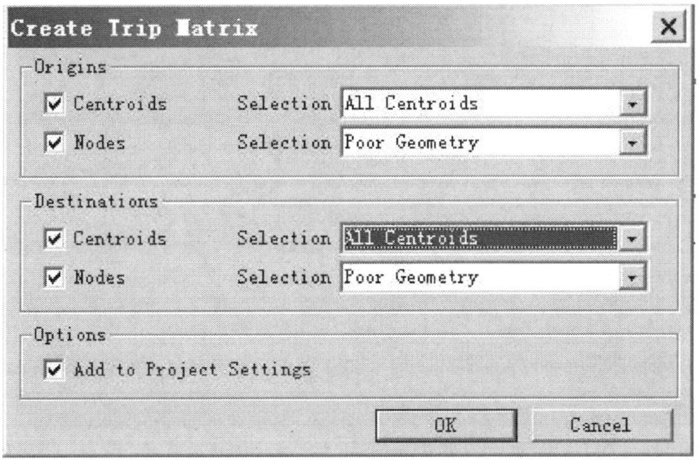

图 8.19　出行矩阵转换

2. 添加交通信号控制方案

TransModeler 可以模拟一系列常见的交通信号及其设置：交叉口交通信号灯，包括定时或动态交通控制；复杂交通控制系统，包括协同绿波、动态协同绿波交通控制系统；根据转弯流量评价设置路口信号灯的必要性、自动生成定时交通控制信号序列及配时；设置常用动态交通控制格式，并根据这些预定格式自动生成动态交通控制信号序列及配时参数，可用圈界表(Ring&Barrier)或相组图(Phase Group Diagram)设计动态交通控制信号序列。在仿真模型中添加控制方案，动态的模拟车辆在交叉路口的运行情况。为交叉路口添加控制方案时，需要确定交叉路口的条件及配时方案。添加控制方案时主要的输入数据有：各个交叉路口的控制方法、相位差、周期时长、最大绿灯时间、最小绿灯时间、黄灯时间、全红时间、优先权等。下图 8.20 为仿真模型中某一信号交叉口的信号控制方案。

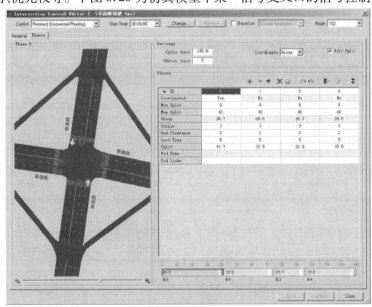

图 8.20　柳泉路与联通路交叉口信号控制

8.4.3 干线系统下公交优先控制仿真及评价研究

以张店区柳泉路为例,选取柳泉路—中润大道、柳泉路—联通路、柳泉路—华光路、柳泉路—人民路、柳泉路—共青团路 5 个交叉口,根据线路的实际发车间隔定义公交车辆的发车频率,定义柳泉路方向为协调方向,公交车检测器布设在停车线前 80 米处。

1. 无公交信号优先协调控制仿真

干线信号协调适用于距离较近的相邻交叉口,为了保证干线协调效果,采用干线协调的交叉口的初始绿灯时间存在相位差,关键交叉口的相位差定为零,其他交叉口的相位差由绿波系统的关键交叉口作为参照。

在 TransModeler 中,参与干线定时协调的交叉口的协调相位必须为第一相位,通过移动箭头将协调相位移动到第一列,实施干线协调的交叉口的信号配时方案必须采用共同周期 C、1/2C 或是 1/3C,在信号控制编辑工具箱中,通过选择 coordinated 下拉列表中的 yes 或者 no 选择相位是否为协调相位,并且定时协调控制相位差以绿灯开始时间作为参考,这与感应信号协调控制不同。感应协调控制中,可以定义多个协调相位,只要定义的协调相位间无冲突。此外,在 TransModeler 中感应信号协调控制不仅可以以绿灯时间作为参考,也可以以黄灯和红灯作为参考。柳泉路—华光路交叉口和柳泉路—人民路交叉口协调配时分别如图 8.21 和图 8.22 所示。

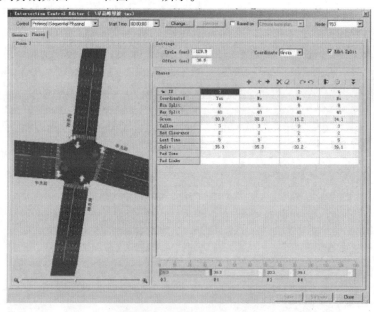

图 8.21 柳泉路—华光路交叉口协调配时

第 8 章　先进的公共交通系统

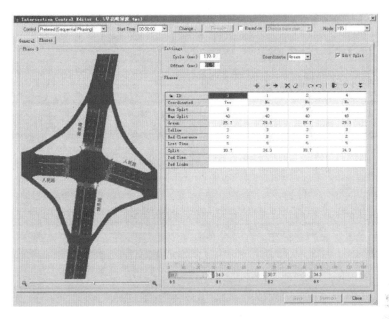

图 8.22　柳泉路—人民路交叉口协调配时

通过对 TransModeler 输出的评价指标进行统计，获得无公交信号优先协调控制下的路段和交叉口指标，见表 8.7 和表 8.8。

表 8.7　无公交信号优先协调控制下路段延误信息统计

路段 ID	方向	总延误	平均延误	停车时间	平均停车时间	总停车次数	平均停车次数
130	SB	732.4	49.2	407.8	27.5	616.8	0.7
	NB	913.1	61.4	605.8	40.8	716.4	0.8
131	SB	424.4	49.0	242.2	28.0	418.8	0.8
	NB	351.6	38.5	198.8	21.7	352.8	0.6
132	SB	1 115.2	42.0	571.3	21.6	2 258.4	1.4
	NB	695.8	40.2	317.3	18.4	823.2	0.8
133	SB	890.5	40.0	474.1	21.2	1 160.4	0.8
	NB	517.0	33.4	259.3	16.8	739.2	0.8
134	SB	512.5	28.9	280.4	15.8	726.0	0.7
	NB	475.4	39.2	311.3	25.7	603.6	0.8
135	SB	1 524.2	79.7	1 279.7	67.0	1 430.4	1.2
	NB	354.1	30.0	231.2	19.6	544.8	0.7
136	SB	596.6	44.2	359.9	26.6	708.0	0.8
	NB	449.4	48.8	294.5	32.0	452.4	0.8

表 8.8　无公交信号优先协调控制下各交叉口延误信息统计

交叉路口	总延误	平均延误	停车时间	平均停车时间	总停车次数	平均停车次数
中润大道—柳泉路	77 760	56.7	64 440	48.3	1 020	0.8
联通路—柳泉路	49 680	44.1	42 840	37.9	788	0.7
华光路—柳泉路	204 120	51.3	163 440	41.1	2 798	0.7
人民路—柳泉路	88 200	42.1	75 600	35.7	1 165	0.5
共青团路—柳泉路	84 240	37	59 400	25.8	1 514	0.7

2. 面向公交优先的干线协调控制仿真

在 TransModeler 中可以利用信号控制编辑器定义信号优先 preemption/priority，preemption 和 priority 的优先机理是不同的。preemption 的优先机理为中断信号机的正常运行以便让紧急车辆优先通过交叉口，或者用来为相交道路上即将到来的火车清空列队。相比于"强制性"的公交优先，priority 较少终止当前的信号状态，优先机理是通过激活"调整时间"或者"插入相位"为即将到来的公交车辆提供优先。无论是 preemption 还是 priority 均需要车载设备或者路边探测器将车辆到达信息传输给信号控制中心，当控制中心接收到优先请求时，preemption 模式执行预先设置的逻辑语言使车辆优先通过交叉口，priority 模式调整相位的长度为公交车辆提供优先时间。通过两种公交优先的运行机理可以看出当两者同时使用时，preemption 的优先级大于 priority。当干线协调控制中心执行公交信号优先后，TransModeler 会自动在一个或多个周期后逐步恢复到正常运行状态。

TransModeler 中实现公交信号优先步骤如下：

（1）为公交线路添加 preemption/priority。

公交优先仿真的前提是为公交路线系统设置 preemption/priority，为公交路线指定公交优先的步骤为：①在仿真设置 Transit 选项中 preemption/priority 的下拉列表中选择 preemption/priority；②将公交路线系统层置为当前图层，点击 dataview 数据表格，在 preemption/priority 属性字段下拉列表中选择优先的类型。图 8.23 为仿真模型公交路线系统属性表设置。

（2）为 preemption/priority 添加检测器。

检测器的合理布置是实施公交信号优先的前提，当检测器检测到有公交车辆提出优先请求时，公交优先请求将被发送到控制中心，控制中心将按照预设的控制原则给出优先信号控制方案，公交优先方案的确定是依据信号检测器提供的信息来实施的，因此，检测系统的布设是否准确、可靠将对控制策略的实施有重大影响。

TransModeler 使用"感应器"将检测到的车辆信息发送到信号控制中心，车辆采取优先策略的前提条件是需设定车辆服务的路线，为了保证检测器能检测到优先请求的车辆，需要考虑以下几点：①确定仿真参数设置中的优先类型；②确保路线系统下的每条公交线路设置了优先类型；③车辆的优先类型与路线的优先类型一致；④用来检测车辆到达的检测器设置了正确的属性。

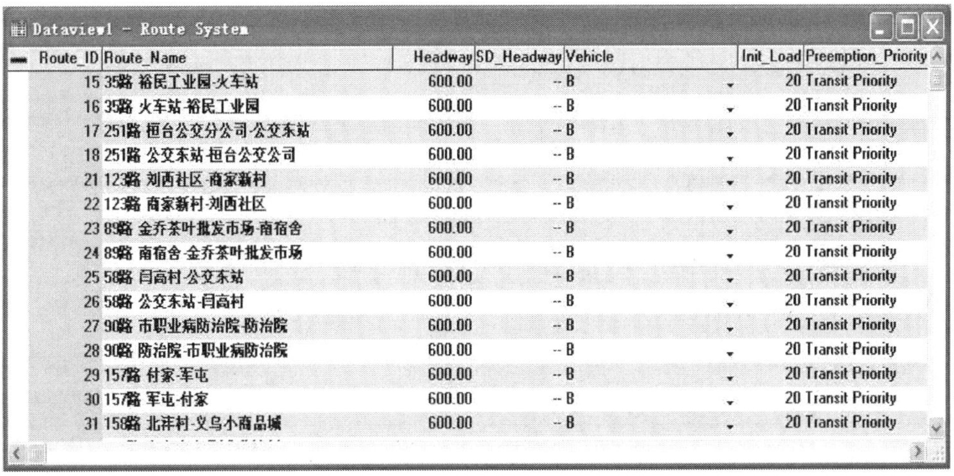

Dataview1 - Route System

Route_ID	Route_Name	Headway	SD_Headway	Vehicle	Init_Load	Preemption_Priority
15	35路 裕民工业园-火车站	600.00	--	B	20	Transit Priority
16	35路 火车站-裕民工业园	600.00	--	B	20	Transit Priority
17	251路 恒台公交分公司-公交东站	600.00	--	B	20	Transit Priority
18	251路 公交东站-恒台公交公司	600.00	--	B	20	Transit Priority
21	123路 刘西社区-商家新村	600.00	--	B	20	Transit Priority
22	123路 商家新村-刘西社区	600.00	--	B	20	Transit Priority
23	89路 金乔茶叶批发市场-南宿舍	600.00	--	B	20	Transit Priority
24	89路 南宿舍-金乔茶叶批发市场	600.00	--	B	20	Transit Priority
25	58路 闫高村-公交东站	600.00	--	B	20	Transit Priority
26	58路 公交东站-闫高村	600.00	--	B	20	Transit Priority
27	90路 市职业病防治院-防治院	600.00	--	B	20	Transit Priority
28	90路 防治院-市职业病防治院	600.00	--	B	20	Transit Priority
29	157路 付家-军屯	600.00	--	B	20	Transit Priority
30	157路 军屯-付家	600.00	--	B	20	Transit Priority
31	158路 北洋村-义乌小商品城	600.00	--	B	20	Transit Priority

图 8.23　公交路线系统属性表

TransModeler 有传感器图层，通过编辑工具栏中的工具可以进行添加、移动、编辑、删除感应器等操作。为了检测公交车辆的信息，在公交线路上要添加感应器。本文选择在距离交叉路口 80 m 处添加感应器。感应器的主要作用：检查公交车辆的通过、紧急事务车辆的通过、火车、排队等。因此，添加感应器时要选择感应器的作用，是用来优先控制，并且选择 transit priority 选项。定义感应器的作用：检测公交车辆的通过信息，为公交优先方案提供基础。感应器可以设置在车道的左右两边，如果对普通车道进行公交车辆检测时，需要各个车道都要添加同类型用途的检测器，以保证能准确检测到公交车辆的到来。图 8.24 为感应器的设置，其中 Detector 标签下，定义了“检入”感应器、“检出”感应器及感应器的作用。

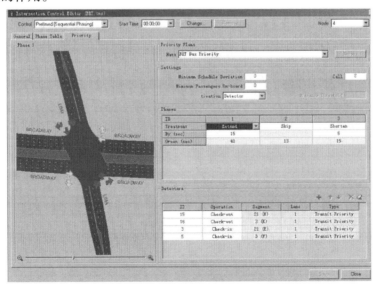

图 8.24　公交优先感应器设置

(3) 定义信号优先仿真设置。

在仿真 priority 公交优先时需要提前定义 priority 优先设置，TransModeler 中的公交优先策略有延长公交相位的绿灯时间、缩短非公交相位的绿灯时间、跳跃相位等，但是并不是所有的优先请求都会被接受，在仿真公交信号优先前要设置采取公交优先符合的前提条件：①公交车辆必须晚于公交时刻表，对"早到"的公交车辆不采取公交优先策略；②设置公交车辆载客人数最小值，如果公交车辆上的人数低于此值，则忽略优先请求；③公交车辆采集到的信息能够传输到信号控制中心；④到达相位条件，公交车辆在到达交叉口为红灯时考虑公交优先。

不是所有的信号优先策略都通过检测器或转调器与安装在公交车辆上的收发器实现公交优先的，一些策略可以通过 AVL 自动检测设备集中通过交通管理中心控制，车辆通过安装 GPS 或其他的位置感知技术可以实时获得远距离车辆的位置和状态信息，通过检测到的公交车辆的地理位置和公交路线的进程信息来管理公交优先 priority 请求，在 TransModeler 中，可以通过给信号控制中心指定公交优先请求距离交叉口的距离来仿真 AVL 信号优先 priority，使用 AVL 仿真公交优先时，检入检测器和检出检测器同样需要设置。

Preemption 通常是通过打断信号的正常运行来实现公交优先的，与 preemption 不同，priority 信号优先只为通过检入检测器，符合条件的采取优先策略，优先权要求不符将被忽略，priority 公交优先策略有绿灯延长、红灯早断、插入相位等。这些优先策略会导致非优先相位较低的服务水平，为了使产生的负面效应最小化，priority 优先请求不会在连续的两个周期内被允许，priority 优先请求执行后的两个或更多周期都可能会拒绝 priority 优先请求。

在优先方案添加时还涉及一个参数 call，其含义是间隔几个信号周期可以允许一个公交优先方案的实施，如果设置为 1 则说明每个周期都可以采取公交优先方案，但是为了减少采取优先策略对信号交叉口的影响和采取优先策略后干线系统能够快速恢复到正常状态，TransModeler 中的优先请求一般不会允许连续两个信号周期中采取公交优先请求，即优先请求可能会被拒绝。

当在信号控制器 General 列表中选择 priority 选项后，信号控制编辑框会自动添加 priority 栏，在 priority 对话框设置中可以添加和编辑信号优先方案，交叉口优先方案如图 8.25 和图 8.26 所示。

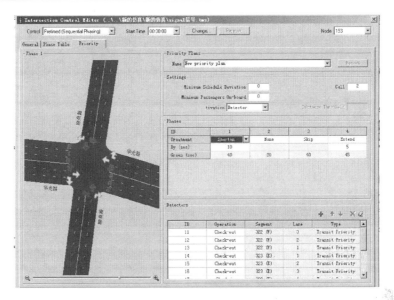

图 8.25 柳泉路—华光路交叉口优先设置

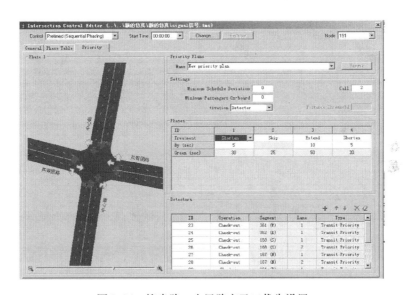

图 8.26 柳泉路—人民路交叉口优先设置

通过对 TransModeler 输出的评价指标进行统计,获得干线协调控制下公交信号优先的路段和交叉口指标,见表 8.9 和表 8.10。

表 8.9　干线协调控制下公交优先的路段延误信息统计

路段 ID	方向	总延误	平均延误	停车时间	平均停车时间	总停车次数	平均停车次数
130	SB	638.0	50.9	514.2	41.0	580.8	0.7
	NB	1 048.8	57.2	832.1	45.5	1 012.8	1.0
131	SB	231.6	34.1	167.2	24.6	336.0	0.8
	NB	413.2	43.1	345.4	36.0	422.4	0.7
132	SB	703.0	30.1	473.5	20.3	2 025.6	1.4
	NB	206.6	14.6	95.0	6.7	492.0	0.6
133	SB	1 422.2	57.6	1 164.8	47.2	1 626.0	1.1
	NB	580.8	40.0	447.6	30.8	901.2	1.1
134	SB	229.0	14.2	122.9	7.7	445.2	0.5
	NB	392.0	35.6	301.4	27.5	518.4	0.8
135	SB	1 042.4	58.8	798.4	45.1	1 069.2	1.0
	NB	270.2	25.3	190.7	17.9	441.6	0.7
136	SB	423.8	34.8	315.7	25.9	612.0	0.8
	NB	338.5	40.4	262.1	31.3	408.0	0.8

表 8.10　公交信号优先的各交叉口延误信息统计

交叉路口	总延误	平均延误	停车时间	平均停车时间	总停车次数	平均停车次数
中润大道—柳泉路	73 800	55.2	67 680	49.5	1 011	0.7
联通路—柳泉路	49 320	40	42 480	38	773	0.7
华光路—柳泉路	183 240	46.9	143 640	36.7	2 848	0.7
人民路—柳泉路	86 760	39.6	74 520	35.2	1 064	0.5
共青团路—柳泉路	82 800	36.7	57 240	25.6	1 467	0.7

3. 仿真结果分析

（1）停车次数。

停车次数是评价信号控制效果的一项重要指标，事实上，畅通的和控制良好的道路，车辆在行驶过程中所产生的停车次数会较少，而拥挤和控制不良的道路，车辆在行驶过程中会产生较多的停车次数，停车次数增加侧面说明了延误增加。对比公交信号优先仿真前后的输出结果，可以看出路段上车辆的总停车次数减少、路段上的运行速度提高、车辆的平均停车次数也减小了，优化后的效果较为良好。

(2)车辆延误。

延误是反映驾驶员不舒适、油耗和行驶时间受损的指标。美国《道路通行能力手册》中关于服务水平的划分标准是以 15 min 内单位车辆的平均停车延误为依据的,并据此划分了 6 个等级,见表 8.11。

表 8.11 信号交叉口服务水平标准

服务水平	车均延误/s	运行情况
A	≤5.0	畅通
B	5.1~15.0	稍有延误
C	15.1~25.0	能接受的延误
D	25.1~40.0	能接受的延误
E	40.1~60.0	拥挤
F	>60.0	阻塞

TransModeler 软件中车辆的延误模型为

$$d = \frac{wc(1-u)^2}{1-ux} + 900Tx^n \left[(x-1) + \sqrt{(x-1)^2 + m(x-x_0)/(QT)} \right] \quad (8.46)$$

式中 d——车辆平均延误,s/veh;

c——信号周期时长,s;

u——绿信比;

x——饱和度;

Q——交通流量,辆/h;

T——系统运行时间;

m——参数;

x_0——公式中第二项小于零时的饱和度;

ω——常数。

x_0 可表示为

$$x = a + bsg \quad (8.47)$$

式中 s——饱和流率;

g——有效绿灯时间,s;

a,b——参数。

对比分析表 8.8 和表 8.10,获得信号优先前后交叉口延误状况对比表,见表 8.12。

表 8.12 信号优先前后交叉口延误状况对比表

交叉路口	优先前后	总延误	平均延误	服务水平
中润大道—柳泉路	前	77 760	56.7	E
	后	73 800	55.2	E

续表 8.12

交叉路口	优先前后	总延误	平均延误	服务水平
联通路—柳泉路	前	49 680	44.1	E
	后	49 320	40	D
华光路—柳泉路	前	204 120	51.3	E
	后	183 240	46.9	E
人民路—柳泉路	前	88 200	42.1	E
	后	86 760	39.6	D
共青团路—柳泉路	前	84 240	37	D
	后	82 800	36.7	D

由上表可以看出,采取公交信号优先后,有效改善了干线交叉口服务水平,联通路与柳泉路、柳泉路与人民路服务水平均由 E 级降为 D 级,干线其他交叉口服务水平虽然没有改变,但是交叉口的总控制延误和平均控制延误都有不同程度的降低。

本章参考文献

[1] 曲正. 我国智能公交系统下的大站管理模式研究[D]. 哈尔滨:哈尔滨工程大学,2007.
[2] 石峻. 智能公交调度系统的优化研究与实现[D]. 济南:山东大学,2005.
[3] 管德永. 海信智能公交配车排班管理系统[J]. 中国交通信息产业,2004(12):112-113.
[4] 张嵇. 威海智能公交系统研究[D]. 济南:山东大学,2015.
[5] 徐泽洲. 青岛市优先发展城市公共交通对策研究[D]. 西安:西安建筑科技大学,2011.
[6] 穆礼彬. 智能公交系统背景下的公交调度优化研究[D]. 成都:西南交通大学,2013.
[7] 赖永兴. 基于 GIS/GPS/GPRS 的智能公交系统[D]. 上海:华东师范大学,2008.
[8] 张丽. 基于无线传感器网络的上海市智能公交系统的算法设计研究[D]. 上海:复旦大学,2008.
[9] 石美英. 智能公交系统的设计与实现[D]. 呼和浩特:内蒙古大学,2015.
[10] 汤瑞. 基于 TransModeler 城市交通仿真平台的设计[D]. 淄博:山东理工大学,2012.
[11] 刘瑛,刘国民. 公交优先仿真系统概念设计[J]. 公路工程,2012(01):120-122,127.
[12] 赵明翠,成卫,戢晓峰,等. 基于 TransCAD 与 TransModeler 的交通影响分析方法[J]. 科学技术与工程,2010(27):6689-6694,6706.
[13] 邵媛媛. 智能公交系统中车载终端的研究与开发[D]. 大连:大连理工大学,2007.
[14] 柳祖鹏. 交叉口公交优先智能信号控制系统研究[D]. 武汉:武汉科技大学,2005.
[15] 高静. 面向公交优先的信号控制系统的研究[D]. 淄博:山东理工大学,2014.
[16] 张南. 公交优先通行系统研究[D]. 成都:西南交通大学,2003.
[17] 刘坤颖. 基于公交优先的交叉口信号控制[D]. 北京:北京交通大学,2008.

第9章 先进的车辆控制系统

9.1 概述

9.1.1 含义

先进的车辆控制系统(Advanced Vehicle Control Systems,AVCS)是利用先进的传感器技术检测车辆周围信息,通过信息融合和处理,自动识别出危险状态,协助驾驶员进行安全辅助或进行自动驾驶,以提高行车安全和增加道路通行能力的系统。先进的车辆控制系统的核心内容是对智能汽车的研究与应用,这种汽车具有道路障碍自动识别、自动报警、自动转向、自动制动、自动保持安全距离、车速和巡航控制等功能。

先进的车辆控制系统进行研究的目的有以下两点:

(1)增加公路的通行能力。

AVCS通过自动识别技术,能够减少道路阻塞,缩短行车时间,使运行的车辆保持合适的最小跟车间距,既能够保证安全,又能够使道路资源得到充分利用,保持车流稳定地前进,缩短行车耗时,缓解交通拥挤,提高道路利用效率,增加公路的通行能力。

(2)提高行车安全。

AVCS可以通过显示或预警装置,给驾驶员提供足够的交通信息,帮助驾驶员做出正确的驾驶决策,降低事故率。另外在驾驶员身体状况不适合驾驶时,如酗酒、疲劳,车辆可以通过自动识别功能拒绝驾驶员驾车,以保证行车安全。在AVCS高度完善的情况下,可以将人工驾驶转为自动控制,当最终实现自动驾驶时,将完全排除人为因素而导致的交通事故,从而实现高效安全的行车秩序。当安全事故已经发生时,采取相应的被动安全设施,如迅速弹出安全气囊等措施,以减轻碰撞对驾驶员和乘客的伤害。

9.1.2 发展概况

先进的车辆控制系统是以迅猛发展的汽车电子为背景,涵盖了控制技术、模式识别、传感技术、电子电气、计算机、机械等多个学科交叉的科技创新性设计,是电子计算机等最新科技成果与现代汽车工业相结合的产物。通常具有自动驾驶、自动变速、自动识别道路等功能,车内的各种辅助设施实现数字化。一直以来,国内外相关研究机构对智能车辆已展开了广泛而深入的研究,具体的发展概况见表9.1。

表 9.1　先进的车辆控制系统的发展概况

发展阶段	定义	实例	应用技术
无自动化	驾驶员是整个智能化系统的唯一决策者和执行者,驾驶者通过控制方向盘、油门、刹车等执行机构实现对车辆的管理	五菱汽车的 PN 系列货车	无自动驾驶功能-无辅助驾驶或仅有预警功能
智能辅助驾驶阶段	车辆开始具备一个或者多个自动控制功能,通过警告的方式反馈驾驶者执行操作,避免车祸的发生。在这个层次里,智能化系统起到部分决策功能,而执行权依旧归驾驶者所有。所以我们把这个阶段的智能化技术称为智能化技术的辅助驾驶阶段	碰撞预警、车道偏离警示、全景式监控影像等辅助系统、自适应前照灯系统	环境感知
半自动驾驶阶段	具有多项功能的智能化,在这个阶段中,智能汽车将至少拥有两个原始控制功能,并且将这两个或两个以上的原始控制功能融合起来,实现从驾驶员手中接管这些原始功能的执行权,也就是半自动的驾驶技术	自适应巡航、自动停车系统、道路环境警告资讯系统	环境感知 控制执行 地图导航
有限条件下的无人驾驶	这个阶段的诞生意味着智能化汽车发展层次进入到高度自动驾驶的阶段。在这个阶段里,智能化汽车可以在某个特定的交通环境下实现完全自主的驾驶。另外,车辆可通过自动检测环境的变化以判断是否将车辆的执行权交还驾驶者	红旗 HQ3 无人车、特斯拉无人驾驶系统	智慧交通 V2X 通信 环境感知 控制执行 地图导航
完全无人驾驶	全工况下的无人驾驶,这个层次里车辆可以在任何道路环境下实现车辆的全面自动驾驶	谷歌无人车	智慧交通 V2X 通信 环境感知 控制执行 地图导航 人工智能

20 世纪 70 年代,汽车制造商使用射频和磁钉的方式来导引车辆实现自动驾驶;20 世纪 80 年代德国成功研制奔驰机器人汽车;1994 年,德国研制出 VaMP 和 Vita-2,被认为是真正意义上的无人驾驶汽车;1995 年,S-Class 奔驰全自动化汽车无人驾驶部分达到了 95%,美国 Navlab 项目无人驾驶汽车测试里程达 5 000 千米,人工干预比例降到 1.8%;美国 DARPA 研制出全自动陆用汽车以及发明了第一台通过传感器自动导航的无人驾驶汽车。

2014 年,谷歌发布了自己完全自主设计的无人驾驶汽车,2015 年,第一辆原型汽车正式上路测试,谷歌完全放弃了方向盘的设计,乘客只要坐在车中就可以享受到无人驾驶的方便和乐趣。2015 年,百度无人驾驶汽车也完成北京开放高速路的自动驾驶测试。

在测试的过程中实现多次跟车减速、变道、超车、上下匝道、调头等复杂驾驶动作,完成了进入高速到驶出高速不同道路场景的切换,最高时速达100千米/小时,是国内无人车领域迄今为止进行的难度最大,最接近真实路况的开放道路测试。

9.2 AVCS系统组成与工作原理

一个完善的先进车辆控制系统主要由智能车和通信系统构成,其中通信包括智能车与智能车之间的通信、智能车与道路之间的通信。智能车辆是先进车辆控制系统的重要组成部分,是由装备了若干传感器和控制单元的车辆组成。一个典型的智能车辆系统的结构如图9.1所示。

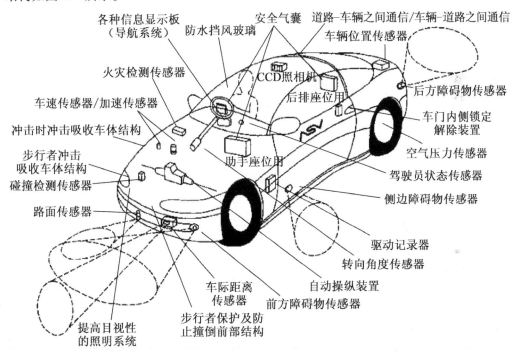

图9.1 智能车辆结构图

9.2.1 系统组成与功能

先进的车辆控制系统是ITS的一个子系统,又可以称之为先进的车辆安全系统,它由安全预警系统、防撞系统、辅助驾驶系统、驾驶员视觉增强系统、救难信号呼救系统、导航系统,智能环保系统等组成。

1. 安全预警系统

先进的车辆控制系统中安装的车载设备,包括安装在车身各部分的探测雷达、红外雷达、盲点探测器等设施具有事故规避功能。在超车、倒车、更换车道、大雾、雨天等易发生事故的情况下,安全预警系统随时以声、光等形式向驾驶员提供车体周围必要的信息,并以自动和半自动的形式采取措施,从而有效地防止事故的发生。

(1)胎压监控系统。

通过在每一个轮胎上安装高灵敏度的传感器,在行车或静止的状态下实时监视轮胎的压力、温度等数据,并通过无线方式发射到接收器,在显示器上显示各种数据变化或以蜂鸣等形式提醒驾车者,并在轮胎漏气和压力变化超过设定值时进行报警,以保障行车安全。

(2)车道偏离警告系统。

车辆若能维持在该行驶的车道中行驶,可降低交通事故发生的概率。此系统利用安装在车辆前部的视频系统采集车道信息,当车辆发生车道偏离,而驾驶员并没有采取任何应对措施时,发出警告,以降低事故发生的概率。应用技术:利用CCD取得摄像头或利用道路路面与车辆间的磁性信号,采集车辆行驶时的位置信息,然后利用图像识别技术及逻辑判断,将可能发生的事故预先加以警告,以达到车道偏离警示的作用。

(3)盲区探测系统。

车辆在行驶、转向或倒车过程中,该系统实时探测车辆盲区内的环境情况,把车辆盲区的信息以声音或者图像的形式传递给驾驶员,提醒驾驶员在盲区内是否有车辆或者其他物体出现,一旦发现有潜在的危险,便会通过警示音,或者后视镜闪烁,甚至座椅振动来提醒驾驶员。

(4)驾驶员疲劳预警系统。

车载设备内存储大量有关驾驶员个人和车辆各部位的信息参数,对驾驶员和车辆进行随时检测调控。有学者提出当检测到驾驶员体温下降时,这通常表明驾驶员开始打瞌睡,就会发出报警,提醒驾驶员注意,并采取措施。当检测到车内、空气中酒精含量超标时,就会自动锁住发动机。

疲劳预警系统检测算法有检测眨眼频率、生理指标(心跳、脉搏、体温、脑电波等)、检测方向盘的转向压力、检测侧向位置与车轮转角和纵向车速的关系是否正常等。人的生理指标在清醒和瞌睡状态有较大差别。疲劳的驾驶员倾向于选择比较简单的操作策略,不是根据需要慢慢调整方向盘,而是一下子调整过来,即方向盘小的、慢的调整减少了,大的、快的调整增多了。一旦检测到驾驶员疲劳,系统通过闪汽车前照灯和声音报警来警告周围的汽车,而且自动切断汽车的燃料供给使汽车停车。用于驾驶疲劳的几种检测方法的优缺点见表9.2。

表9.2 用于驾驶疲劳的几种检测方法的优缺点

检测方法	优点	缺点
基于驾驶员生理指标的检测方法	可靠,尤其是脑电波是测量睡眠的"金标准",可以提供驾驶疲劳检测的标准	需要一些电线或电极接触驾驶员身体,不受欢迎

续表9.2

检测方法	优点	缺点
基于驾驶员外在特性的检测方法	结构简单；识别算法成熟	对驾驶员有干扰；识别的疲劳状态难以统一，如不同人眨眼频率不一致，导致识别率不高
基于驾驶员行为和车辆参数的检测方法	信号容易提取；不影响驾驶员正常驾驶	由于受车型、路况以及个人的驾驶习惯等的影响，识别准确率不高

(5)道路异常环境警告系统。

道路上的突发事故，是造成交通事故的主要因素之一。因为在快速行驶过程中，驾驶员对于事故即将发生所做出的反应动作时间会比车辆碰撞发生的时间要长很多，因此若可以将道路上的突发事故提早告知道路使用者，便可以提早采取措施，避免事故的发生。应用技术：利用路边资讯设备，提供可以利用判断用的前方道路相关资讯，以提醒驾驶员提前采取措施，避免发生交通事故。

2. 防撞系统

防撞系统是一种主动辅助驾驶系统，通过综合感知驾驶室内外环境、车辆周围的障碍物、危险态势，及时检测并报警，为驾驶员或车辆系统获得足够的安全时间，从而阻止或减少碰撞情况的发生，达到安全行车的目的。车辆防撞系统包括三个子系统，即传感器感知子系统，收集车辆环境信息；中心处理子系统，评估交通事态；输出子系统，通过人机生态界面为驾驶员提供驾驶信息，同时在驾驶员意识反应之外，通过车辆系统及时控制车辆，对车辆的纵向和横向控制做出调整。系统简图如图9.2所示。

(1)纵向防撞系统。

通过安装在车辆前后的磁性传感器和路面上安装的磁标相互作用或雷达探测器等的探测作用实现。具体操作过程是利用传感器分别探测前后潜在的碰撞隐患或即将发生的碰撞事故，为驾驶员提供及时的回避操作指令，并自动控制车辆的加减速控制系统以保持适当安全车距，防止车辆与车辆、车辆与其他障碍物之间的正面和追尾碰撞。并能在碰撞时给予相应的被动安全措施。

(2)侧向防撞系统。

利用车辆左、右两侧的传感器分别探测车辆两侧的路况，从而为欲改变车道和驶离道路的车辆提供适当的侧向安全间距，防止或减少两部或多部汽车发生侧撞，或驶离道路的车辆与路侧障碍物发生侧撞。

(3)交叉口防撞系统。

交叉口处是碰撞事故发生的多发点。交叉口防撞系统主要是当车辆驶近和通过信号控制的交叉口时，将车载设备及通信系统所获得的情报进行处理后，判断出是否有发生事故的危险，据此对车辆进行控制，维护行车安全，或者是在碰撞后给予驾驶人帮助。

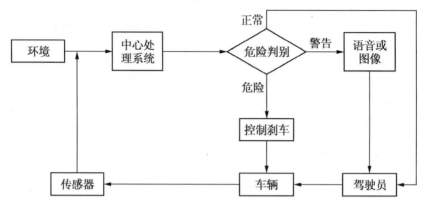

图 9.2 防撞系统结构图

3. 辅助驾驶系统

(1) 自动刹车系统。

在车辆四周安装有传感器,发挥着雷达一样的作用,当发现有不可避免的碰撞发生时,自动刹车系统会提前介入,在驾驶员没有反应之前进行制动,以减少碰撞的能量,减轻对驾驶员的伤害。

(2) 自动泊车系统。

自动泊车系统,可以使汽车自动地以正确的停靠位泊车,该系统包括环境数据采集系统、中央处理器和车辆策略控制系统,所述的环境数据采集系统包括图像采集系统和车载距离探测系统,可采集图像数据及周围物体距车身的距离数据,并通过数据线传输给中央处理器;所述的中央处理器可将采集到的数据分析处理后,得出汽车的当前位置、目标位置以及周围的环境参数,依据上述参数制定自动泊车策略,并将其转换成电信号;所述的车辆策略控制系统接受电信号后,依据指令进行汽车的行驶,如角度、方向及动力支援方面的操控。自动泊车系统的工作原理如图 9.3 所示。在汽车前后保险杠安装的感应器充当发送器与接收器,这些感应器会发送信号,当信号碰到车身周边的障碍物时会反射回来。然后,车上的计算机会利用其接收信号所需的时间来确定障碍物的位置。其他一些系统则使用安装在保险杠上的摄像头或雷达来检测障碍物。但最终结果都是一样的:汽车会检测到已停好的车辆、停车位的大小以及与路边的距离,然后将车子驶入停车位。

(3) 自适应前照灯系统。

在车辆行进弯道时,汽车前照灯灯光的角度自动随着道路曲线的变化而变化,提高驾驶的可视范围;在车辆快速进入黑暗隧道时,可以自动将所需要的前照灯灯光强度提高;会车时可以利用前照灯内的光感器,去判断前方车辆的远近和灯光强度,进行自动灯光强度的调整,以降低交通事故发生的机会。

图 9.3 自动泊车系统的工作原理

(4) 车道保持系统。

车道保持辅助系统属于智能驾驶辅助系统中的一种。它是在车道偏离预警系统(LDWS)的基础上对刹车的控制协调装置进行控制。其工作原理是通过摄像头实时监测车道变化,智能识别车辆行驶过程中与所在车道的横向位移状态,如果驾驶员在没打转向灯的情况下压到任何一侧车道线,方向盘会自动振动提醒驾驶员,使其保证行车安全。通俗地说,该系统会牢牢地把车控制在车道内行驶,除非你打转向灯告诉它要变道。

(5) 倒车辅助系统。

倒车辅助系统(Parking Assist System)以图像、声音的直观形式告知驾驶者的车辆与障碍物的相对位置,解除因后视镜存在盲区带来的困扰,从而为驾驶者倒车、泊车提供方便,消除安全隐患。

4. 驾驶员视觉增强系统

系统要求有车载式检测设备、屏幕显示设备及计算机处理设备,对检测信息进行处理,并以适当的、有助于驾驶员理解的方式显示信息于屏幕上,这有助于增强行驶环境的可视性,对潜在信息(即具有隐蔽性的信息,如未按正常规律行驶的汽车,超高不足的弯道等)、微弱信息(即不易被察觉的信息,如黄昏、大雾或雨天等环境造成难以看清的障碍物等)加强视觉可知性,可大大提高汽车驾驶员对路况的观察及判断力,使驾驶员更好地遵守交通规则,从而提高汽车行驶的安全性。驾驶员合成视景系统最初是应用于飞机上的,它主要有传感器视景系统、合成视景系统、增强视景系统等几种类型。工作原理如图9.4 所示。

(1) 传感器视景系统(Sensor VS)。

前视传感器系统检测到驾驶舱外的可见景象,可以由单传感器生成或者多传感器综合,其视景接近于真实世界的自然景象,将飞机前下方的 3D 世界通常转换为透视的 2D 景象。由于各种传感器获取信息和成像处理上的独特性,其原始图像数据一般不能转换成便于驾驶员理解的图形格式,并且和真实的图像存在差异,有必要进行某些额外处理,或者利用多传感器的数据融合而生成综合视景。多传感器综合系统可以从各传感器性能优缺点上的互补中得利。

(2)合成视景系统(SVS)。

由地形数据库存储的地形模型构建的虚拟视景的毫米雷达称为合成视景(SV)。当飞机明确自己的即时位置后,从地形数据库中调用资料,编辑成和当时前视所见完全吻合的视景图像。精确的飞机位置是生成合成视景的必要条件,只有在当今可以利用诸如GPS这样的精确定位系统情况下合成视景才能有所利用。

(3)增强视景系统(EVS)。

传感器视景和合成视景的叠合称为增强视景(Enhanced Vision)。这既有实时探测到的自然景象,又有数据生成的虚拟镜像,两者匹配叠合,即利用虚拟视景的深刻轮廓线去增强模糊实景,包括了 Sensor VS 和 SVS 系统,它们在恶劣的环境下可以增强窗外视景的可见性。

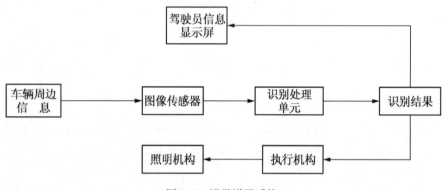

图 9.4 视觉增强系统

5. 救难信号呼救系统

该系统是为了缩短事故响应时间,提高事故处理效率,尽量减少事故损失而研制开发的 AVCS 系统中的一个子系统。这个系统由 GPS 定位技术和 GSM 通信技术及显示事故的电子地图等设备组成。当事故发生时,碰撞传感器会自动发出一个包括由 GPS 决定的车祸位置的无线电信号,由 GSM 技术完成车辆与反应中心的信息传输。反应中心的电子地图可以准确地显示出信号位置——事故发生的地点。在先进的车辆控制系统中,车辆应用救难信号系统以后,紧急事故处理的响应时间可以减少 45%,幸存率可以增加 7%~12%,也可以大大地减轻受伤的严重性。

6. 导航系统

目前,各发达国家均大力研究汽车的导航系统,也是智能汽车的一个组成部分。由卫星定位系统(GPS)、路侧通信技术(GSM)技术、网络技术、电子地图、咨询引导系统组成,通过它寻找最佳行车路线,避开交通拥挤和发生事故的路段。驾驶员可以将目的地输入车内的电脑,提出要求,电脑便根据道路情况、红绿灯数、速度限制等,选出最佳路径,并显示在电子地图上。它不仅使车辆避开拥挤阻塞的路线,还可以帮助疏散车辆,减轻驾驶人员心理负担,提供安全、舒适的行车环境。智能汽车的导航模块主要用于确定智能汽车其自身的地理位置,是无人驾驶汽车的路径规划和任务规划的支撑,导航可分为自主导航和网络导航两种。

7. 智能环保系统

智能环保系统由电脑检测控制燃油、燃烧、排放等情况,以取得最佳排放效果。除此之外,目前各国还在大力发展研制太阳能、天然气、氢气等各种无污染的新能源汽车。另外,还研究开发低噪声汽车以减少噪声污染。智能汽车环保系统的研制与开发,是先进的车辆控制系统研究开发的重要领域,可以减少排放及噪声污染,提高汽车的运行效率。

9.2.2 系统的工作原理

智能车辆是利用自动控制、人工智能、视觉计算等技术,通过计算机科学、模式识别和智能控制等感知系统,包括车载雷达、激光测距仪、视频摄像头等测量传感器的共同作用来感知车辆周围环境,这些测量传感器能够对行人、道路上的行车状况以及交通信号灯等进行分辨,并将识别出的信息传送到控制系统,控制系统根据感知所获得的道路、车辆位置和障碍物信息,控制车辆的行车路径和速度,从而使车辆能够安全、可靠地在道路上行驶。车辆控制系统分为横向控制、纵向控制,以及纵横方向的联合控制,如图9.5所示,其中纵横向控制如下:

1. 车辆的横向控制

从整个系统的角度来看,车辆横向控制属于一个典型的闭环控制系统,如图9.6所示,引入输出端的反馈量 $u_f(t)$ 与输入量 $r(t)$ 进行求和得到偏差量 $e(t)$,将偏差量输入控制器后,控制器产生的控制作用将使被控对象力图减小或者消除这种偏差量。

车辆横向控制系统分为三部分:信号采集系统、信号处理系统和执行系统。在车辆的横向控制系统中,把车辆作为系统的被控对象,通过安装在车辆上的传感器、雷达、摄像机等信号采集系统来检测信号,然后通过信号处理系统将车辆的实际运行情况和预定的行驶情况进行比较,由执行系统中的方向盘伺服机构来控制车辆的正常运行。其中车辆在运行的过程中会受到外界其他因素的干扰,使其改变原来预定的行使轨迹,也就是说外界干扰在车辆运行的过程中不断地改变系统的稳定性,通过该系统的反馈来消除干扰的影响,使车辆最后实现横向自动控制。

2. 车辆的纵向控制

纵向控制是在行车速度方向上的控制,即车速以及本车与前后车或障碍物距离的自动控制,达到提高速度、减小车间距的同时保证安全,即达到安全、高效的目的。这种问题可以归结为对轮胎纵向力的控制,也即油门刹车的控制。

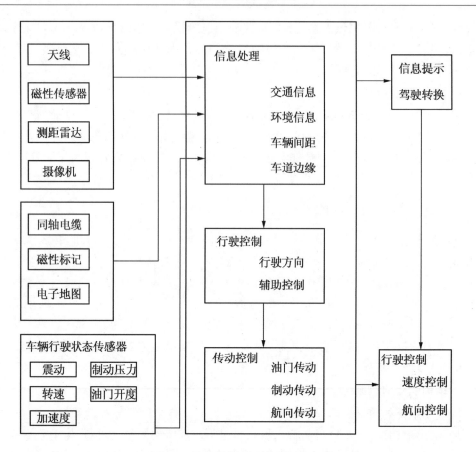

图 9.5 车辆的横向纵向控制框图

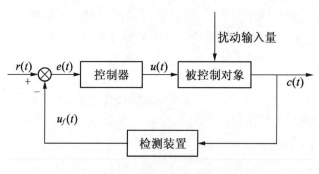

图 9.6 闭环控制系统

9.3 先进车辆系统的关键技术

智能车辆是典型的高新技术集合体,作为一个新型的交叉学科领域,智能车辆的研究涉及机械制造、信息感知、人工智能、自动控制、电子及通信技术等多个学科的理论与技术,自主驾驶车辆系统结构依据功能可大致划分为感知系统和规划与控制系统。其中的主要关键技术有:车辆导航定位技术、路径规划与跟踪及决策控制技术等。

9.3.1 车辆导航定位技术

1. 车辆定位子系统

GPS 或推算定位(Dead Reckoning,DR)等定位技术结合 GIS 地图匹配技术,确定车辆的实时位置,DR 技术利用距离传感器(即速度传感器、里程表)和航向传感器(压电陀螺)测量位移矢量,从而推算车辆的位置。推算定位技术的基本思想是当车辆在二维平面空间行驶时,如果初始位置和先前的每步位移均已知的话,在任何时刻的车辆位置都是可以计算的(图9.7)。

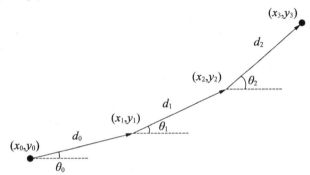

图 9.7 DR 技术原理图

在时刻 t_n 的车辆位置 (x_n,y_n) 以及方位角 θ_n 可以由下式计算

$$\begin{cases} x_n = x_0 + \sum_{i=0}^{n-1} d_i\cos\theta_i \\ y_n = y_0 + \sum_{i=0}^{n-1} d_i\sin\theta_i \\ \theta_n = \sum_{i=0}^{n-1} \omega_i \end{cases} \quad (9.1)$$

式中　(x_0,y_0)——在时刻 t_0 车辆的初始位置;

　　　d_i——在时刻 t_{n-1} 和时刻 t_n 之间车辆的行驶距离或位移量;

　　　θ_n——位移矢量的方向;

　　　ω_i——同一时间段的角速度。

当时间间隔是定长的,且充分小时,使得在该时间间隔内速度不变,则上式可写为

$$\begin{cases} x_n = x_0 + \sum_{i=0}^{n-1} v_i T\cos(\theta_i + \omega_i T) \\ y_n = y_0 + \sum_{i=0}^{n-1} v_i T\sin(\theta_i + \omega_i T) \end{cases} \quad (9.2)$$

式中　v——在第 i 个时间段 T 内测得的车速。

当车辆行驶在高层建筑群间、地下隧道中、高架桥下等路段时,GPS 系统可能由于可见星少于四颗而无法正常工作,此时可以利用 DR 系统的自动定位结果以维持正常导航。

DR 技术的缺点是其定位误差会随时间积累。另外需要指出的是,DR 技术得到的是车辆相对于某一起始点的位置。

2. 车载 GPS/DR 组合导航系统

车载 GPS(或北斗导航系统、GNSS)/DR 组合导航系统是目前车辆导航系统常用的定位技术。首先 GPS 与 DR 可以进行独立工作,并相互校正。当卫星信号稳定有效时,GPS／BDS 卫星与 DR 系统定位信息之间输出差值作为测量值,进行最佳卡尔曼滤波。滤波结果被用来修正 DR 系统以获得精确的导航参数。当车辆进入卫星信号盲区时,卫星定位失效,导航系统直接利用 DR 系统定位结果。

9.3.2 路径规划与跟踪技术

所谓路径规划,是指智能车辆根据智能决策出来的驾驶任务以及对周围环境信息的感知,规划出可行区域及可行线路的问题。常用的路径规划算法有:人工势场法、遗传算法、栅格法、蚁群算法等。

遗传算法的收敛速度和收敛效率不但决定于种群的数量,而且也受到交叉概率和变异概率的影响;蚁群算法的搜索最优路径的时间长短受到蚁群数量和外界环境障碍物的数量影响。在此以人工势场法为例简要说明路径规划的原理。人工势场法是由 Khatib 提出的一种虚拟力法,与遗传算法和蚁群算法相比,其优点为算法简明,实时性良好,规划路径轨迹圆滑,适合无人驾驶智能车领域。人工势场算法,将智能车辆的运行空间模拟成抽象势场模型,定义引力和斥力函数模型,共同引导智能车辆向终点运动。

人工势场是在智能车运动的环境中构建一个虚拟的势场。目标点周围存在引力场,对智能车产生引力的作用;障碍物周围存在斥力场,对智能车产生斥力的作用。引力场和斥力场的大小用引力函数和斥力函数来表征,函数的定义总体上和智能车与目标、障碍物的距离有关,引力函数与距离成反比关系,斥力函数与距离成正比关系。通过引力函数和斥力函数的具体表达式来定义引力和斥力的大小,而智能车在人工势场中的前进方向又由引力与各个障碍物的斥力的合力方向来确定。

车辆运动控制的任务是依据车辆当前的状态信息以及规划出来的路径信息,控制车辆准确、快速地跟踪期望路径。一般来讲,可以将自主车辆的运动控制分为纵向控制和横向控制两大类。纵向控制是控制车辆的驱动和制动系统,实时调节车速,以实现避障或保持合适的行车间距等;而横向的控制一般是控制车辆的方向盘,使车辆沿车道中心线行驶或者通过超车换道实现紧急避障,同时要保证车辆的侧向稳定性。下面将介绍基于 MPC 的智能车路径控制。

(1) MPC 算法。

实现模型预测控制有 3 个关键步骤,分别为预测模型、滚动优化和反馈矫正。

① 预测模型:是模型预测控制的基础,其主要功能是根据对象的历史信息和未来输入,预测系统未来的输出。

② 滚动优化:模型预测控制通过某一性能指标的最优来确定控制作用,但优化不是一次离线进行,而是反复在线进行的。

③ 反馈矫正:为防止模型失配或者环境干扰引起控制对理想状态的偏离,在新的采

样时刻,首先检测对象的实际输出,并利用这一实时信息对基于模型的预测结果进行修正,然后再进行新的优化。

基于这 3 个要素,模型预测控制的基本原理为:在控制过程中,始终存在一条期望参考轨迹,以时刻 k 作为当前时刻,控制器结合当前的测量值和预测模型,预测系统未来一段时域内 $[k,k+Np]$ 系统的输出。通过求解满足目标函数以及各种约束的优化问题,得到在控制时域 $[k,k+Nc]$ 内的一系列控制序列,并将该控制序列的第一个元素作为受控对象的实际控制量。当到下一个时刻 $k+1$ 时,重复上述过程,如此滚动地完成一个个带约束的优化问题,以实现对被控对象的持续控制。

(2)问题的描述。

无人驾驶车辆的轨迹跟踪问题是指根据某种控制理论,为系统设置一个控制输入作用,使无人驾驶车辆能够到达并最终以期望的速度跟踪期望轨迹。在惯性坐标系中,车辆必须从一个给定的初始状态出发。这个初始点既可以在期望轨迹上,也可以不在期望轨迹上。轨迹跟踪控制是在周围环境及车辆内部状态完全已知的情况下进行的,不涉及环境感知和车辆状态的估计,基于模型预测控制的轨迹跟踪过程如图 9.8 所示。

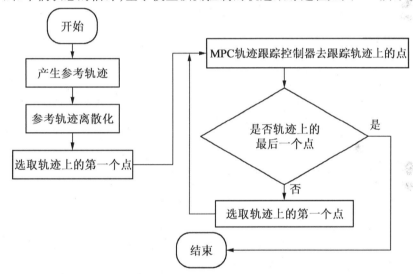

图 9.8 轨迹跟踪流程

轨迹跟踪过程中所采用的模型预测控制系统如图 9.9 所示。该控制系统主要由基于车辆运动学模型的跟踪控制模块和无人驾驶车辆模块构成。跟踪控制模块接受参考路径轨迹、无人驾驶车辆最开始的位置以及车辆的偏航角,输出前轮转角和车辆速度控制量到无人驾驶车辆模块;无人驾驶车辆接受跟踪控制模块的信息开始运行,而跟踪控制模块此时接受无人驾驶车辆的实时位置和偏航角信息,再进行车辆的轨迹跟踪控制。

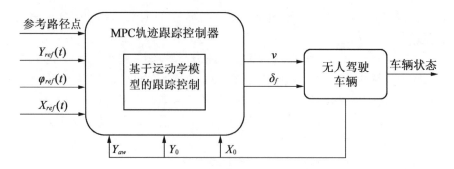

图 9.9 基于运动学模型的轨迹跟踪控制系统

9.3.3 决策控制技术

决策控制模块相当于无人驾驶汽车的大脑,其主要功能是依据感知系统获取的信息来进行决策判断,进而对下一步的行为进行决策,然后对车辆进行控制。

对于智能车辆来说,应该从其带来的最直接的安全收益(即智能车辆与障碍物之间能够完全避撞)出发进行决策控制。其相应的避障控制技术可分为以下 3 种介入方式:被动介入(Passive Intervention)方式、主动介入(Active Intervention)方式与混合介入(Hybrid Intervention)方式。被动介入包括信息提示或预警等,主动介入主要是包括三个方面:①紧急制动避障;②紧急转向换道的避障;③紧急制动加转向换道的避障。混合介入方式指的是通过主动介入与被动介入两者相结合的方式。

在驾驶员安全操纵方面,先进驾驶辅助系统(Advanced Driver Assistant System,ADAS)为决策控制提供了依据。在决策控制方面,制动操作是驾驶员通常采用的控制方法之一。在制动避障中,其较为成熟的先进驾驶辅助系统(ADAS)是自动紧急制动系统(Autonomous Emergency Braking,AEB),AEB 系统在碰撞危险非常高时通过紧急制动来避免碰撞或减轻碰撞程度,自动紧急制动系统在 Mercedes – Benz,Volvo 等公司已有应用。这类系统只需要考虑车辆在纵向上的控制,实现起来比转向避障方式更加容易。然而实际在危险工况下,相当一部分驾驶员会采取转向控制操作。与制动控制相比,转向换道控制较为复杂,超车及紧急转向换道避障都能有所体现。在转向控制方面,一种集成制动控制和转向控制的自动紧急控制(Autonomous Emergency Control,AEC)策略,用于在紧急工况下帮助驾驶员纠正驾驶行为,其介入原理是根据驾驶员的输入并结合驾驶员模型得到车辆的期望轨迹,同时根据传感器信息融合构建道路环境模型得到车辆可行域(drivable space)、过渡域和危险域。同时对驾驶决策行为研究发现:在 TTC(Time – To – Collision)较大时,驾驶员更多倾向于采取制动避免碰撞;但当 TTC 减小时,更多的驾驶员采取了转向或转向同时制动的避撞操作。

对于无人驾驶车辆而言,自主决策系统是无人驾驶车辆系统的关键组成部分。该系统主要分为行为决策和运动规划这两个核心子系统。除此之外还有一个辅助功能模块——健康管理模块。其中行为决策子系统主要是首先通过运行全局规划层(模块)来获取全局最优行驶路线,明确具体驾驶任务;再根据环境感知系统发来的当前实时道路信息,基于道路交通规则和驾驶经验,决策出合理的驾驶行为,并将该驾驶行为指令发送给运动规划子系统。而运动规划子系统的任务就是:根据行为指令和当前的局部环境感知信息,基于安全性、平稳性等指标规划出一条可行驶轨迹,并发送至控制执行系统。而健康管理模块主要负责整个系统异常状态的检测、系统错误恢复以及危险紧急处理等。自主决策系统结构框图如图9.10所示。

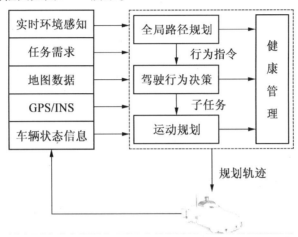

图 9.10　自主决策系统结构框图

在驾驶过程中,驾驶员的大脑思维决策过程是相当复杂的。在接到一个任务目标后,驾驶员必须首先根据大脑记忆模块中存储的道路交通网络,产生一个具体的行车路线;然后,根据自身车辆周围动态的道路交通状况,实时准确地决策当前的行车策略(驾驶行为)和行车线路,以便尽快到达目的地。按照驾驶员在驾驶过程中的整个思维逻辑,该自主决策系统采用分层递阶式的体系架构,模仿驾驶员的思维决策过程,自上而下依次分为:全局路径规划层、驾驶行为决策层、运动规划层。

(1) 全局路径规划层。

全局路径规划层根据收到的来自用户的驾驶任务,基于地图数据信息和自身定位信息,在已知的路网文件中搜索出到达目的地的全局最优行驶路线,并将结果向下传递给驾驶行为决策层。

(2) 驾驶行为决策层。

驾驶行为决策层依据全局最优行驶路线信息,基于对当前交通场景和环境感知信息的理解,首先确定自身的驾驶状态,在交通规则的约束和驾驶经验的指引下,决策出合理的驾驶行为,并将该驾驶行为转化为相应的接口指令,向下传递给运动规划层。

(3) 运动规划层。

运动规划层是自主决策系统和控制执行系统之间的接口,其主要负责将行为指令转化为控制执行系统能接受的轨迹序列。具体说来,运动规划层根据上层决策结果、局部动态环境信息和自身位置信息,在考虑车辆运动学和动力学约束的条件下生成一组轨迹序列,再通过安全性、舒适性和时效性等指标函数的评价,挑选出一条最优的可行驶轨迹,并将其发送给控制执行系统,同时其对于行为的执行情况还会被反馈给驾驶行为决策层。

（4）健康管理模块。

健康管理模块看似是一个独立的模块，但是对于整个系统的安全性和稳定性来说，又是必不可少的。该模块主要用于车辆危险状态的监测、系统运行状况监测和错误恢复、车辆行驶状态的记录及分析和危险紧急情况处理等。

9.3.4　自动泊车技术

对于自动泊车来说，必须首先感知环境信息。当车辆通过泊车区域时，需要通过传感器来实时获得环境信息和车辆位置信息，即需寻找预测泊车空间的长宽是否能够进行泊车，并判断每一时刻车辆相对于预测泊车空间的位置和方向角。

进行泊车的首要步骤是要找到合适的泊车位置。探测出的泊车空间如图 9.11 所示，假设其中没有障碍物。分别以 FT、SE 和 BK 代表泊车位的前方、侧方和后方。由于可将车体看作是一个矩形刚体，设其四个角分别为 A、B、C、D。其中 B、C 点朝向为车头位置，A、D 点朝向为车尾位置，其坐标分别为 (X_a, Y_a)，(X_b, Y_b)，(X_c, Y_c)，(X_d, Y_d)。定义车身长为 n，宽为 ω。车体在 X 轴、Y 轴正向范围内运动为正。

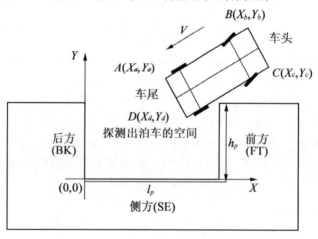

图 9.11　泊车空间及车辆位姿坐标示意图

整个模型通过对横向速度和纵向速度的积分可得车辆几何中心坐标 X_0 和 Y_0，由图 9.12 可知，已知几何中心坐标和车身方向角，可得 X_a 和 Y_d，设 $X_{al} = X_a/l_p$，$Y_{dl} = X_d/h_p$ 分别表示车辆距离 Y 轴、X 轴的距离。

模糊控制器有三个输入一个输出，输入分别为：车身方向角 θ、X_{al} 和 Y_{dl}。输出为车身横摆角速度 $\dot{\theta}$，其积分得到车身方向角 θ。系统控制目标是使 θ 趋于零，$\dot{\theta}$ 趋于零，以实现自动泊车。

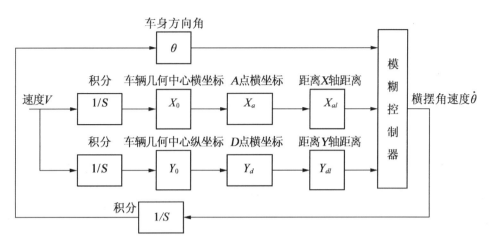

图 9.12 自动泊车模型示意图

9.4 自动驾驶技术

9.4.1 概述

2015年12月16日,百度研发的无人驾驶汽车在北京路试成功,并成立了百度无人驾驶事业部。2016年1月6日,在美国拉斯维加斯召开的CES消费电子展上,传统的著名汽车制造公司奥迪、宝马、大众以及创新公司FaradayFuture等发布了全新自动驾驶车型。4月26日,谷歌、福特、Uber、Lyft以及中国吉利控股旗下沃尔沃宣布,将建立一个自动驾驶汽车联盟,以促进自动驾驶技术的推广和应用。与此同时,谷歌为了更好地开发无人驾驶汽车,宣布与意大利菲亚特汽车公司展开合作。近年来,奥迪、大众、奔驰等著名汽车制造公司以及谷歌、百度等著名互联网公司,都在不断涉足智能汽车领域,抢占无人驾驶技术的前沿。无人驾驶汽车的发展,必将推动汽车行业的快速发展,也会给汽车行业带来一次重大变革。

汽车的发明给社会带来了诸多便捷和效率,汽车工业的发展也进一步促进了经济的发展与人类的创新。人们的不断需求,也使得汽车的年产量和保有量持续增加,所以研发更加便捷安全的汽车成为重中之重。科技的进步也带动着计算机控制技术不断进步,现在的汽车制造中越来越多采用计算机自动控制技术,使无人驾驶技术不断趋于完善,从而提升其效率、安全与节能。

自动驾驶技术主要是应用现代化的传感技术、通信技术、计算机技术以及检测技术等,装备车辆及公路系统,并通过车—路通信和车—车通信,达到车辆可以自动控制方向、速度、车间距等,从而使汽车自动行驶在智能化公路上。自动驾驶系统的本质就是使公路系统具有一定的智能,并依靠车辆的智能系统控制车辆的自动驾驶,将交通流调整到最佳状态,从而减少由于人工驾驶引起的交通问题,提高公路系统的安全性和运行效率。自动驾驶系统是一系列研究领域中一项技术性强、涉及领域广、最具有挑战性和最具市场潜力的一项研究。如果仅从技术上而言,自动驾驶系统是最高形式,是公路系统发展的方向,因此,也是各国政府、工业界和学术界共同致力研究的领域。

9.4.2 关键技术及工作原理

无人驾驶技术是一门涉及传感器、计算机、信息通信、自动控制、导航定位、机器视觉、人工智能等诸多前沿学科的综合技术。根据智能车的功能需求,可将无人驾驶技术分为如下几项关键技术:环境感知技术、定位导航技术、路径规划技术和决策控制技术。

环境感知技术指的是通过多种传感器对车辆周围的环境信息进行感知。环境信息不仅包括了车辆自身状态信息,如车辆速度、转向度、位置信息、倾角、加速度等,还包括了四周状态信息,如道路位置、道路方向、障碍物位置和速度、交通标志等。为获得车辆自身状态信息和车辆四周状态信息,仅通过单一传感器设备是无法做到的,为保证探测的精度,对一项环境信息多会使用一种特定的传感器进行测量。例如,测量车辆速度可以使用车轮编码器,测量车辆方向、倾角可以使用磁场计和陀螺仪,测量位置信息需要使用 GPS 设备。而对周围环境的探测往往需要以主动型传感器为主,例如使用激光雷达、超声波雷达探测车辆周围距离信息,使用摄像头探测交通标志等。诸多的传感器固然可以获取丰富、细致的环境信息,但是如何将大量的数据进行统一处理并生成准确有用的信息是环境感知中最主要的研究问题。可分为下几个方面:

(1)数据精度。

一方面,传感器因为本身的制作工艺存在着测量误差;另一方面,外部环境的变化有时会对传感器的数据采集产生巨大影响。比如,磁场计通过感应地磁场进行方向指示,外界的磁场将会带来巨大干扰。摄像头在强光、黑暗、遮挡等情况下,其图像效果将会大打折扣。

(2)数据协调。

各传感器之间的数据关系需要进行协调,不同传感器数据可信度不同,可能相互补充,也可能互相矛盾。例如 GPS 传感器和磁场计均可以返回车辆的行驶方向,但彼此可信度明显不同。

(3)数据融合。

诸多传感器数据需要采用合适的方法进行统一处理,比如不同位置的雷达数据需要转换到同一坐标系下;再比如,摄像头和雷达采集到的道路信息也需要转换到同一坐标系下进行分析。

路径规划技术在于为智能车提供最优的行驶路线。智能车在行驶过程中,行驶路线确定、障碍物躲避、路口转向等都需要通过路径规划技术完成。该技术根据适用范围不同,通常可分为全局路径规划和局部路径规划。全局路径规划用于对智能车周围环境已知的情况下,这需要有已经建立好的地图数据。全局路径规划可以根据地图数据规划出一条全局路径,但因为该路径是基于地图数据的,无法体现出实时的障碍物、道路边界等局部数据,需要使用局部导航技术加以辅助。局部导航技术通过传感器感知车辆周围的局部环境信息,在全局路径的指导下,完成对局部路线的行驶规划。常用的路径规划算法包括了栅格法、人工势场法、VFH 类方法、神经网络法等。

决策控制技术相当于智能车的大脑,它通过综合分析环境感知系统提供的信息,对当前的车辆行为产生决策。决策技术还需要考虑车辆的机械特性、动力特性,从而制定出合理的控制策略。常用的决策技术有机器学习、神经网络、贝叶斯网络、模糊逻辑等。根据决策技术的不同,控制系统可分为反射式、反应式和综合式三种。反射式可以仅通过硬件电路实现,是一种非常简单的控制方式,因为其逻辑简单、反应迅速,常用于处理突发事件。反应式是一个闭环反馈过程,通过不断感知外界环境逐渐调整车辆自身状态,以此达到目标。综合式通过对系统进行层次划分,对数据进行逐层处理,并在处理过程中,对数据进行不断挖掘和学习,以获得最优控制方法。

无人驾驶系统组成包括车载雷达、电脑处理系统、激光测距仪、微型传感器、视频摄像头、电脑资料库等,如图 9.13 所示。

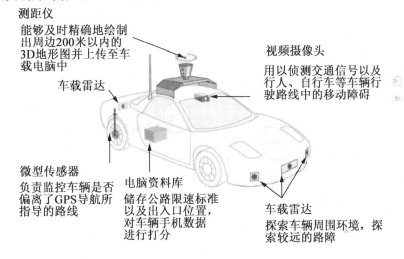

图 9.13　无人驾驶汽车的系统组成图

如图 9.14 所示,智能车辆在行驶时,利用感知系统包括车载雷达、激光测距仪、视频摄像头等测量传感器的共同作用来感知车辆周围环境,这些测量传感器能够对行人、道路上的行车状况以及交通信号灯等进行分辨,并将识别出的信息传送到控制系统,控制系统根据感知所获得的道路、车辆位置和障碍物信息,控制车辆的行车路径和速度,从而使车辆能够安全、可靠地在道路上行驶。

无人驾驶汽车需要感知车辆和周围物体间的距离,激光射线可以满足这一技术要求,车顶安装能够发射激光射线的激光测距仪,通过从发射到接触物体反射回来的时间,车载电脑便可计算出和物体间的距离。车辆为了能够避开道路路障和提前做出处理,需要车载雷达探测行驶中车辆周围的固定路障。车辆为了更好地探测路障,车载雷达的布局方式采用前三后一的安装格局。安装在车后方的雷达探测在车辆变换车道时左右后方是否有车,由于车顶的激光测距仪激光反射具有盲点区域,车后雷达弥补这一不足,防止车辆发生侧面撞击,同时在车辆倒车时,判断车辆的倒车距离,防止发生倒车碰撞。安装在车前的三个车载雷达,能够探知车前方是否有路口以及是否有车做刹车动作,雷达把探测信息传递给车载电脑,系统对探测信息进行判断和处理,并做出相应指示操作。

在车辆底部装有雷达、超声波、摄像头等设备,能够检测出车辆行驶方向上的角速度、加速度等一些重要数据,再利用卫星定位系统 GPS 传输的数据进行整合处理,能够精确计算行驶车辆的具体位置。安装在车辆上的微型传感器能够监控车辆是否偏离 GPS 导航仪指定的行驶路线,而道路的宽度、交通信号灯以及车辆行驶的道路信息是通过车载摄像机捕获的图像进行判断分析处理,如图 9.15 所示。

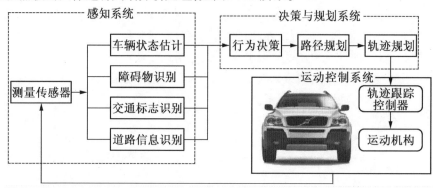

图 9.14 无人驾驶汽车的工作原理图

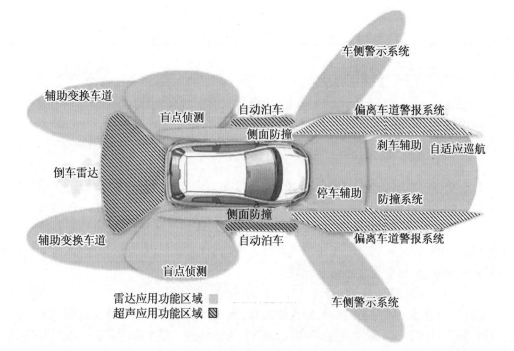

图 9.15 雷达与超声波的应用区域

无人驾驶汽车为保障车辆在道路上正常行驶,符合交通法规,必须在车辆车头安装摄像头对道路地面分析判断,避免发生占道、偏离路线以及行驶错道等行为。车辆在通过交通岗时,要利用车载雷达进行对人、车、物的分析判断,避免发生交通事故。车辆对交通信号的判断是通过车载摄像机捕获的实时图像,再结合雷达测量的路口距离,分析处理后对车辆做出停车、行驶、加速、减速等指示,提高交通效率,达到无人驾驶的目的。

9.4.3 发展方向

无人驾驶技术根据应用场景的不同,技术方案也不尽相同。现在无人驾驶的发展方向主要集中在 3 个方面:高速公路环境、城市低速环境和特殊环境。不管哪种场景相对于传统的汽车驾驶技术,车联网都是汽车在各种场景应用的先决条件。

所谓车联网,是指装载在车辆上的电子设备通过无线技术,实现在信息网络平台上对所有车辆的静、动态信息进行提取和有效利用。人们将根据不同的功能需求对所有车辆的运行状态进行有效的监管,同时提供综合服务。

车联网作为物联网的一个延伸,具有相似的架构。因此可将车联网的系统(如图 9.16 所示)分为 3 个层次,即感知层、网络层和应用层。

车联网感知层:由多种传感器及传感器网关构成,包括车载传感器和路侧传感器。感知层是车联网的神经末梢,是信息的来源。通过这些传感器,可以提供车辆的行驶状态信息、运输物品的相关信息、交通状态信息、道路环境信息等。

车联网网络层:由车载网络、互联网、无线通信网、网络管理系统等构成。网络层在车联网中充当神经中枢和大脑。它能够传递和处理从感知层获取的信息,目前已经制定了车载环境下无线接入(Wireless Access in Vehicular Environment,WAVE)的相关协议。

车联网应用层:主要是与其他子系统的接口,根据不同用户的需求提供不同的应用,如道路事故处理、紧急事故救援、动态交通诱导、停车诱导、危险品运输监控等。

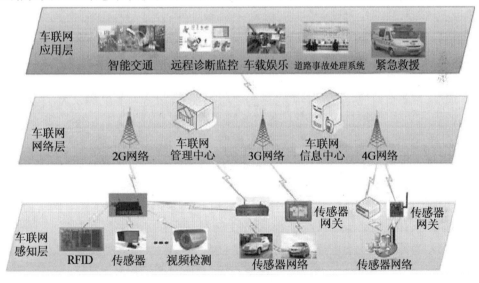

图 9.16 车联网系统架构

高速公路环境的特点在于路面环境的规范性。由于是结构化道路,道路标线、交通标志都非常规范,而且障碍物种类较少,所以对于道路信息的检测相对比较简单。难点在于高速公路对速度要求较高,算法和控制策略需要具有较高的实时性和可靠性。

相对于高速公路环境,城市环境通常指速度较低的半结构化路面。除一般的城市道路,还包括了企业园区、校园、机场、住宅区、公园等。由于城市环境比较复杂,所以对无人驾驶技术带来了巨大挑战,准确性、安全性、交互性、舒适性都是无人驾驶技术能否在城市环境中得到普及的关键问题,为解决这些问题,不仅要有高可靠的环境感知和控制算法,还要解决交通调度、多车协调等问题。

特殊环境主要是指非结构道路或者特定应用场景的道路环境,这些环境可能场景复杂、环境恶劣,或者存在强干扰,使得某些传感器设备无法正常使用,比如军事用途下的特殊环境。也有一些环境是封闭的场所或者是固定的环境,这使得实现无人驾驶的难度要小很多,比如说仓储物流行业,领先的电商如亚马逊和京东已经部署了AGV;用于农业的自动驾驶车辆,包括可以进行耕作和收割的农业机械,在非道路上进行低速移动的场景难度很小,转场时可用其他运输车辆转移;局部封闭场所,如度假村、旅游景区、机场、矿区、码头、建筑工地等,在该应用下的车辆多数是特种车辆,如挖掘机、起重机、小型电动车等。随着技术的进一步发展,更多的自动驾驶场景将得以实现:城市公交系统,有固定的行驶线路,例如使用公交专用道;商业运营车辆,可以有选择地施行自动驾驶,如出租车、公司班车等。

无人驾驶汽车目前虽已走进人们的视线,但其技术还在探索和完善当中,因为无人驾驶的相当多的科学技术还处于概念阶段以及研发测试过程中,需要一定的时间才能达到真正的推广,随着科学技术的不断发展以及政策的大力支持,无人驾驶汽车的量产可能已经提上日程,其中中国无人驾驶汽车量产时间更是指日可待。2015年底,百度公司便制定了无人驾驶汽车的量产时间,其目标为3年能够商用,5年可达量产。长安汽车对无人驾驶汽车项目制定实现量产时间的目标为2018年。美国谷歌公司对其无人驾驶汽车项目制定的目标为2020年能够实现商业化,2025年能够达到量产。目前,仍有三大因素制约着国内外无人驾驶技术的发展:第一,技术安全;第二,法规伦理;第三,过度风险。

由于无人驾驶汽车还处在研发测试阶段,导致其产品技术不成熟且存在一些问题,但无人驾驶汽车依然成为汽车产业的热点和前沿技术,而且一些机构认为,无人驾驶产业发展已超出市场预期目标,因此有相当多的公司和企业对无人驾驶的前景表示乐观。随着无人驾驶汽车技术的逐渐成熟,相关机构预计,2019年无人驾驶汽车将拥有超过25%的全球市场渗透率,预计到2020年,我国无人驾驶汽车将占有汽车行业的700亿~800亿元的市场规模,且其年均复合增长可达60%左右。可想而知,也许在不久的将来,安全、高效、节能的无人驾驶汽车比比皆是,使城市和交通变得更加智能。最后让我们对无人驾驶汽车真正的到来拭目以待。

本章参考文献

[1] 杨兆升. 智能运输系统概论[M]. 北京:人民交通出版社,2009.
[2] 张景明. 先进的车辆控制系统的基本功能与组成[J]. 民营科技,2012(10):14-15.
[3] 陆化普,李瑞敏,朱茵. 智能交通系统概论[M]. 北京:中国铁道出版社,2004.
[4] 张雪梅. 论车辆的智能化与道路交通安全[J]. 山西交通科技,2004(5):82-84.

[5] 刘以成. 智能汽车——21世纪的新型交通工具[J]. 公路交通科技, 1996, 13(2): 66-67.
[6] 初秀民, 万剑, 严新平, 等. 基于车载机器视觉的汽车安全技术[J]. 中国安全科学学报, 2008, 18(5): 154-161.
[7] 闫民. 无人驾驶汽车的研究现状及发展方向[J]. 汽车维修, 2003(2): 9-10.
[8] 端木庆玲, 阮界望, 马钧. 无人驾驶汽车的先进技术与发展[J]. 农业装备与车辆工程, 2014, 52(3): 30-33.
[9] 乔维高, 徐学进. 无人驾驶汽车的发展现状及方向[J]. 上海汽车, 2007(7): 40-43.
[10] 郭诗琪, 高慧中, 韩丞丞. 汽车轮胎安全系统检测及故障处理[J]. 科技创新导报, 2010(30): 118-119.
[11] 周大森, 刘小明. 汽车智能运输[M]. 北京: 国防工业出版社, 2004.
[12] 沈中杰, 王武宏, 侯福国, 等. 智能交通信息网络环境下数字驾驶系统的体系结构与关键技术[J]. 交通运输工程学报, 2002, 2(1): 96-100.
[13] 周泽明. 汽车轮胎压力检测系统工作原理及应用[J]. 农业装备与车辆工程, 2009, 2009(2): 55-57.
[14] 戴燕. 电气新技术让华菱星凯马彰显高端品质[J]. 交通世界: 运输, 2011(12): 82-83.
[15] 陈力, 胡冬雪. 智慧汽车发展概况与趋势[J]. 世界科学, 2014(9): 34-37.
[16] 严新平, 吴超仲. 智能运输系统[M]. 武汉: 武汉理工大学出版社, 2006.
[17] 杨兆生. 基础交通信息融合技术及其应用[M]. 北京: 中国铁道出版社, 2005.
[18] 贾瑞. 基于滚动优化的自主驾驶车辆避障控制[D]. 长春: 吉林大学, 2014.
[19] 赵熙俊, 陈慧岩. 智能车辆路径跟踪横向控制方法的研究[J]. 汽车工程, 2011, 33(5): 382-387.
[20] KUHNE F, LAGES WF. Model predictive control of a mobile robot using linearization[J]. Proceeding of mechatronics and robotics, 2004(4): 525-530.

第10章 商用车辆监控调度系统

商用车辆(Commercial Vehicle),是在设计和技术特征上用于运送人员和货物的汽车。商用车划分为客车和货车两大类,包含了所有的货运汽车和9座以上的客车,分为货车、客车、半挂牵引车、客车非完整车辆和货车非完整车辆,共五类。

商用车辆管理系统通过车内远程通信智能终端将定位系统、车载记录与远程数据服务结合在一起,管理企业的商用运输车辆,对工作车辆所在位置、油耗情况、行驶里程、车辆运行及故障状态进行准确和有效的实时监控,帮助企业用户加强管理并提高盈利能力,提高车辆运营管理效率,车联网技术让车辆和人的沟通不断加深。

10.1 概 述

20世纪90年代初期,根据美国ITS的功能划分,商用车辆运营管理系统主要是从对使用者服务的观点出发,在运输管理中自动询问和接受各种交通信息,进行合理调度,包括为驾驶员提供一些特殊的公路信息,如桥梁净高、急弯坡路段的限速等,对运送危险品等特种车辆的跟踪以及车辆和驾驶员的状况进行安全监视与自动报警。在特种车辆自动报警中,还装有探测靠近障碍物的电子装置,能保证在道路能见度很低的情况下的行车安全。通过这一系列监控模块,可使营运车辆的运行管理更加合理化,车辆的安全性和生产效率得到提高,使公路系统的所有用户都能获益于一个更加安全可靠的公路环境。因此,把商用车辆系统功能分为六个模块:

(1)商用车辆电子通关及验证。
(2)路侧自动安全检测。
(3)车内安全监测。
(4)商用车辆行驶手续办理。
(5)危险品事故处理。
(6)货物运输的畅通。

随着ITS的发展,美国商用车辆按照以下内容进行分类:

(1)货物流通。
(2)货运业者的经营。
(3)车辆操作。
(4)安全保证。
(5)证照管理。
(6)电子过滤(在通关、验证和安全方面,先在路侧用电子设备过滤,以筛选出需要进一步检查和采取行动的车辆)。

货运管理系统是利用物流理论、GPS、GIS、物流信息及网络技术有效组织货物运输，提高货运效率的系统。货运管理系统包括综合业务(合同录入、发货登记、货运结算、事故登记、违章登记)、货运管理(货主登记、货物登记、收货人登记)、基本资料(基础设置、车辆管理、司机管理、职工管理)、系统维护(操作权限、数据备份、数据恢复、数据压缩、数据清理)等功能。如图10.1所示为货运管理系统的功能，其中智能车辆系统包括各种装置，如车辆控制装置、定位导航装置、车辆监测装置、驾驶员监测装置、货载监测装置、通信及计算机装置等。智能车辆系统通过收集到的各种货运信息、托运信息、费用信息，并经过对货主的验收登记，和车辆管理系统里面的信息，包括车辆维修、车辆调度、车辆追踪信息等以及驾驶员管理系统里的信息对货运车辆进行管理，实现送货功能。

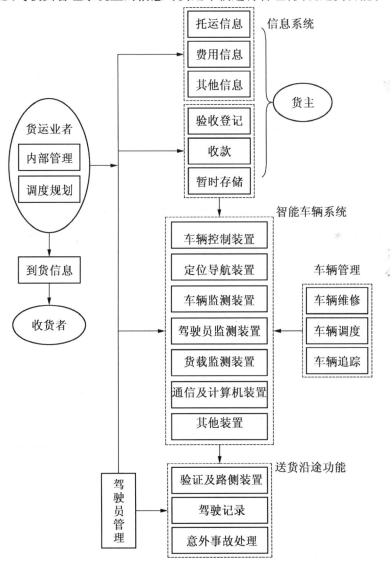

图 10.1 货运管理系统功能图

货运管理系统能对运输业务过程中的人、车、货、线路及费用核算、代收代付等资金管理进行有效的协调和管理,实现各种资源的实时控制、协调管理,满足为客户服务的要求,从而实现高效、可靠、安全、分布式的现代物流运输管理的功能。对于先进的货运管理系统而言,它是目前提高交通运输效率和安全性的主要手段之一,也是交通运输行业发展的方向。

10.2 商用车辆运营管理系统

商用车辆运营管理系统(CVO,Commercial Vehicle Operation)通过卫星、路边信号标杆等装置,以及车辆自动定位、自动识别、自动分类和动态称重等设备,实现电子通关,辅助企业的车辆调度中心对运营车辆进行调度管理,及时掌握车辆的位置、货物负荷情况、移动路径等有关信息,提高车辆的运营效率,降低企业的运营成本、提高企业利润、效率和安全性,如图10.2所示为商用车辆管理系统功能。

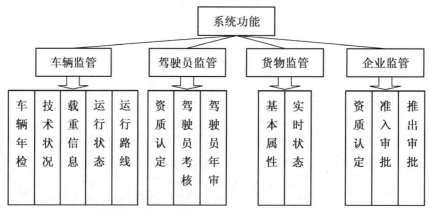

图10.2 商用车辆管理系统的功能

CVO是通过自动化作业,增强运输企业的生产能力、提高装备与设施的使用效率、改进其运输安全性和运营效率,如图10.3所示为该系统架构图。

商用车辆管理系统对所有可以调度的运输工具,包括自有的和协作的以及临时的车辆信息进行调度管理,提供对货物的分析,配载的计算,以及最佳运输路线的选择。系统支持全球定位(GPS)和地理图形系统(GIS),实现运输的最佳路线选择和动态调配。商用智能车辆定位与导航系统动态掌握车辆所在位置,帮助物流企业优化车辆配载和调度。

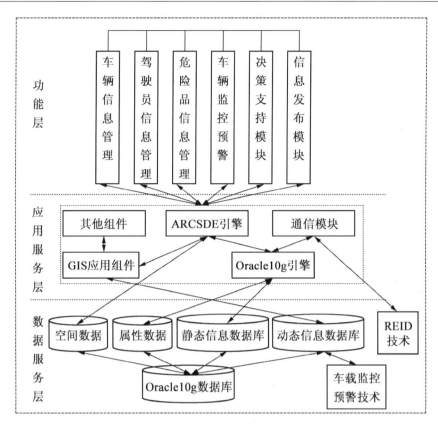

图 10.3 运营车辆监管系统架构图

10.2.1 商用车辆的监测技术

商用车辆的安全监控系统是在车辆行驶中无干扰地监控司机、车辆与货物的任何不安全的状况,并将结果报告给司机、运输公司管理人员及有关的执法人员。

商用车辆的 GPS 监控调度系统主要由三部分组成:车载终端、通信和监控中心。根据监控覆盖范围、实时性、调度业务、车辆数量等的要求,来选择通信、服务器等,以及开发相应业务软件满足用户的要求。中国移动的"车务通"就是基于 GPS 卫星定位和 LBS 基站定位技术,采用车载终端实时采集车辆运行数据并传回后台进行处理,为企业车辆提供定位、监控、调度、防盗及管理等功能的综合管理信息系统。

(1)车载终端设备。

车载终端设备包括:控制单元(CPU)、显示、GPS(天线)、通信模块、防盗报警器(可选)。主要功能为:

①防盗报警功能。

当有紧急情况发生时,用户可以触发隐蔽的报警按钮,车载终端自动将 GPS 接收机中的位置数据通过 GSM 手机的短信息功能传送给监控中心。

②导航功能。

GPS 导航根据调度中心指定路线行驶或者是电子围栏范围行驶,实时显示在调度中心 GIS 监控中,监控行车状态与异常报警。

③通话功能。

车载 GSM 手机可进行语音通话,当用户离车时还可将手机取下正常使用。车辆报警后,监控中心将开通语言信道来监听车内的情况。

(2)通信。

通信的选择方案包括移动通信(如 3G、4G 等)、集群通信等,对于要求覆盖范围广的,比如防盗和邮政运输、长途客/货运车辆,一般选择公网,可以有效降低建设费用。

(3)监控中心。

监控中心是货物跟踪系统的中枢,通过公路电子地图数据库、货物信息数据库等对车辆和货物进行及时监控跟踪。在一个公用的通信平台上,可以接受若干车辆的信息报告并进行动态跟踪,处理各种报警信息。如图 10.4 所示为车载综合监控预警系统。

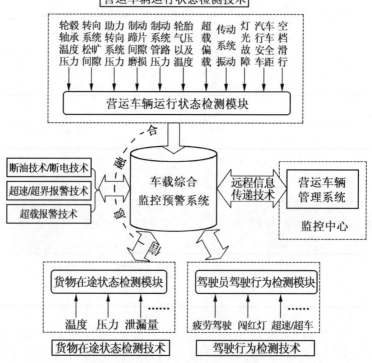

图 10.4　车载综合监控预警系统

监控中心的设备组成包括:数据库、监控终端、GIS 终端、业务处理终端、前端接入设备。工作人员可通过监控系统监控所有移动目标的运动。关键是相应业务内容的数据库建设、电子地图以及和业务内容密切相关的应用软件 MIS,以实现主要功能:

①车辆调度功能。

监控中心可在电子地图上选定区域,发出广播指令,凡行驶在该区域内的车辆自动回传信息给监控中心,工作人员即可通过 GSM 电话,根据需要调度车辆。

②监控报警功能。

在车辆遇到抢劫情况下,司机可以按下隐蔽处的报警按钮,监控中心可以查询出事车辆的位置,并实时监听车内的情况。

③信息查询功能。

可通过数据库查询任何入网用户的资料,比如:地理信息数据库,地名、街道、门牌号等;移动目标数据库,车辆型号、档案照片、司机姓名等。

在车联网、路联网等通信网络的基础上,建立基于车路协同的交通信息共享交互体系框架,以保障营运车辆的安全、高效。如图10.5所示为交通信息共享车辆交互监测体系。

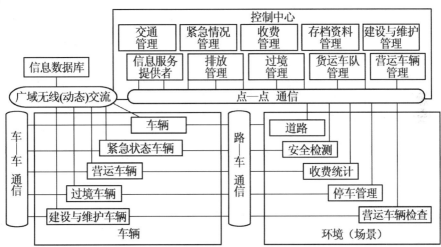

图 10.5 交通信息共享车辆交互监测体系

近些年,基于物联网的运输车辆自动管理技术作为交通自动化的重要手段,其在运输交通监视和控制中占有很重要的地位。其中比较典型的当属基于 RFID 技术的货运车辆管理系统,包括电子标签、读卡器和计算机三部分。如图 10.6 所示为基于 RFID 技术的货运车辆管理系统结构框图。

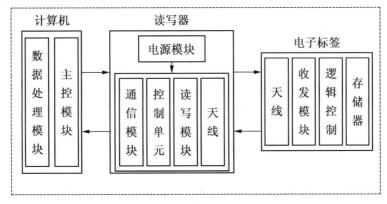

图 10.6 基于 RFID 技术的货运车辆管理系统

车辆发动机启动的同时启动系统中的电源模块,系统开始处于待机状态;准备随时通过 RFID 技术接收和应答智能交通控制台的信号。只要车辆的发动机处于工作状态,车牌系统即处于待机状态。当电子标签接收到智能交通管理系统计算机通过读卡器发出的请求信号后,车辆就将写入模块中固化的电子信息取出,经无线发射模块发送出去,作为应答信号。智能交通管理系统接收到车辆的有效信息后,会将该车辆的电子信息传送到智能交通管理系统后台计算机的数据库中。该商用车辆管理系统主要用于货运车、危险车辆、运钞车、清洁车辆、校车等各种专业车辆的管理。

货运管理技术除对货运业务流程信息化管理外,还包括辅助货运车辆的管理的智能化设备。北京中智交通电子有限公司开发的"ZZ-6800 行车记录仪",能够较好地符合商用车辆运营的需求,该记录仪能实时记录车辆行驶中的各种数据、信号,它可实现车辆的实时定位、跟踪、调度等功能,其管理软件具有强大的分析、预报、管理功能,既可以进行如调度规划、运营效率分析、行车线路调查等运输管理,也可针对油料计算、车辆运行/停止时间等进行成本管理,同时还能根据行车时的路线、时间、距离、速度等进行相应的管制,并根据事故事件、地点、刹车、方向等进行事故分析。该记录仪为汽车客运和货运管理以及事故分析提供了强有力的工具,能有效地精简人力、降低营运成本、预防行车灾难、提高车队管理效能及服务品质。

10.2.2 自动路边安全检查

公路运输车辆超载现象极为普遍,严重的地区几乎所有的货运车辆都存在程度不同的超限超载行为。车辆超限超载极易造成安全事故,又严重损坏公路设施。

(1)超载检查。

新的国家标准 GBI580—2004《道路车辆外廓尺寸轴荷及质量限值》规定,车辆不能随意加长、加宽、加高,对不同车辆的轴载荷和车辆总载重量提出了最大限定要求。对超载车辆的检查包括两个方面:车辆的总载重量和车辆每一轴(轴组)载荷的重量。所以用于检查超载车辆的动态轴重衡必须有两种示指,车辆总重量示指和轴载(轴组载荷)示指。动态轴重衡的这两种示指属于强制管理范畴,都应进行检定、有效地量值溯源。动态汽车衡适用于车流量较大的海关、港口等单位,用它对公路超载车辆进行检查,准确度等级通常为 0.2 级和 0.5 级。动态轴重衡主要用于对公路超载车辆进行检查,也可以在较狭小的场所对低值物品称量,准确度等级通常为 0.5 级、1 级和 2 级。

(2)超限检查。

公路车辆超限是指公路上行驶的各种运输车辆装载货物超过国家管理规定的行为,是运输车辆装载超过公路对其的限值,主要研究的是车辆装载与公路的关系。车辆超限重量的增加对公路路面造成的损害程度以几何级数增长。

治理超限从技术上可以通过合理规划治超监测站点,做好检测站点、设备、卸货场地等准备工作,通过快速称重、静态称重相结合的方式对车辆进行载重核查,对超限车辆一律实施卸载。

10.3 危化品车辆监控调度系统

危险化学品(危化品)是对健康、安全、财产与环境会造成危害的物质或物品,具有易爆炸、易燃、毒害、腐蚀、放射性等特性,在生产、经营、储存、运输、使用过程中,存在着发生火灾、爆炸、中毒、污染环境等重大事故的危险性。危险货物运输风险性大,管理难度大。危化品的运输属于特种运输,由于公路运输的快捷方便,公路运输是危化品的主要运输形式,一旦泄漏、爆炸,易造成巨大损失,还会产生严重的社会影响。危险货物运输由公安和安监部门进行监管,为加强安全管理,保障人民生命、财产安全,保护环境,国家制定了一系列法律法规,以遏制重特大事故发生,确保安全生产。

危化品物流多是跨区域运输,不同区域间的危化品通行政策不统一、危化品物流的各项业务分属公安、交通、环境、消防等多个政府部门管理,信息统计口径和标准不一致,危化品物流存在跨政府主管部门、跨区域、跨运输方式、跨企业的信息不对称与共享问题,没有形成完整的信息监管大数据库。美国为了对危化品物流风险进行预警评估,通过提高标准和运用信息技术等手段对危化品物流风险进行防控,十分重视对危化品物流信息的采集工作,专门出台了要求企业上传危化品物流数据信息的联邦标准(FED – STD – 313),要求危化品安全相关信息、运输信息等必须按照标准制定的信息表格(MSDS)定期提供给政府主管部门,并将数据信息提交到专门的危化品管理信息系统(HMIRS)。

10.3.1 危化品车辆监控系统介绍

危化品车辆监控调度系统是集全球卫星定位系统(GPS)、地理信息系统(GIS)以及无线通信技术于一体的软、硬件综合系统。该危化品车辆监控调度系统可对车辆进行统一集中管理和实时监控调度。该危化品运输车辆监控系统应具有如下主要功能:

①车辆跟踪监控,建立车辆与监控中心之间迅速、准确、有效的信息传递通道。

监控中心可以随时掌握车辆状态,迅速下达调度命令。还可以为车辆提供服务信息,有多种监控方式可供选择。采用 GPS 技术对移动车辆进行定位,误差应在 20 m 以内,误差太大则无定位意义。

②自动读取物资信息功能。

采用射频识别技术,可以让 RFID 读写器定时对车辆上的物资标签进行扫描,无须人工干预,即可完成对物资信息的自动读取。

③通信功能。

下位机和上位机之间需要一个中间纽带——网络,来实现二者的通信。

④电子地图功能。

远程监控中心通过网络接收下位机发来的数据,将其具体显示在电子地图上,例如车辆位置、行驶轨迹、记录回放等。

⑤超速/停车报警。

危化品运输车辆一般都有限速行驶的规定,并且运输途中不能随意停车,监控中心可以预先设定显示速度,当车辆的行驶速度超过或者小于规定的阈值时,将自动发出报警信息，以便监控中心采取措施，提醒驾驶员注意速度或者要求驾驶员汇报情况。

⑥历史轨迹记录查询。

危化品运输车辆在行驶过程中的轨迹信息将被记录保存，方便事后查询。用户可选定过去一时间段，查询该时间段内指定车辆的历史数据，进行历史回显，是事故分析的得力助手。

⑦紧急报警。

当车辆遭遇紧急情况时，只需要按下报警按钮，车在终端会自动向监控中心发送报警数据，在监控终端显示出车辆位置，并带有声光提示。另外，行驶过程中遇到险情或发生交通事故、车辆故障等情况下，可通过车载终端的报警按钮向监控中心求救。监控中心还可对车内情况进行监听并录音。

⑧区域/偏航报警。

为了加强调度管理，一般要求车辆行驶固定路线或者只能在特定区域活动。在系统中为任务车辆预先设置行车路线，任务开始时，车辆行走路线及状态开始被监控及记录，如车辆未按预设路线行车或者驶出设定区域，系统将会自动报警，中心可以根据实际情况采取措施。

⑨车辆统一信息管理。

系统能够对车辆进行集中统一的信息化管理。管理内容涵盖车辆车牌号码、车台号码、车型、颜色、发动机号、底盘号码、用途等。系统将会对车辆的所有这些信息进行采集、录入，而后向用户提供修改以及查询功能。更重要的是信息的按需提取、定时访问，通过建立数据库实现其管理功能。控制 GPS 定位接收机和 RFID 系统的相关数据，将相关信息进行打包处理，定时上传给上位机。

综上所述，危化品监控调度系统可由三部分组成：车载终端系统、通信和远程监控中心系统。如图 10.7 所示为该危化品运输车辆监控系统的基本组成。

10.3.2　危化品运输及监管案例分析

"互联网＋"危化品物流是利用北斗定位导航、物联网、大数据、云计算等信息通信技术的互联网平台，通过建立包含危化品物流中运输、仓储各个风险控制环节的大数据库，对风险控制指标进行动态风险评估，以实现危化品运输工具的实时定位、仓储的实时管理、危化品物流风险的实时评估、远程联网查询及监控等功能。

①危化品运输工具实时定位。

通过运用北斗导航定位、物联网等信息技术，将危化品运输工具的实时位置和运载货物信息（货品名称、重量、温湿度）上传到危化品物流风险评价系统，便于对某一危化品运输工具进行实时的定位查询和风险控制。如运输工具在途发生事故，可以通过风险预警系统第一时间定位并联系救援人员及时到达。如危化品爆炸事故发生后，可以通过风险预警系统找寻事故附近的危化品车辆，远程发出警告指令，将其劝离事发区域。

②危化品仓储实时管理。

通过物联网、云存储、电子数据交换等技术手段，企业可以将危化品仓库的仓库管理系统(WMS)与风险预警系统进行对接,这样危化品进出仓库的信息数据、在仓库中的布局信息都可以被风险预警系统掌握,一旦仓库中的危化品间出现互斥、易发生化学反应的情况或入库存储数量高于风险预警系统设计阈值,系统将自动提醒企业对危化品进行转库操作。如危化品爆炸事故发生后,也可通过预警系统知道仓库内的危化品仓储情况,为抢险救援提供技术支撑,并预防救援的次生风险。

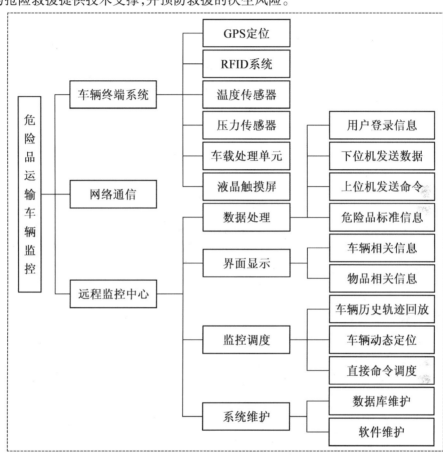

图 10.7　危化品运输车辆监控系统的组成

③危化品物流风险实时评估。

通过大数据等技术手段,对风险预警体系下的风险控制指标进行筛选,并建立相应的阈值模型对数据信息进行动态实时监控,一旦出现预警信息,及时向公安、交通、环保、卫生等政府主管部门和涉事企业发布信息,并将评估结果列入安全检查的日常考核体系中。

④危化品物流远程联网查询及监控。

通过互联网平台,危化品物流相关的各项业务都可以实现"透明管理",实现跨政府主管部门、跨区域、跨运输方式、跨企业的危化品物流联网查询功能。对于政府主管部门而言,危化品物流风险预警体系不仅是一个智能化的专家决策系统,更是主动监控与预防危化品爆炸事故的良好工具。

山东依厂物流有限公司(以下简称依厂物流)是国内最大的液体危险化学品第三方民营公路物流企业,坚持模式创新、安全管理、服务客户,以创品牌、扩规模、建网络、精装备、抓管理形成核心竞争力。该公司建立健全了安全环保、业务运作、指挥调度等管理体系,成为引领国内液体危险化学品公路物流业发展的标杆企业,形成了完善的全国性危险化学品物流服务网络。在网络布局中,依厂物流采用"三点一线"模式的网络布局模式。"三点"指的是总部基地、驻外办事处(运输量较大的集散地)、装卸货厂家,"一线"指的是运输线路,通过以点串线、以线铺面的网络布局模式,形成了无缝隙的网络覆盖,完善的回程配货模式比送货更重要,而要想不断有回程配货就必须要扩大市场,建立网络化的运输模式。网络建设使依厂物流的车辆利用率大大提高,运营成本有效降低。

依厂物流遵循国家、政府与相关部门的法规,加强安全制度建设,特别是运营车辆安全制度的建设。企业制定了《驾驶员录用培训管理安全规定》《驾驶员安全驾驶规范》《事故处理制度》《事故应急救援预案》《危险货物运输规定》等行之有效并严格执行的规章制度,保障了依厂物流的危化品车安全运营。

依厂物流通过不断总结、归纳、积累客户对物流服务商的具体要求,进一步提升了自身的运输服务标准,总结出了危险化学品物流安全管理的"依厂模式"。

①强化安全管理制度。依厂物流规范运作,严格执行驾驶人和安全员等人员的培训考核、监控调度和奖惩机制等。依厂物流制定了《驾驶员录用培训管理安全规定》《驾驶员安全驾驶规范》《事故处理制度》《事故应急救援预案》《危险货物运输规定》等一系列行之有效的规章制度。

②全过程安全监控,防范事故。驾驶员是实现安全管理的第一要素,首先严格员工培训、考核和奖惩机制,积极接受公安、交警、交通、质检、环保等部门的监督和管理,邀请专业人员对依厂物流所有管理人员、驾驶员和押运员定期进行安全培训和演练。为了加强培训与教育的效果,临淄交警大队在企业设立了交通安全宣教工作室,派驻民警对驾驶员进行面对面的安全教育,建立驾驶员学习档案,定期考试,严把驾驶员的选用关,应聘驾驶员必须掌握危化品运输的安全知识,经考核合格,取得上岗资格证,方可上岗作业,上岗前必须了解所运载的危化物的性质、危害特性、包装容器的使用特性和发生意外时的应急措施;在运输危险物品时,必须配备应急处理器材和防护用品等,所有的运营细节都以"安全"为中心。

③晚上危化品运输车性能。选择最适合危险化学品运输的重型牵引车,保证安全、动力,车辆的人性化驾驶、轮胎爆胎、ABS等装置确保在复杂的道路环境下安全行驶。罐体配备紧急切断阀,解决了出现追尾等危机情况物料洒漏的危险等。此外,依厂物流还制订了完善合理的事故应急处理预案,建立抢险中心,依厂物流抢险车辆及人员24小时随时可以出发抢险,能够应急处理公司所运危化品的泄漏事故。

④运输过程监管。建立远程监控指挥中心,实时掌握每辆的位置、运行时速等信息,进行实时监控,依厂物流全部车辆都安装了远程监控设备,实现了远程可控管理;远程监控设备的"黑匣子"功能使数据记录和记录的频率可以进行灵活设定以适应不同的需要,而且记录的数据可以实时传回监控中心进行统一存储管理或定期通过电脑本地下载,实现了对所有在途车辆的实时监控。"电子围栏"技术与交警部门联网,对危险品运输车辆

限定路线行驶,实现互动,及时通知并提醒驾驶员注意修正。监控中心可以对长途运输车辆进行定时更换驾驶员的设定,提醒驾驶人员及时换班,避免疲劳驾驶。限定车辆的最高车速、最高载重量,避免超载、超速及疲劳驾驶引发的恶性交通事故。为了提高车辆运营的安全系数,降低交通事故的发生率,依厂物流规定驾驶人员在凌晨 2:00~5:00 事故高峰期必须停车休息,并可通过调度监控平台对运营中的车辆进行实时指挥。如图 10.8 所示为驾驶员的远程监控设备的示意图。利用驾驶员前方的特制车载摄像头来自动连续进行人脸识别,智能判断驾驶人员驾驶的时间,避免连续 4 小时驾驶和累积 8 小时驾驶行为的产生;同时对未超时驾驶过程中的疲劳行为进行现场声光提示和抓拍取证。

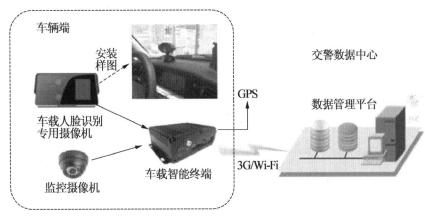

图 10.8　远程监控设备示意图

10.4　校车监控调度管理系统

孩子是每个家庭未来的希望,通学交通的安全受到社会密切关注。如果每个学生的家长每天接送孩子上下学,就会增加劳动负担和道路交通压力。在拼车接送孩子过程中,由于部分车辆性能及驾驶人的交通安全意识薄弱,社会上连续发生了数起严重的校车交通事故,造成的学生伤亡事件在社会上带来了相当恶劣的影响,引起了党中央、国务院及社会的高度重视。为了提高通学安全,2012 年 3 月 28 日国务院第 197 次常务会议通过了《校车安全管理条例》,并于 2012 年 4 月 5 日以国务院第 617 号令公布实施,实现对校车车辆安全、调度进行统一、有效的管理。国家通过财政资助、税收优惠、鼓励社会捐赠等多种方式,支持农村地区为居住分散的接受义务教育的学生提供校车服务。

为了全方位地确保校车行车安全,在校车系统中应用车载监控系统,在校车上安装摄像机和录像系统,通过无线通信系统与监控中心联系,实时上传学生上下车以及校车行驶的全部过程录像与车辆状态、路面状况、行驶路线,对超速、不按规定线路行驶等情况进行报警;监控中心、校方、家长随时查看车内外情况,完全掌握车内学生安全情况,实现全方位监管。

10.4.1 校车监控调度管理系统设计目标

校车监控调度管理系统设计目标为后边的具体设计给出了具体的要求,图 10.9 为校车车载监控系统结构图。

(1)实现对校车司机与司乘、学生,车外前方、侧方及后方路况的音视频实时监控,将音视频图像通过编码方式存储在车载 DVR 中,并通过无线上传到监控中心,规范司机安全驾驶意识,限制校车超载,以及事故后有效取证。

(2)车载监控系统通过视频监控摄像机、拾音器、报警器、GPS、刷卡器、各种行车状态接入等实现校车监控、远程调度、安防监控等。

(3)监控数据本地存储,利用 4G/3G 等无线传输技术实现车辆现场信息的主动、远程上传到监控中心,管理者、校方、家长可以实时了解校车状态和紧急报警。

(4)监控中心是日常监控、管理、安全预警预防、事故发生时应急指挥、事故发生后分析取证于一体的校车综合安全监控报警平台。

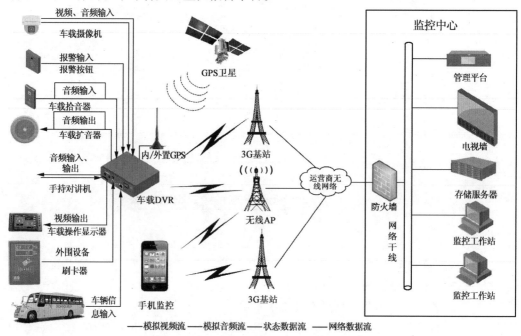

图 10.9 校车车载监控系统结构图

10.4.2 校车监控系统需求分析

校车驾驶人、司乘和乘坐人员(儿童、中小学生)、行驶路线与时间相对固定,实时采集人员状况、车辆的运行状态和各种报警信号等。

(1)视频实时监控需求。

重点监控校车周边交通环境与安全状况、车辆内部司乘与乘坐人员的状况、车辆上下门等重点部位的状况及校车运行情况。记录驾驶人的状态与驾驶行为、车辆乘坐人员

(儿童和中小学生)状态。

(2) 车辆状态与车况检测。

校车监控车辆的 GPS 位置、状态、速度、时间、方向和运行轨迹,遇到紧急情况,可及时确定事故位置,并优化救援车的行驶路线。校车运行传感器采集车况状态,并对异常信息进行告警,远程监控与管理。异常监控报警包括:超速、电子围栏、线路偏离、疲劳驾驶、设备异常等。

(3) 监控中心需求。

监控中心与校车之间可以通信,下发语音及文字调度信息,可通过对讲设备与现场司机进行语音沟通,可通过车载摄像头实时了解车内外情况;远程配置、操作、云台控制、设备重启、远程程序升级、录像回放等;GIS 地图管理功能等。在校车报警上传到管理中心时,管理中心可迅速定位报警地点,了解现场情况,并根据情况安排周边警力进行支援。在校车行驶期间,老师或家长通过网络实时观看车内儿童、学生及驾驶司机情况,了解校车所在位置及驾驶员和校车车辆信息。

校车监控中心功能包括系统配置、前端设备管理、实时监视、视频查询回放、实时控制、报警管理、抓图、抓录、车载 GIS、业务运营管理等。车辆的运营,学校主要负责校车使用及计划制订,教育局、公安局和交通局等政府主管部门提供政策上的支持以及实际营运监管,如图 10.10 所示为校车调度管理平台结构。

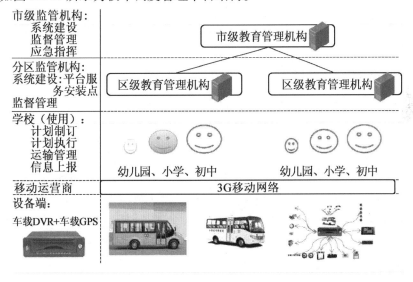

图 10.10 校车调度管理平台结构

10.4.3 校车学生信息管理系统

学生信息管理系统分为学生信息登记子系统、视频监控子系统及信息发布子系统三部分。视频监控子系统又分前端车载监控系统、通信线路、监控平台三大部分。

学生信息登记子系统由应用软件、读卡器、IC 卡组成,实现学生信息登记及分配 IC 卡管理、产生报表等;记录学生刷卡乘降情况。如图 10.11 所示为该系统流程图。学生登记乘坐校车,领取IC卡,校方通过学生信息登记系统将卡号、姓名、照片、家长联系方式等记录到数据库中。每次学生持卡上下车时,在读卡器上刷IC卡,读卡器读取卡的ID号,司乘通过该信息对学生身份进行验证,记录学生刷卡的时间、位置、上下车标识等,通过网络上传到监控中心。

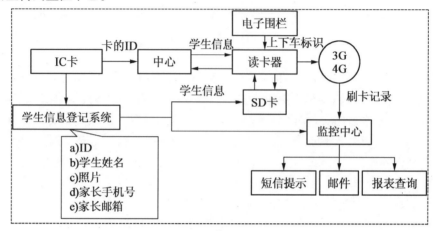

图10.11 调度管理系统流程图

车载终端监控车辆的行驶状态(包括行驶历程、速度、转向情况、刹车情况)、实时位置、车内外情景、工作人员工作状态以及一些突发事件的实时场景上传至中心服务器。

中心服务器接收到学生刷卡信息、车辆信息,根据定制需要发送信息给学生家长;家长也可访问监控中心网站查询学生上下车信息。

本章参考文献

[1] 刘芳. 铁路危险货物运输信息管理系统研究[J]. 铁道货运,2016(06):52-56.

[2] 海涛,何宇强,张星臣. 我国铁路危险货物运输安全管理及防护对策[J]. 中国安全科学学报,2005(08):24-28,113.

[3] 张力弘. 铁路危险货物运输管理系统[J]. 铁道货运,2002(04):9-10.

[4] 李汉卿. "互联网+危化品物流"构建风险预警体系[N]. 交通运输部科学研究院,2015.

[5] 王爱晶,祁明. 应用车联网技术解决物流高成本运营困境的研究[J]. 物流技术,2013(15):262-265.

[6] 贾利民,李平,秦勇,等. 中国铁路智能运输系统的体系框架[J]. 中国铁路,2003(09):22-26.

[7] 王建春. 铁路危险货物运输的安全隐患及对策[J]. 铁道货运,2005(09):22-24.

[8] 甘浩,胡雨禾. 基于ITS的智能车辆定位导航系统[J]. 商用汽车,2005(04):94-95.

[9] 杨志鹏,邵志超,张艳辉,等. 基于GPS+"北斗"双星导航的道路运输车辆卫星定

位系统应用研究[J]. 信息通信,2014(07):6-7.
[10] 严新平. 智能运输系统[M]. 武汉:武汉理工大学出版社,2006.
[11] 徐建闽. 智能交通系统[M]. 北京:人民交通出版社,2014.
[12] 邝仲平. 基于3G技术的高速公路危化品运输车辆监控系统[J]. 公路,2014(04):171-174.
[13] 向笛. 基于物联网技术的危化品车辆监控系统研究[J]. 物流技术,2014(16):77-80.
[14] 李爱红,刘斌. 学校校车调度管理系统研究[J]. 科技视界,2016(07):149-150.
[15] 姜娜. 基于RFID/GPS/GIS技术的校车管理信息系统的设计与实现[D]. 上海:华东师范大学,2014.
[16] 刘雪飞,贾勤,胡东明. 一种基于RFID技术的货运车辆管理系统[J]. 物联网技术,2014(05):22-23.

第 11 章 高速公路管理系统

高速公路是双向分离、出入控制、立体交叉的高等级公路，具有行车速度高、交通流量大、设施设备齐全、运营管理完善的特点。高速公路运营管理是对收费、养护、交通、安全、服务等系统进行计划、组织、指挥、控制和协调，为使用者提供快速、高效、安全畅通的通行服务，使高速公路企业获得最大经济效益。随着交通流量的增加，所造成的交通事故和突发状况会影响道路的正常运行，及时发现交通异常并科学、快速处置是保障高速公路安全畅通的基础。因此，建立完善的管理系统，提升突发事故的处置能力、管理与服务水平，方便人民群众出行，保障人民群众生命财产安全是运营单位的责任与义务。

11.1 高速公路运营管理系统

为了充分发挥高速公路的功能，运营管理主要包括路政管理、养护管理、交通安全管理、收费管理、监控和通信管理以及服务区的管理。

11.1.1 路政管理

高速公路路政管理是为维护公路管理者、经营者、使用者的合法权益，对高速公路进行的行政管理。高速公路路政管理职能包括：保护路产、维护路权、维持秩序、保护权益。

11.1.2 养护管理

高速公路养护工作可划分为维修保养、专项工程和大修工程三类。维修保养是为保持高速公路及其附属设施的正常使用功能而安排的经常性保养和修补其轻微损坏部分的作业；专项工程对高速公路及其附属设施的一般性磨损和局部损坏，进行修理、加固、更新和完善的作业；大修工程高速公路及其附属设施已达到其服务周期，必须进行应急性、预防性、周期性的综合修理，使之全面恢复原设计的状态，对由于水毁、地震、交通事故、风暴、冰雪等造成的高速公路及其附属设施的重大损坏及时进行修复，保证其正常使用的作业。

高速公路路面养护管理包含沥青路面的养护管理、水泥混凝土路面养护管理、桥涵构造物的养护管理及高速公路绿化的养护管理。高速公路绿化的养护管理包括两方面的内容：一是养护，根据树木生长需要和某些特定的要求，及时采取浇水、施肥、整形修剪、防治病虫害等技术措施；二是管理，对绿化植物进行看管、维护、消除杂物、防止机械和其他原因所造成的损伤。

11.1.3 交通安全管理

高速公路交通安全管理是规范高速公路上的交通行为,维护高速公路运输的交通秩序,保障高速公路的交通安全和畅通的行政执法管理。高速公路交通安全的影响因素主要体现在驾驶员、道路与环境两方面。其中驾驶员因素,主要表现为:法制观念淡薄;缺乏高速公路行驶经验;不适应高速公路管理环境。道路与环境因素主要包括以下六点:

(1)高速公路线形设计:随着高速公路行车速度的提高,驾驶员的视觉感受与高速公路线形间关系,正在成为保证交通安全的一个新的课题。线形设计不合理,极容易导致交通事故,引起交通安全问题。

(2)路面状况:这方面需要做的主要工作是对交通事故、原油污染等原因造成的路面破坏,以及由于路基下沉或路面施工质量不高所造成的路面破坏及时修补,使路面平整度、摩擦系数等技术指标符合要求,以免影响交通安全。这就要求公路部门在发现路面破坏后,应立即向养护部门发出维修通知单,以便养护部门及时修补,避免影响交通安全。

(3)路肩状况:因一般的高速公路路肩宽度有限,如有故障车在路肩停靠则很可能会占用行车道,这就给交通安全留下极大的隐患。

(4)中央隔离带的绿化防眩:高速公路的车辆在夜间开灯行驶时,对面的车辆灯光易影响驾驶员的视线,影响交通安全。解决这个问题可采取两种办法,一是在中央隔离带建一条永久性的隔离墙;二是栽植灌木等植物进行防眩。

(5)安全标志和标线:合理地设置道路安全标志,有助于提高驾驶人员的注意力,引导驾驶员采取正确的措施,避免事故的发生。

(6)恶劣天气因素,主要指雾、雪、雨、冰雹、风、路面结冰等情况。

11.1.4 收费管理

高速公路收费系统实现了半自动和ETC两种收费方式,可选用IC卡、磁票、二维条卡作为通行券,支持现金、预付卡、储值卡等支付方式。高速公路收费管理系统分为三种:

(1)人工收费管理系统。

人工收费管理系统是指对进入高速公路网络的车辆发给通行卡以及出口处验卡收费等程序,全部由手工操作完成的收费管理系统。

(2)半自动收费管理系统。

高速公路半自动收费管理系统由收费车道系统及计算机系统组成。对于不同方式的半自动收费管理系统,中心计算机系统、分中心计算机系统和收费站计算机系统几乎一样,只是收费车道系统有所不同。

①中心计算机系统:主要用于对所有分中心计算机的数据收集,数据通信、处理、统计,打印所有统计数据与报表等内容进行管理,对系统进行综合管理控制及调度等。

②分中心计算机系统:主要用于收费系统所管辖的所有收费站的数据收集,数据通信、处理、统计,打印有关数据与统计报表。

③收费站计算机系统:主要对本站各收费通道口的设备进行管理和监督,用于采集、处理、统计、分析本站所有收费数据与交通量数据,存储、打印有关的统计报表,实现同管理处计算机的通信。

④收费车道系统:是收费系统的最基本单元,由收费亭外设备(车型识别仪、栏杆、雨棚信号灯、雾灯等)、出口车道系统(包括摄像机、栏杆)、入口车道系统(包括收费亭内设备——车道控制器、显示器等);报警网络系统、内部对讲系统等部分组成,用来采集每条收费道口的收费数据与交通量数据,并加工处理,对进出口车辆进行控制,收取车辆通行费,并与收费站计算机系统进行数据通信。若收费站计算机系统发生故障时,收费车道系统应有一定时间的数据存储功能。

(3)全自动收费管理系统。

全自动收费管理系统是指利用微波技术的不停车电子收费系统(Electronic Toll Collection System,ETC),ETC 基本原理是车载电子标签插入 IC 卡,通过无线信号与安装在收费口上的天线进行信息交换,根据该 IC 保存的与收费相关的数据,可以即时算出并征收通行费用。费用征收不用现金,而使用电子货币(IC)卡。以深圳高速公路的一个全自动收费管理系统为例进行说明,该系统工作示意图如 11.1 所示。

11.1.5 监控和通信管理

高速公路道路监控系统主要由信息采集(摄像机、车辆检测器、气象检测器等)、信息处理(监控中心)、信息发布(可变情报板)等系统构成。通过设置在重点场所和监测点的前端设备,将视频图像及气象数据等以光纤传输的方式传至高速公路监控中心,进行信息的存储、处理和发布,使交通监控管理人员对交通突发事件做出及时、准确的判断,形成完整的、现代化的道路管理体系。保证系统运行稳定、可靠、安全、高效。高速公路监控系统的作用是对高速公路网实现实时监控和交通控制。高速公路的监控系统按业务可分为收费站监控系统、隧道监控系统、外场监控系统及监控中心系统。高速公路信息化建设要求视频监控系统走向联网和资源共享,实现图像资源的统一调度。采集、统计道路交通数据,有效监视道路的交通、气象、环境状况,及时掌握道路运营状况。在现有的道路和环境条件下,通过对采集的信息进行实时分析、处理和预测,采取有效的交通控制手段,预防可能发生的交通事件、事故和阻塞;当出现突发性交通事故或道路环境变化而导致交通阻塞时,通过系统及时发现并采取有效措施进行缓解和排除,以防止对路网交通产生更大的影响,进而提高路网运行的利用效率和安全性。

收费站监控系统由车道高清卡口摄像机、收费亭高清半球摄像机、收费站出入口广场摄像机、收费亭脚踏报警器和收费亭对讲设备组成。车道摄像机和收费亭摄像机接入收费亭交换机,各收费亭交换机和广场球机通过光纤组成光纤自愈环网,接入到收费管理站的视频综合平台,完成整个系统的组网,该组网方式可有效满足高速公路图像数据长距离可靠传输的要求。

隧道视频监控设施主要包括带云台彩色摄像机、固定摄像机、车辆检测器等。在隧道出入口及隧道内设置摄像机对隧道车辆通行情况进行监视,另设置车检器,对进出隧道的车流量进行流量检测,上传至管理站平台上,对隧道的交通量(分大、小车)、车辆速度、道路占有率进行检测。

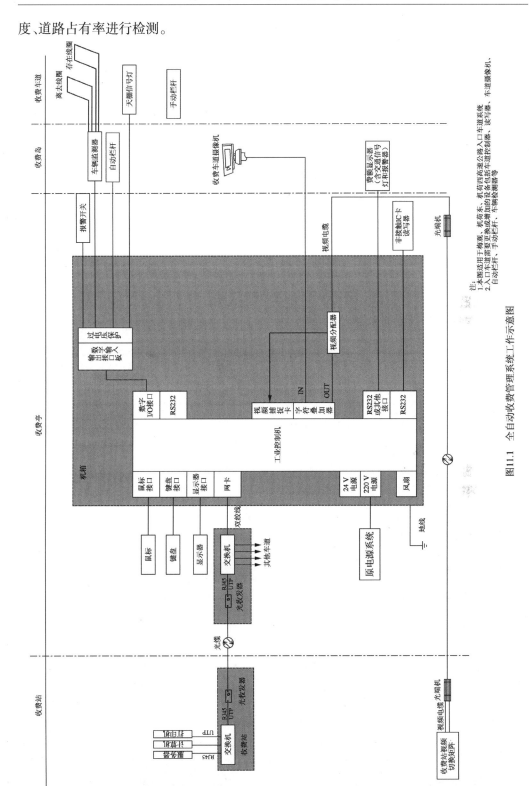

图11.1 全自动收费管理系统工作示意图

外场监控设备主要包括激光夜视一体机、高清卡口摄像机及信息发布系统。外场设置的摄像机采集到的监控视音频数据直接通过光纤接入到分监控中心，由分监控中心进行统一管理和存储。在外场设置带有透雾功能的激光夜视一体机对重要互通区、重要路段进行监视，可以满足昼夜全天候的监控。外场的卡口摄像机可以对车流量、车速、黄车牌占道、占用应急车道及违法车辆行迹进行记录，以备高速交警取证使用。

监控中心的系统的核心是综合管理平台，提供视频转发、存储、查询、上墙显示、回放、警告管理、智能检测、信息发布等全部业务应用，通过该系统监控人员可随时掌握各路段的情况，为道路的正常运行提供必要的信息支持。监控中心负责各收费站、隧道、外场码流的汇聚、存储和各种业务应用。中心监控由网络键盘、IPSAN 存储设备、转码服务器、视频综合平台设备、大屏、综合管理平台服务器、设备接入网关、运维服务器、交通检测服务器等设备组成，对外提供综合服务，以达到集中监控和集中管理的目的。

通信系统主要为高速公路运营管理及监控、收费系统提供必要的语音业务及数据、图像传输通道，为高速公路的运营管理、事故处理、救护、养护、收费等部门提供可靠的通信服务，是保障公路畅通、提高服务质量的重要设施。通信系统的设计内容主要为：光纤数字传输系统、数字程控交换系统、光电缆工程、通信电源工程、接地系统。通信管道是整个通信设施的基础设施，用于光缆、监控信号缆线的敷设。通信管道设计本着满足高速公路专用通信网敷设光缆容量的近期和远期扩容的需要，并且兼顾其他单位租用公路通信管道的可能性。业务通信包括手机短信推送、短信管理、即时通信、通知公告、通信录四个模块，实现管理处监控分中心与省监控中心之间、平台与相关领导之间的沟通交流。其中，业务通信中的手机短信推送模块，能对应急事件、重要通知等通过手机方式进行推送。即时通信包括交流对话框和事件显示框，用以交流和显示发起通信的原因及进度，同时可通过视频交互中的演示功能向对方展示屏幕，以达到更高效的交流，便于操作人员更全面了解情况，实时跟踪、反馈、分享最新信息，为决策提供支持，对控制诱导、事件管理、应急调度等业务实现支撑。

11.1.6 服务区的管理

高速公路服务区管理服务区设施、停车、车辆维护、加油等，为驾驶人提供中途休息及车辆检修。

11.2　高速公路综合管控系统

为了加强对高速公路的管理，提高通行效率和管控能力，需要对高速公路网整体进行管控，建立综合管控平台，利用 GIS 汇集运行情况信息，实现对路网内的交通状态、道路环境情况、机电设备运行状态进行实时监管，从整体上提升对道路交通的管控力度及服务水平。综合管控平台能实现对高速公路交通运行状态及道路环境情况的实时监督，能对报警事件进行统一协调、统一管理，具备对全区域内的路网进行宏观监视、事件应急处理、协调、交通诱导的功能。

11.2.1 综合管控平台需求分析

综合管控平台全面掌握高速公路运行状态,管控系统实现联网收费区域(省、市)的监控中心-路段管理中心-收费站、桥隧所的分级控制,集中管理。各路段的交通综合监控数据信息,通过路段管理中心汇聚到区域监控中心进行统一协调、统一管理。区域中心平台提供的服务包括:中心管理服务、数据存取服务(联网收费、ETC 的清分、结算)、流媒体服务、移动视频服务、中心通信调度服务、协议转换服务、数据采集服务、数据统计服务、事件服务等。综合管控平台的具体分布如图 11.2 所示。

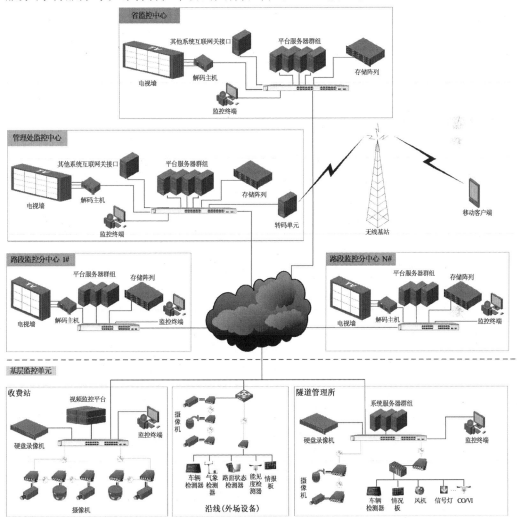

图 11.2 综合管控平台分布图

监控中心综合管控平台系统采用模块化结构,本系统由底层到高层分为设备层、接入层、服务层、展现层四个层级,技术架构图如图 11.3 所示。

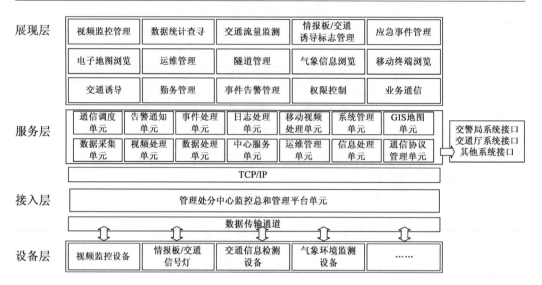

图 11.3 技术架构图

设备层是本系统平台的基本数据保障层,为平台提供基础数据信息。设备层包括视频监控摄像机、情报板、交通信号灯、交通信息检测设备、气象环境监测设备等,这些设备所采集到的数据信息通过相应的专用数据传输通道,传输到各对应的接入设备。

接入层的主要业务是将设备层所传输的数据信息进行接收处理,相对于省监控中心综合监控系统,各管理处的综合监控系统则作为其接入层。接入层将处理后的数据以标准 TCP/IP 协议封装后,通过高速公路数据传输网络传输给系统平台相应服务模块;服务层是本系统平台的核心层,系统的各项功能均由服务层的各业务单元模块来实现。

服务层包括通信调度单元、告警通知单元、事件处理单元、日志处理单元、视频处理单元、数据采集单元、数据处理单元、中心服务单元、移动视频处理单元、运维管理单元、系统管理单元、信息处理单元、GIS 地图单元、通信协议管理单元。本系统平台在服务层预留了第三方系统接口可与市州交警支队相关业务系统或其他职能机构的系统进行对接。

展现层是用户界面层,系统的各项功能业务在本层与用户进行交互。展现层交互的功能业务包括视频监控管理、监测数据统计查询、交通流量监测、情报板管理、交通诱导标志管理、应急事件管理、电子地图浏览、运维管理、隧道管理、气象信息浏览、移动终端浏览、交通诱导、勤务管理、事件告警管理、权限控制、业务通信等。

11.2.2 路网监测模块

高速公路综合管控中心利用 GIS 建立公路网空间数据库和属性数据库,在该地图上叠加各种交通监控资源,实现对应实时数据的显示调用,系统支持视频监控、路政巡逻、养护、交通流量检测等系统,直观显示道路网的运行状态,调用、控制所管辖路段内的各类监控资源,并能直观地了解各监控设备的部署位置及运行状态。通过不同颜色标注高速公路各路段的实时路况与车流情况,分别以红、黄、绿三种颜色进行标注拥堵、缓行和畅通 3 个级别。

监控中心 GIS 包括基础信息、管理机构信息、外场设备位置及采集和显示信息、交通事件、应急资源信息、视频信息等图层：

（1）设施图层。

设施图层管理包括路段、隧道、服务区、收费站、枢纽互通、隧道、大型桥梁等道路设施信息。

（2）设备图层。

设备图层管理包括摄像机、视频事件检测器、车辆检测器（线圈、微波）、情报板（门架式情报板、悬臂式情报板、立柱式情报板）、可变限速标志、六要素气象站、能见度检测仪、卡口抓拍、应急车道交通违法监测设备、无线对讲、ETC 车道管理设备、交通广播、收费系统等设备。通过设备状态检测系统与图标的颜色变化表示设备工作状态（正常、设备报警、故障）。

（3）应急资源信息图层。

应急资源信息图层管理包括施救、养护、路政、交警、消防、医院、应急办等单位名称、位置、负责人、联系电话等。

（4）交通事件图层。

交通事件图层管理交通检测信息分析的结果，包括交通事故、大流量、特殊气象、环境灾害、路面事件、社会安全事件、服务区事件及其他事件。

（5）施工养护图层。

通过施工养护图标显示其所在的位置，通过点击相应图标即可查看施工养护基本信息。

（6）气象专题图层。

显示交通气象监测设施的位置和采集的信息，通过共享气象局气象信息，并结合道路上的气象检测器采集的数据来实现。

（7）GPS 监测图层。

实时显示高速公路巡逻车、"两客一危"、交通警察、养护用车等车辆的位置等信息。

11.2.3 路况信息采集、分析与处理模块

综合管控平台的分析研判是基于信息采集系统进行智能分析，掌握道路状况、交通流状况、气象状况、设备运行状况以及事故告警等信息，为管理决策提供依据。信息采集系统分为人工信息和设备自动采集信息。人工信息根据收费站关闭、危化品车辆与长途客运车辆限行等交通管控方案、养护施工、自然灾害（包括地质灾害、恶劣天气等）、事故等影响通行的交通阻断程度进行分类。设备自动采集信息，根据设备工作状态、事件检测器检测事件并自动报警。

采集信息的类型多种多样，可以按照如下的方式进行区别：

（1）基于 GIS 采集路段管理中心区段地理信息、交通数据、环境参数（包括隧道环境参数、经过监控分中心处理的数据），经过分析处理，显示在监控中心大屏幕上，直观表现道路网运行状况。

（2）采集路段管理中心管理区段的交通事故以及其他异常事件信息：包括交通阻塞、事故事件、隧道火灾、设备故障等，实时监测道路运行状态。

（3）根据交通流量与道路状况制定控制策略，实时发布到各种公共媒介上，包括道路可变信息板、路内广播等。

（4）采集设备工作状态信息，包括外场设备（含紧急电话工作状态）、隧道内的设备以及监控分中心设备等工作状态信息。

（5）采集气象局与路侧气象站的气象信息，为交通限速、匝道封闭提供依据。

（6）切换所有视频（收费、监控）图像信息对关键路段或关键点进行实时监视。

11.2.4　事件管理模块

高速公路交通事件管理是根据交通流量监测、视频监控、人工巡查及时发现交通异常，并采取适当交通管控措施，维护道路通行和交通安全。交通事件处理系统具有处理应急事件流程、应急联动资源，建立包括交通控制、人员调动、视频切换、可变信息板发布，诱导方案等的联动机制。应急调度主要包括：

（1）发现事件或接收到报警时，GIS 地图自动显示报警地点，并发出报警提示。

（2）切换视频监控事件路段的上下游状况，通过周边可变信息板、交通广播等可控制的设备发布预警、提醒等信息，防止事态扩大。

（3）根据需要调动应急资源，包括应急人员和车辆、医院、交警等信息。

11.3　高速公路交通安全智能管控系统

高速公路的交通秩序、安全与事故处理由交通警察管理，交通警察依托高速公路管控平台，通过设置车辆违法抓拍、超速、诱导屏、广播、出入口管制等措施对道路交通秩序、违法等进行管控。同时，基于采集的实时路况数据信息，通过对数据的融合和预测分析，将交通信息转化为文字、图形信息，利用可变限速标志和 LED 诱导屏、交通广播网、互联网和短信等方式向公众发布实时路况信息。通过建立各类事件处置预案和高速公路职能部门联勤联动和协作配合管理机制，实现对重大交通事故及其他重大突发事件的快速高效处置。根据路况信息，实时设置车辆行驶限速值，降低车辆速度并进行行驶诱导，避免在恶劣天气情况下和发生突发事件时车辆追尾相撞，保证车辆行驶安全，并最大限度减少封路情况。以山东省高速公路交通安全智能管控系统为例，其系统关系图及数据流程图如图 11.4、图 11.5 所示。

第 11 章 高速公路管理系统

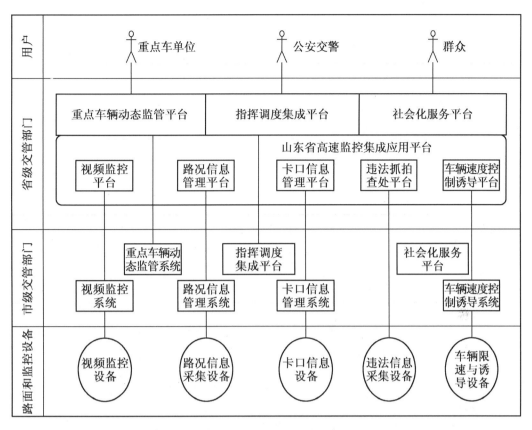

图 11.4 山东省高速公路交通安全智能管理管控系统-系统关系图

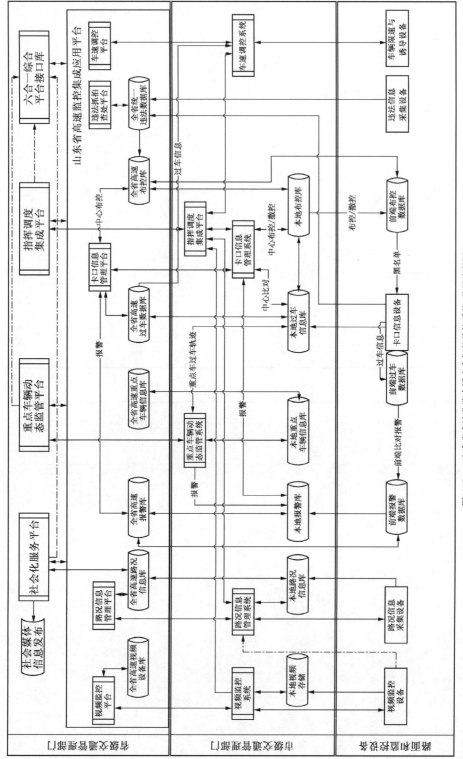

图11.5 山东省高速公路交通安全智能管控系统 数据流程图

11.3.1 交通信息采集、分析与发布

在高速公路重点路段位置采用自建或共享视频监控、环形线圈车辆检测器、微波检测、气象设备、卡口分析等方式检测车流量、车速、车辆密度、道路占有率、事件、拥挤、路面温度、湿度、风力、能见度等基本数据来完成信息采集，为车速管制等提供依据。交通安全信息采集与发布的分类及具体信息见表 11.1。

表 11.1 交通安全信息采集与发布

序号	信息分类	具体信息
信息采集	道路车流量状态信息	时间、车道（如有可以分车道）、方向、流量值、速度、占有率（密度）、车辆长度、车型、大车比例、时均流量、日均流量、周均流量等
	气象信息	时间、温度、湿度、风力、风向、大气压、雨量、能见度、地点编号等
	交通事故信息	事故时间、号牌号码、号牌种类、联系方式、违法证据、事故描述等
	道路施工信息	项目负责人、管理机构、联系电话、施工计划起始时间、施工计划终止时间、施工路段、占用车道、占用方向等
	道路拥堵信息	拥堵地点、拥堵起始时间、原因、估计拥堵持续时间
	交通管制信息	交通管制措施、交通管制地点、原因、影响范围、持续时间等
信息发布	交通诱导信息	地点编号、设备编号、起始时间、结束时间、模板类型（1——标语，2——公告）、发布状态、发布内容、审核人、诱导屏发布时间、发布类型
	巡逻车 LED 屏发布信息	安装位置、可变信息标志类型、全点阵部分的水平方向像素数、全点阵部分的垂直方向像素数、路段区域列表、文字区域列表
	可变信息板发布信息	安装位置、可变信息标志类型、全点阵部分的水平方向像素数、全点阵部分的垂直方向像素数、路段区域列表、文字区域列表
	移动终端发布信息	手机号码、短信内容、发送方式、发送时间
	喊话发布信息	设备编号、广播内容、广播方式、广播时间
	社会发布	通过互联网、电视台、电台等发布信息

(1) 交通态势分析。

根据交通态势分析车流量、速度等交通流参数，进行融合分析，生成各时段平均速度、路段阻塞程度等态势，发生恶劣天气、交通管制、道路阻断等情形时采取及时处置。

平台应能对交通流的态势进行基本研判，研判分析路段交通运行状况和重点车辆情况，找出拥堵点段和事故隐患路段，掌握重点车辆通行情况，预测节假日和重大活动的交通流量，提出路段流量管控对策措施。

(2) 高速公路交通管制信息发布。

依据信息控制发布范围，通过互联网、广播、手机终端（特服号码短信、微博、微信、QQ、APP 等）、可变信息板、可变交通标志等发布路况信息。可变限速标志是根据道路和

气象情况的变化而实行速度限制或改变速度限制的设施,指示驾驶员把车速定位在与最大交通量相适应的水平上,提高对行车环境的警觉。

通过高速公路收费站出入口、路面的交通诱导屏、车载式道路交通信息显示屏等外场设施,使进入或行驶在高速公路上的车辆驾驶者获知相关交通信息状况,进行相关行驶决策,进而实现交通诱导控制。

在高速公路事故多发路段、多雾路段、隧道、互通立交等地点设置广播,提醒驾驶者注意安全行驶。

11.3.2 卡口信息管理系统

利用高速公路出入口控制的特点,实现涉案车辆、多次违法未处理、肇事逃逸、报废、假牌、套牌、无牌、超速、未年检等布控车辆进行比对预警现场拦截处理。

11.3.3 指挥调度集成平台

系统在集成各类控制子系统的基础上,加强对日常交通流的监视、检测、控制、协调、调度、疏导、诱导,建立闭环控制指挥模式,实现对高速公路交通管理的宏观调控、指挥调度。

指挥中心通过集成指挥信息收集、审核调度、指挥部署,通过警务通信系统、GPS车辆定位系统、手机、短信实现对人员和车辆的指挥调度。根据事件类型、事件级别和影响范围制定事件处置预案和调度流程,处置调度时通过地理信息系统提取事件周边资源,如警力资源、联动设备资源等,结合预案支持,进行视频监控、警力定位、交通诱导控制、交通卡口布控、移动警务指挥等操作,实现快速指挥调度。

11.3.4 重点车辆动态监管系统

通过与交通运输管理部门、运营企业、交警建立信息共享机制,对高速公路上行驶的重点车辆的动态监管、报警拦截、轨迹追踪、运行分析和及时抄告。

获取客运车、危化品车的定位信息(GPS/北斗)、行驶记录信息,实现对辖区内高速公路上行驶的目标车辆实时跟踪,获取驾驶人的行驶时间,对超速或者疲劳驾驶、超时行驶、偏离电子围栏范围的车辆实时进行预警提示,或者由巡查车辆强制进入服务区。

11.3.5 社会化服务平台

社会化服务平台主要通过互联网提供路况信息推送、交通信息查询、警务公开、安全指南、超限车辆准运证信息、危化品车辆准运证信息、施工预告信息等公众服务,为广大人民群众出行提供参考信息,进一步推进便民利民服务。

本章参考文献

[1] 刘万里,孟祥茹.高速公路运营管理[M].北京:机械工业出版社,2004.
[2] 中建标公路委员会.公路工程技术标准[M].北京:人民交通出版社,2014.

[3] 范锟.高速公路路政管理[M].北京:人民交通出版社,2005.
[4] 万兴立.浅析高速公路通信系统方案的研究[A].《建筑科技与管理》组委会.2013年7.建筑科技与管理学术交流会议文集[C].《建筑科技与管理》组委会,2013,1.

第 12 章 ITS 典型应用

12.1 电子警察与卡口系统

电子警察与卡口系统是先进的"科技强警"手段。电子警察系统主要目的在于制止闯红灯、不按导向车道行驶、压实线等交通违章,规范车辆行驶,为整治车辆违章提供全天候、严格且可行的交叉口管控解决方案。卡口系统主要用于城市道路或高速公路出入口、收费站等治安卡口及重点治安地段的全天候实时监测与记录,采用雷达检测与视频辅助检测模式,清晰地记录车速与车辆特征(车牌号码、车牌颜色、车身特征、司乘人员的面部容貌)等信息,为超速治理、治安等部门提供重要的基础和运行数据。电子警察和卡口为查究交通违章行为,侦破交通事故逃逸和机动车盗抢案件提供完整、清晰、有效的取证依据,对平安城市的建设、交通管理有着十分重要的意义。

12.1.1 电子警察

高清电子警察系统以高清视频为基础,采用先进的光电成像、图像处理、模式识别、网络通信、计算机、全视频 3D 模型动态检测等多种技术,对通过检测区域的车辆信息和行驶行为进行不间断自动检测和记录。系统主要由前端数据采集子系统、网络传输子系统和中心管理平台构成。电子警察系统结构图如图 12.1 所示。

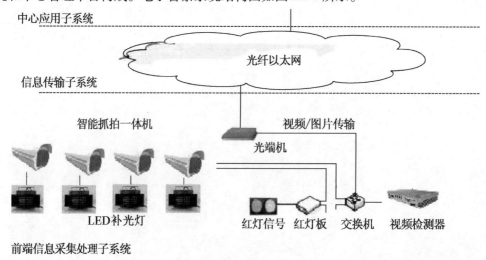

图 12.1 电子警察系统结构图

1. 前端信息采集处理子系统

前端系统由嵌入式一体化高清摄像机、补光单元、车辆检测单元、网络传输、智能交通终端管理设备及中心管理等部分组成。对经过的所有车辆进行抓拍,获得车辆图像,并自动实时地识别车牌字符,记录下车辆经过的时间、地点、车牌号、行驶方向等数据,并全部汇入网络传输子系统,传输至中心管理平台。前端信息采集处理子系统示意图如图 12.2 所示。

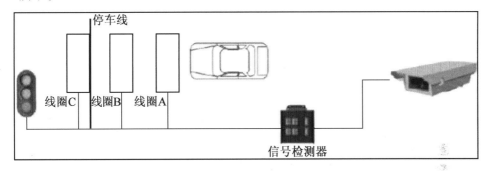

图 12.2 前端信息采集处理子系统示意图

检测单元采用线圈检测模式为主、视频检测模式为辅的方式。在线圈检测模式时,系统通过信号检测器判断红绿灯状态,通过地感线圈来检测是否有车辆通行。当处于红灯状态且有车辆经过时,车辆检测器触发高清智能摄像机来对违章车辆进行抓拍。设备稳定可靠,捕获率、识别率高。当检测线圈发生故障,系统自动切换至视频检测模式。在视频检测模式时,系统自动对视频流中运动物体进行实时逐帧检测、锁定、跟踪,根据车辆运动轨迹判断车辆是否违章并进行记录,无须破坏路面、埋设线圈。设备稳定,结构简单,便于安装维护。

系统对通过监测区域的车辆记录一张高清全景图像,对超速等违法车辆记录两张不同时间的全景图像。高清摄像机的图像抓拍功能不受雨、雪、雾等天气、环境、光和相邻车道通行车辆的影响。在环境无雾包括雨雪天气下,监控区域内规范行驶的车辆被记录的图片能清晰显示车辆前部所有特征、车内驾驶员、副驾驶位置情况,还能看清车辆类型、颜色和所载货物等。在环境照度比较低的情况下(例如夜晚),系统自动开启闪光灯进行补光,以增强图片亮度,保证图片足够清晰。在强光照射、逆光情况下,系统会自动调整摄像机的成像模式,保证图片曝光正常,成像清晰。在各种环境和气候条件下,摄像机都可以拍摄到清晰的图片,非常有利于人工辨认和机器识别牌照信息。图像以 JPEG 格式存储于前端设备,并同时上传至中心进行存储。

系统记录的车辆信息包括车辆图像信息、时间(精确到 0.1 s)、地点、车速、限速、方向、号牌号码、号牌颜色、车身颜色、车型、车道编码等。车辆通行信息写入关联数据库,并将相关信息叠加到图片上。

(1)视频检测原理。

视频检测采用基于运动检测的车辆检测方法,其核心原理是通过学习建立道路背景模型,将当前帧图像与背景模型进行背景差分得到运动前景像素点,然后对这些运动前景像素点进行处理得到车辆信息。该方法效果的优劣依赖于背景建模算法的性能。其流程图如图12.3所示。

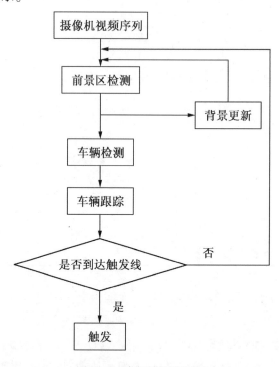

图12.3 车辆检测流程图

整个检测过程分为以下几个步骤:

①由高清摄像抓拍主机获取实时的视频流。

②利用背景差分算法检测运动前景。首先通过初始多帧视频图像的自学习建立一个背景模型,然后对当前帧图像与背景模型进行差分运算,消除背景的影响,从而获取运动目标的前景区域。

③根据背景差分运算中运动目标检测的结果,有选择性地更新背景模型,并保存背景模型。

④过滤噪声,并获取准确的车辆位置。

⑤运用时空信息、匹配和预测等算法,对车辆进行准确的跟踪,得到车辆对象的运动轨迹,并保存车辆对象的轨迹信息。

⑥判断车辆是否到达触发线位置,如果没有到达,则进行下一帧的检测;如果到达,则发出触发信号。

车辆的抓拍触发综合运用了车牌检测算法和车辆检测算法。

系统首先采用车牌检测算法,在车辆到达触发线的时刻,若系统检测到图像中存在车牌,则触发抓拍,并进行车牌识别;对于无后车牌或后车牌遮挡的车辆,系统无法检测到车牌,此时将启用车辆检测算法,若运动对象与系统内建的车辆模型相匹配,则触发抓拍,并记录为无牌车辆。视频分析算法对于红绿灯的检测综合运用了亮度比较算法与灰度比较算法,在场景中红绿灯所在位置划定检测区域,并对该区域的亮度与灰度的变化进行实时地检测与判断,从而获知当前的红绿灯状态,如图12.4所示。

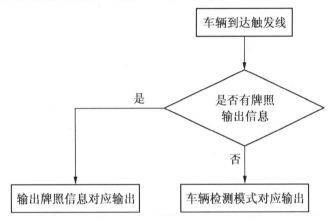

图 12.4　车辆抓拍触发原理示意图

(2)车牌识别原理。

车牌识别是基于图像分割和图像识别理论,对含有车辆号牌的图像进行分析处理,从而确定牌照在图像中的位置,并进一步提取和识别出文本字符。车牌识别过程包括图像采集、预处理、车牌定位、字符分割、字符识别、结果输出等一系列算法运算,其运行流程如图12.5所示。

图像采集:通过高清摄像抓拍主机对卡口过车或车辆违章行为进行实时、不间断记录、采集。

预处理:图片质量是影响车辆识别率高低的关键因素,因此,需要对高清摄像抓拍主机采集到的原始图像进行噪声过滤、自动白平衡、自动曝光以及伽马校正、边缘增强、对比度调整等处理。

车牌定位:车牌定位的准确与否直接决定后面的字符分割和识别效果,是影响整个车牌识别率的重要因素。其核心是纹理特征分析定位算法,在经过图像预处理之后的灰度图像上进行行列扫描,通过行扫描确定在列方向上含有车牌线段的候选区域,确定该区域的起始行坐标和高度,然后对该区域进行列扫描确定其列坐标和宽度,由此确定一个车牌区域。通过这样的算法可以对图像中的所有车牌实现定位。

字符分割:在图像中定位出车牌区域后,通过灰度化、灰度拉伸、二值化、边缘化等处理,进一步精确定位字符区域,然后根据字符尺寸特征提出动态模板法进行字符分割,并将字符大小进行归一化处理。

字符识别:对分割后的字符进行缩放、特征提取,获得特定字符的表达形式,然后通过分类判别函数和分类规则,与字符数据库模板中的标准字符表达形式进行匹配判别,就可以识别出输入的字符图像。

结果输出:将车牌识别的结果以文本格式输出。

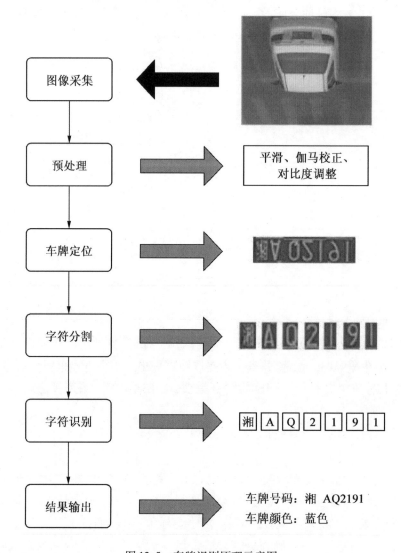

图 12.5　车牌识别原理示意图

(3)地感线圈检测原理。

系统测速原理示意图如 12.6 所示。

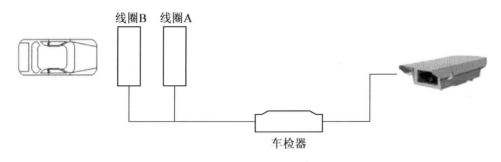

图 12.6 测速原理示意图

①车辆触发 B 线圈时,系统记录下当前的时刻 TB。

②当车辆触发线圈 A 时,系统记录下当前的时刻 TA,同时计算车辆的速度,其中 DB 为 B 线圈与 A 线圈之间的距离。

③车辆检测器给出触发信号,触发高清摄像机进行图像捕捉。

④同时,高清摄像机给出触发信号同步闪光灯补光。

⑤高清摄像机捕捉到车辆图像,并生成图像储存在主机或智能终端管理设备中。

⑥系统对车辆图像进行处理,识别出车辆的信息,通过网络上传至控制中心服务器中。系统工作流程如图 12.7 所示。

(4)红绿灯信号检测原理。

交通信号机的信号灯相位时间检测由信号检测器来完成。信号监测器是智能交通闯红灯系统的前端设备,放置在室外,它向后端的图像抓拍系统传输闯红灯抓拍出发信号,并可提供闪光灯信号的分路控制,实现全方位、无盲点监测十字路口的交通情况,图 12.8 为闯红灯抓拍流程图。

信号检测器内置红绿灯检测电路,将被检测车道的红绿灯信号引入到信号检测器,220V 的红绿灯交流信号被转换为低电压,通过光耦器件送至内部的数字逻辑门电路,从而完成红绿灯信号的检测。

信号检测器收集车检器及红灯的信息,当有车辆在红灯期间驶过线圈,则通过 RS485 接口向摄像机发送抓拍指令,同时接受摄像机发出闪光灯触发信号再转发给各车道相应的闪光灯进行补光。

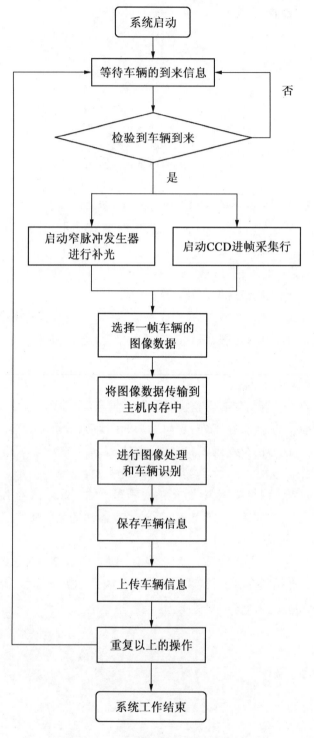

图 12.7 车辆识别系统工作流程图

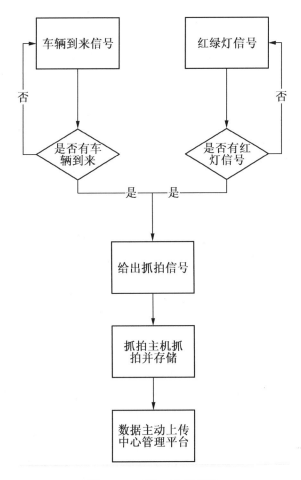

图 12.8　系统工作流程图

2. 网络传输子系统

电子警察主控机通过网线(RJ45)接口连接到路口各设备,包括高清抓拍摄像机、嵌入式识别主机、信号检测器等。

采用光纤收发器将路口局域网的工业交换机的电信号转换成光信号,利用光纤传输网络与中心光纤交换机相连,每个路口的光纤转发器独立使用 1 芯光纤,互不干扰。由光纤交换机将光信号再次转换为电信号,连接到网络交换机。系统组网示意图如图 12.9 所示。

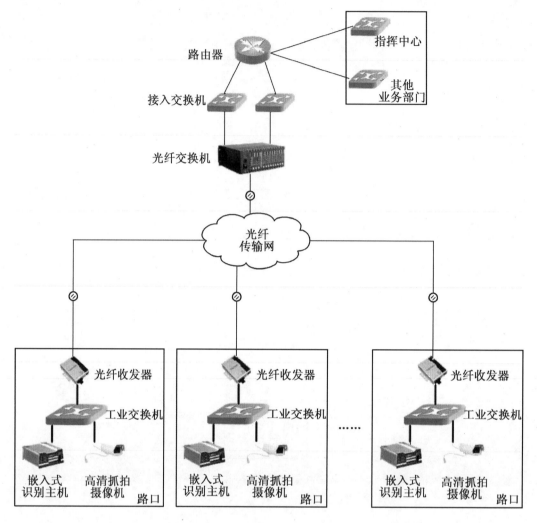

图 12.9　系统组网示意图

3. 中心管理平台

中心管理平台主要由设备接入、数据存储、集中管理和用户应用四大块组成。主要实现前端数据的接收与存储、前端设备的管理、数据的应用等功能。在中心系统中可以查看各设备实时上传的图片信息,实现对路面的实时图片监控。通过客户端可以完成设备参数的设置,实现远程升级和系统维护。根据用户黑名单,实时将前端上传的图片与黑名单库比对,发现布控车辆后通过软件界面、声音、短信等方式报警。

中心管理平台组成如图 12.10 所示。

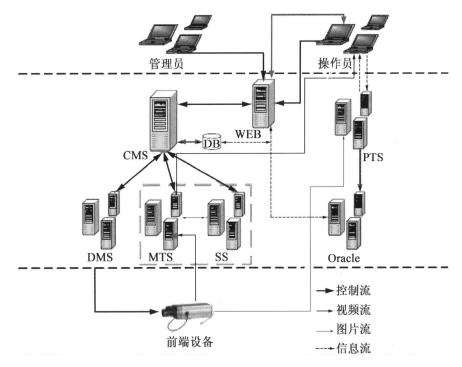

图 12.10　中心管理平台

12.1.2　卡口系统

高清卡口系统采用一体化高清摄像机,支持线圈、视频、雷达等多种触发方式,实现机动车图片抓拍、车辆号牌识别等车辆特征数据采集记录,能够对车辆超速等交通违法行为进行自动抓拍,并能进行车辆动态布控,对被盗抢、违法黑名单、肇事逃逸、作案嫌疑车辆进行报警。运行车牌识别、车身颜色识别和虚拟线圈检测等算法,实现号牌识别、车身颜色识别、车型识别、车标识别、车辆子品牌识别,以及未系安全带检测、打开遮阳板、接打电话检测和人脸特征图等功能,在此基础上可将大量的车辆信息通过大数据系统进行车辆信息研判,更准确地执行假套牌车分析、跟车关联性分析等业务开展。图 12.11 为高清卡口示意图。

雷达卡口系统主要结构与电子警察基本一致,中心管理子系统主要实现对前端设备进行远程管理、网络的监控、抓拍图像和数据的处理、可疑黑名单车辆的布控、图片和视频的集中存储、图片视频的关联以及违章车辆的处罚等工作,并充分考虑与其他交通管理软件系统的接口兼容问题。图 12.12 为雷达卡口同杆安装示意图。

卡口测速有双线圈测速、视频虚拟线圈测速、雷达测速等方式,雷达检测是根据多普勒原理:当雷达发射一固定频率的脉冲波对空扫描时,如遇到活动目标,回波的频率与发射波的频率会出现频率差,称为多普勒频率。根据多普勒频率的大小,可测出目标对雷达的径向相对运动速度;根据发射脉冲和接收的时间差,可以测出目标的距离。同时用频率过滤方法检测目标的多普勒频率谱线,滤除干扰杂波的谱线,可使雷达从强杂波中分辨出目标信号。所以脉冲多普勒雷达比普通雷达的抗杂波干扰能力强,能探测出隐蔽在背景中的活动目标。

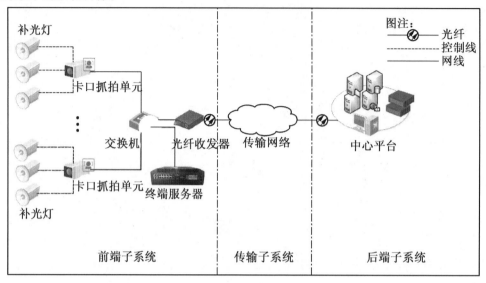

图 12.11　高清卡口系统示意图

使用雷达监测卡口,当车辆驶向卡口点位时,雷达反射波的频率会增加;当车辆驶离卡口点位时,车辆反射的雷达波频率会降低。雷达根据发射频率和接受频率的差异,判断检测区内是否有运动车辆进入,并计算出雷达发射频率和反弹频率之间的频率变化差值,依据特定的比例关系,即可精确地计算出被测车辆的速度。

卡口系统利用基于车辆模型的检测算法对过往车辆进行检测,可实现对车辆交通行为的检测,对逆行、压线、变道、违法停车等违法行为进行检测。通过视频分析技术可以及时发现违章或故障、事故停车行为,在车道或禁停区域出现停车现象,极易发生危险或引起交通阻塞,需要及时进行处理。车辆故障停车、违章停车、事故停车,需要通知相关部门尽快处理以恢复交通。

在桥面、隧道等车道线是实线的路段内,随意变线是一种违章行为,容易导致交通事故的发生,应该及时发现和处理。视频分析技术通过监测车辆的行驶轨迹,并与车道线进行比较,可以发现违章变线行为。

压黄线行驶:在交通法规中,压黄线行驶是一种严重的违章行为,应该予以严肃处理。视频分析技术通过监测车辆的行驶轨迹,并与黄色分隔线进行比较,可以有效地发现违章压黄线行驶的行为。

违章逆行:在交通法规中,逆行是一种很严重的违章行为,不但容易引起交通的混乱,也很容易引起交通事故的发生,应当及时发现、及时制止、及时处理。视频分析技术通过监测车辆的行驶方向,与正常行驶方向比对,可及时发现违章逆行行为并及时报警,提醒交通管理部门进行处理交通流拥堵分析,对道路上车辆拥堵的情况进行分析,或实现信号灯的最佳控制,以及时疏导交通流。对于通过视频分析的交通流拥堵分析,不以拥堵车辆具体数目为依据,而往往只需定性地确认其拥堵状态,以实现信号灯的自动控制,缩短畅通方向的绿灯时间,将拥堵方向的绿灯时间延长,有效地疏导车流,减少拥堵。

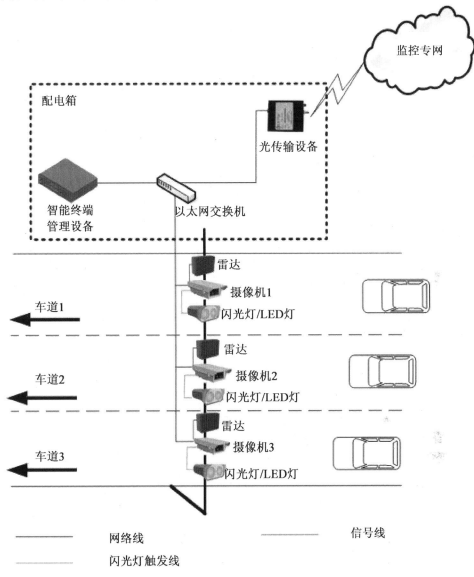

图 12.12 雷达卡口同杆安装示意图

占用公交专用道检测:对非公交车占用公交专用车道的行为进行检测,采用固定和移动方式对占用公交车道的行为进行检测,判断当前占用公交车道的车辆类型,并进行抓拍存储,能较好地保证和规范公交专用车道的使用,解决因其他车辆占用公交车道而引起的道路拥堵。

斑马线礼让检测:对车辆在斑马线前不礼让行人的行为进行检测,判断车辆在斑马线前是否减速礼让行人。如遇不礼让行人的情况,进行抓拍处罚,最大限度地规范车辆驾驶,保证行人人身安全。

12.2 停车管理系统

随着汽车保有量的迅速增加,停车供需矛盾也日益突出,研究停车场管理系统(小区门禁),实现停车场车位使用情况实时统计,发布停车场车位空余信息,解决找车位难、找车难问题。

12.2.1 IC 卡停车场出入管理流程

停车管理系统,利用智能 IC 卡(或蓝牙、远距离 IC 卡)技术管理车辆出入,系统由计算机、LED 收费显示屏、发卡器、读卡器(天线)收费记录打印机/报表打印机、摄像机(图像对比系统所需的附加设备)、控制器等组成。持有系统发行的有效 IC 卡的用户出入停车场时,经车辆检测器检测到车辆后,在出入口控制机读 IC 卡并判断卡的有效性,IC 卡有效,自动道闸的闸杆升起放行并将相应的数据存入数据库中;IC 卡无效,则不给予放行。对临时停车的车主,在车辆检测器检测到车辆后,按入口控制机上的按键取出一张 IC 卡,并完成读卡放行。在出场时,车主将临时卡交给值班人员读卡并交纳停车费用,无异常情况时道闸升起放行。停车场出入口示意图如图 12.13 所示,系统组成如图 12.14 所示。

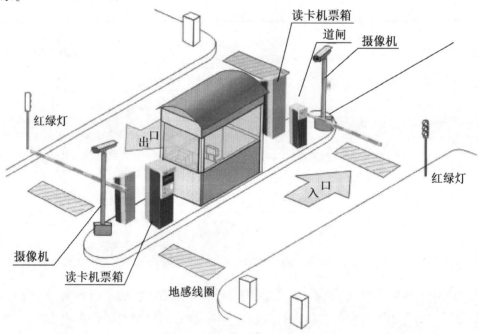

图 12.13　停车场出入口示意图

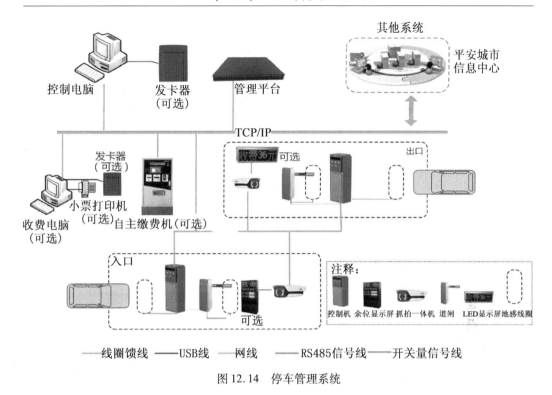

图 12.14 停车管理系统

车辆驶入进口通道准备进场时,直接取卡或刷卡,数据上传,校验卡号信息的有效性,停车流程如图 12.15 所示。

12.2.2 视频识别停车场出入管理流程

基于车牌识别的停车场管理系统,适用于对内部车辆开放的场所,固定用户的车辆在出入停车场时,出入口摄像机自动抓拍车辆的车牌。对于有效车牌的车辆,自动道闸的闸杆升起放行并将相应的数据存入数据库中。若为无效车牌的车辆,则不给予放行。适用于对所有车辆开放的公众场所,则车辆在入停车场时,入口摄像机自动抓拍车辆的车牌,保存车辆图片后,自动开闸放行;出停车场时,出口摄像机自动抓拍车辆的车牌,保存车辆图片后,与进入时的抓拍图片进行比对,比对通过后缴费,道闸自动开闸放行。

为有效地改善出入口由于取卡、缴卡、收费造成的拥堵,采用车牌号识别认证的方式代替传统的卡片认证,可有效地提高出入口车辆的通行效率。入口实现不停车入场,出口实现固定车辆及满足免费时段内的车辆不停车出场,收费车辆免缴卡刷卡直接缴费,并实现快速出场。

1. 视频识别停车管理入场流程

车主驶近停车场附近区域,查看余位指示屏,有足够车位时,车主驶向停车场入口。

车辆驶入车辆识别摄像机抓拍区域,触发抓拍地感线圈,摄像机识别车辆进行拍照。当前后车跟车较紧时,相机采用视频和线圈触发双检测模式,最大程度上保证后车车牌抓拍率。

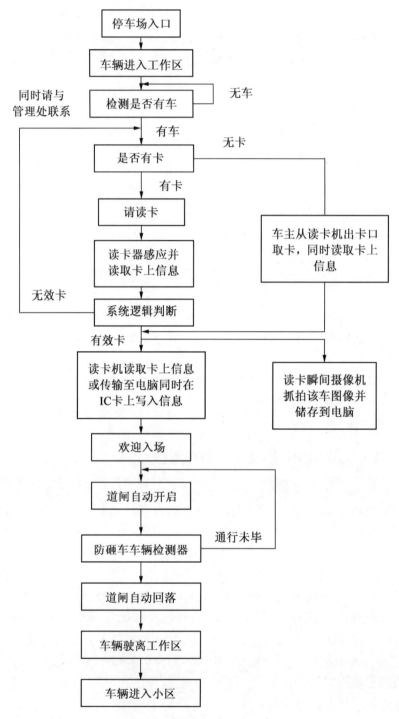

图 12.15 车辆驶入停车场流程图

车牌识别系统自动抓拍车辆的车牌号,根据内部算法,图像处理识别车辆的车牌号码、车辆颜色,记录入场时间,并上传平台。

显示屏显示该车的入场时间、有效期(贵宾卡或月租卡)、"欢迎光临"等提示语。

对于无法识别车牌的车辆进行车型特征、颜色识别,记录入场时间,并归入"特殊"列表,并在后台进行报警,管理人员可远程操作道闸起降或现场沟通。

整个过程自动完成,无须工作人员干预。车辆一直处于行驶状态,无须停车,快速入场。车辆入场识别流程图如图12.16所示。

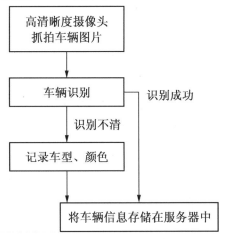

图 12.16　车辆入场识别流程图

2. 视频识别停车管理出场流程

车辆驶到出口处的摄像机抓拍区域,触发抓拍地感线圈,摄像机识别车辆进行拍照。

摄像机自动抓拍车辆的图像,识别出车牌号及车型并上传,然后通过检索数据库得出车辆信息,迅速做出比对处理。单相机情况下,如果跟车较紧,采用视频和线圈触发双检测模式,最大程度上保证后车的抓拍识别率;双相机抓拍情况下,则由平台通过算法匹配进出车辆的抓拍图片。

贵宾卡、月租卡、满足免收费时段用户,根据响应的收费规则收费。收费后道闸自动启杆放行。

临时车超过免费时间段,显示并播放车辆停放时间及收费金额,收费后道闸启杆放行。

对于无法匹配车牌的车辆,系统自动进行模糊查询,显示出推荐比对图像数字,则人工通过当前车辆与待选列表车辆进行匹配,配对成功后系统将自动结算该车辆的缴费金额;对于车牌识别不清的车辆,到"特殊"列表中查询,人工通过当前车辆与特殊列表车辆进行匹配,配对成功后系统将自动结算该车辆的缴费金额。图12.17为车辆出场缴费流程图。

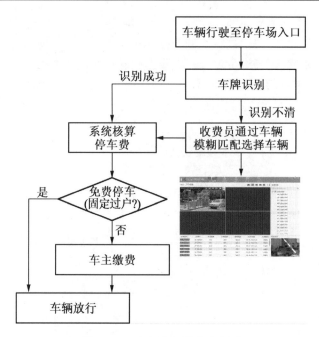

图 12.17 车辆出场缴费流程图

12.2.3 停车场车位引导

停车场管理的重点是车位引导系统,采用地磁探测器、微波、视频等技术采集车位空满信息,实时获知当前车场状况。系统统计所有出入口的车辆进出数量,计算车位空余情况,并根据车辆停放的历史数据,预测车位的空余量趋势,为高效管理提供有力的依据。

1. 地磁探测器法车位信息采集

地磁场强度为 0.5~0.6 高斯,方向由北指向南,具有大范围内均匀分布的特点。当较大的铁磁物体穿过磁场时,周围的磁场会产生扰动,产生畸变。地磁传感器是一种异向性磁阻传感器,工作原理是磁电阻效应,即对通电的金属或半导体施加磁场作用时,引起电阻值的变化的现象。对于强磁性金属(铁、钴、镍及其合金),当外加磁场方向偏离金属的内磁化方向时,金属的电阻减小,这就是异向性磁电阻效应(Anisotropic Magneto – resistive, AMR),并具有线性变化的特点,其中能够引起磁阻效应的方向称为敏感方向或者磁感应方向,电阻变化较大。异向磁阻效应的电阻率、电流 I 的方向和磁化强度 M 的方向的夹角 e 有关,如图 12.18 所示。其关系式如 12.1 所示。

$$\rho(\theta) = \rho_1(\theta) + (\rho_2 - \rho_1)cos^2\theta \tag{12.1}$$

式中 ρ_1——电流 I 平行于 M 的电导率;
ρ_2——电流 I 垂直于 M 的电导率。

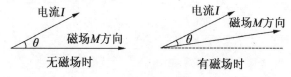

图 12.18 异向磁阻效应原理图

利用铁镍合金薄膜电阻率受磁场变化较大的特点制成的地磁传感器,检测地磁场信号,通过分析地磁信号变化情况判断是否有较大铁磁物质对磁场进行干扰。车辆等同于较大的铁磁物质,当车辆接近地磁检测器的检测区域时,通过分析磁场信号变化特征完成车辆的存在及运动方向判别,实现车辆检测。磁阻传感器是由4个磁阻构成的惠斯通电桥,当磁场变化时,电桥中电阻发生改变,信号调理电路检测到的电桥电压的值就可以反映当前磁场强度大小和方向。内部电路原理如图12.19所示。

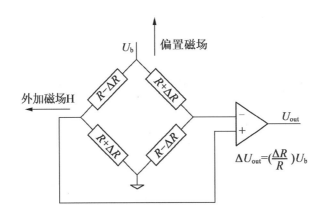

图 12.19 传感器的检测电路原理示意图

当有铁磁性物体通过检测器所在的特定区域时,相当于在电桥上施加了一个偏置磁场,使得两个相对放置的电阻条的磁化方向朝着电流方向转动,引起电阻阻值的增大;另外两个相对放置的电阻条的磁化方向背着电流方向转动,引起电阻阻值的减小,这样打破了惠斯通电桥的平衡,并将磁场的变化转换成差动输出电压,该输出电压可表示为

$$U_{\text{OUT}} = \frac{\Delta R}{R} U_b \tag{12.2}$$

其中 R 为薄膜电阻,ΔR 为阻值的相对变化量,U_b 为传感器工作电压。

通过对电桥输出信号的放大、调理、采样就可以得到传感器感应方向上的磁场变化信息,从磁场的变化或畸变中检测出含有铁磁性材质的物体。汽车对于地磁场的扰动主要是车辆的发动机和车轮等铁磁物质影响较大,而车辆内部、车顶和后备厢等其他位置铁磁物质含量较少、相距传感器较远,产生的地磁扰动可以忽略。一般通过地下埋设单轴地磁传感器检测车辆,通过观察磁场的变化,来确定通过车辆的存在和方向。地磁传感器检测到的磁场强度与车辆距离最远可达 15 m,随车辆铁磁物质含量的不同而不同。

利用磁阻传感器感知车辆对地磁场的扰动,通过对周围磁力线的变化特征分析处理,实现车辆检测。并可对检测到的地磁信号的扰动曲线做深度分析,实现车型识别。图 12.20 为典型的无线地磁车辆检测原理示意图,通过 AMR 惠斯通电桥采集地磁场变化信号,经信号调理电路处理后,由处理器完成信号采样及逻辑判断,并由射频收发器将检测信息发送给无线接收器。

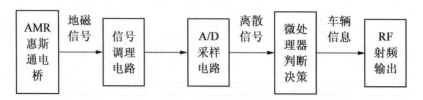

图 12.20 无线地磁车辆检测器原理框图

无线地磁探测器安装位置灵活、操作简单,地面破坏小,节约施工布线成本。具有防水、防雪、防腐及抗干扰能力强的特点,雷雨天可正常使用。图 12.21 为系统工作流程图。

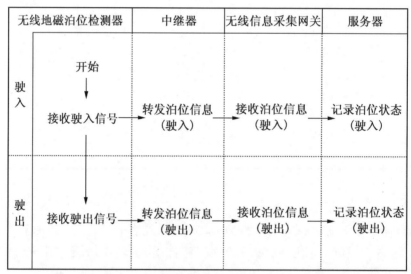

图 12.21 路边停车场无线泊位检测系统工作流程

无线地磁接收器主要实现对前端设备地磁车辆探测器的信号进行接收,并与数据中心通过以太网口、无线 Wi-Fi、移动联通 3G 网络等进行连通。图 12.22 为无线车位探测系统。

2. 声波车位信息采集

根据超声波测距的原理,检测车位状态的原理图 12.23 中,

$$L = vt/2$$

式中 L——超声波探头到反射面的距离;

t——发射超声波与接收超声波的时间间隔;

v——在空气中的传播速度。

在每个车位的正上方安装超声波探测器,超声波遇到汽车顶部反射后接收的时间,比遇到地面反射后接收所需时间短。如果系统检测到车位上有车停放,指示灯则红灯亮,车辆离开则绿灯亮,结合 LED 屏显示车位数,车位空余情况一览无余。图 12.24 为车位空占/显示图例。

12.2.4 反向寻车系统

大型停车场范围大、车辆与通道多，停车与离开时难以尽快找到停车位置，反向寻车系统可以帮助车主尽快找到车辆停放的区域和停车位，系统由视频车位检测、区域空位引导屏、查询机、管理中心等组成。停车时根据引导屏提示尽快找到车位，视频检测车辆拍照识别后录入系统，车主离开车时，通过 APP、反向寻车机等方式检索车牌号码，并提供到达车位路径，其使用流程如下。

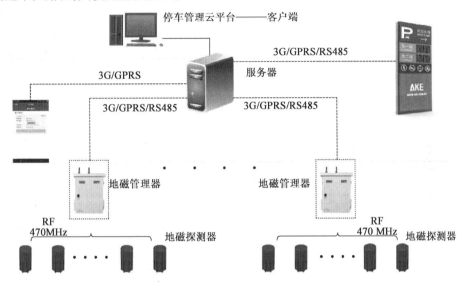

图 12.22　无线车位探测系统

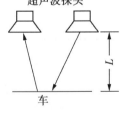

图 12.23　超声波检测车位状态原理图

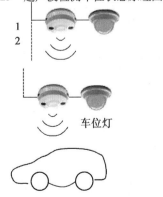

图 12.24　车位空/占显示图例

①停车场入口显示空余车位,车辆驶入。

②根据指引,选择合适的区域、通道、车位,空车位指示灯显示绿色;车辆停放,指示灯显示红色,视频识别车辆拍照信息,上传至服务器,系统车位统计管理。

③离开停车场,通过自动查询机等寻车。

④输入完整车号或局部车号,系统进行模糊或精确查询。

⑤车主找到车辆后,可点击车辆对应的照片,系统显示当前车主至车辆的线路图及相关停车位信息,以供车主前往取车。

12.3　物　联　网

MIT Auto – ID 中心主任 Kevin Ashton(物联网之父)教授1999年在研究 RFID 时最早提出物联网概念,即在互联网的基础上,利用 RFID、无线数据通信等技术,构造一个连接所有物体的"Internet of Things"。利用 RFID 技术,通过计算机互联网实现物品的自动识别和信息的互联与共享。

在2005年 ITU 互联网报告中,认为物联网是"通过二维码识读设备、射频识别(RFID)装置、红外感应器、全球定位系统和激光扫描器等信息传感设备,按约定的协议,把任何物品与互联网相连接,进行信息交换和通信,以实现智能化识别、定位、跟踪、监控和管理的一种网络"。根据2011年工信部电信研究院《物联网白皮书》,物联网是通信网和互联网的拓展应用和网络延伸,它利用感知技术与智能装置对物理世界进行感知识别,通过网络传输互联,进行计算、处理和知识挖掘,实现人与物、物与物信息交互和无缝链接,达到对物理世界实时控制、精确管理和科学决策的目的。

12.3.1　汽车电子标识

汽车电子标识(Electronic Registration Identification of the Motor Vehicle)是标识汽车身份的超高频 RFID,辅以电子标签防拆卸、防复制设计,可实现车辆身份信息精确识别。电子标识具有精准识别、识别速度快、受环境影响小、识别率高等优点,将作为车辆的电子"二代身份证"。汽车电子标识系统是物联网技术与智能交通的完美结合,汽车电子标识整体解决方案如图12.25所示,包含5层1体系 +1 交互,"5层"为感知层、网络层、基础应用层、资源平台层、业务平台层,"1体系"为安全体系,"1交互"为第三方交互。

电子标识系统与物联网、GIS/GPS 技术、多媒体技术、云存储等技术,通过在关键节点设置的天线(读卡器终端),为车辆的通行需要的停车、门禁、ETC、身份识别等提供支持。表12.1是该系统的一些运用举例。

第 12 章 ITS 典型应用

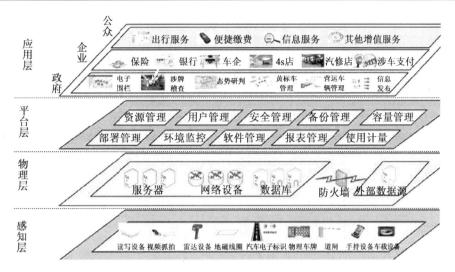

图 12.25 汽车电子标识整体解决方案

表 12.1 应用举例

应用场景	功能小类	服务内容
行政管理	治安侦查	假/套牌稽查等车牌防伪类监测
		卡口监控、电子篱笆管理
		车辆盗抢、肇事逃逸追查
		区域交通动态管制
		路查路检
	交通违章管理	车辆年审
		交通驾驶违章
	交通流量监控	路网交通流量监测
		交通诱导
		交通信息发布
	区域拥堵管理	区域拥堵收费
	交通运输管理	出租车资质及营运监控
		客运车辆运政管理
		货运车辆运政管理
		公交车运营管理
		特种车辆运输管理
	交通规费征收	营运费征稽
		车船税征稽
		路桥费
	汽车尾气监测	环保换绿标

续表 12.1

应用场景	功能小类	服务内容
车辆应用	门禁	区域车辆出入管理
		停车场出入管理
	保险	强制险履保监控管理
		受保车理赔协查核实
	汽车电子商务	一卡通小额支付
		加油自动收费
公众服务	交通信息服务	交通信息发布
		公共交通出行信息服务
		车辆信息查询
	增值业务服务	汽车电子商务信息查询、涉车消费优惠服务信息

1. 汽车电子围栏

面向公安多警种,基于大范围、高密度、长时段路网个体通行车辆信息,集成视频智能分析,关联车辆档案信息(如:公安信息资源平台/公安交通管理综合应用平台)、嫌疑车辆信息(如:综合管控平台/信息平台)及其他公安技侦协查手段(如:手机电子围栏/网监/旅馆登记),通过多维研判模型,进行车辆特征和通行行为深度分析,深化车辆画像,进行显性监管和隐性排查,围绕重点车辆监管、交通违法查控、涉案嫌疑车辆筛查预警,实现车辆监测、筛查、布控、跟踪、预警等路面车辆打防管控的大数据业务实战应用。

2. 停车服务管理

以停车管理职能部门(交委/建委)、运营企业和社会公众为用户群,整合城市停车信息资源,向停车管理职能部门提供停车运营监测分析,为有效调配停车资源提供决策支持;向停车企业管理层提供停车运营监测分析,为有效组织停车资源运营推广提供决策支持;向社会公众提供停车信息服务,包括:车位共享信息发布服务、车位查询/预订服务。

3. 涉车收费管理

涉车收费包括停车收费、路桥收费等。基于汽车电子标识的停车收费,通过记录车辆进出停车场的时间,根据车辆类型、费率,自动扣费和放行,可大大提高车辆进出效率,实现停车位利用率和剩余停车位自动统计分析等功能,联网的停车位信息可以通过 APP 等方式显示,收费透明,服务政府,惠及百姓。基于汽车电子标识的高速公路、桥梁、隧道收费,系统通过判别道路二义性,分析通行时间、收费里程,实现后台自动划账和清分结算等功能。相比 ETC 不停车收费,车辆可不减速通过收费点,系统也可承载更多的延伸功能。

汽车电子标识作为车辆的唯一身份,还可在加油、车险、洗车、修车等众多领域的管理、服务、支付环节发挥重要作用,从而提升服务效率和服务水平,方便公众出行。

4. 环境保护管理

通过在黄标车限行区、禁行区周边建设识读基站,在环境监控中心搭建黄标车运行监测平台,可根据交通、天气状况以及禁限行时段、车辆类型等规定,对闯入禁行区和限行区的车辆信息进行记录和交通处罚。运行监测平台获得的车辆通行数据,结合车辆年检的尾气排放数据,可以精确计算区域内汽车尾气排放总量。

拥堵收费是对进入拥堵区域的车辆,根据车辆类型、停留时长等因素对其进行扣费,使用经济手段调控高峰时段拥堵区域的车流密度,减少车辆进入限定区域的数量,提高公交出行率,提升道路通行效率,改善限定区域大气环境。

对于公交车、警用车、救护车等特种车辆,区域内家庭或单位用车,系统可自动识别,减免收费。

5. 公共安全管理

汽车电子标识系统可与视频智能分析系统结合,通过比对所识别的物理车牌,对号牌遮挡、污损、套牌、假牌、无牌车辆准确识别并给出预警,以便公安交通指挥中心基于时间、地点、车辆类型等条件,快速获取嫌疑车辆行驶轨迹、出行规律或当前位置,从而进行跟踪、布控。

通过对超速、盗抢、肇事逃逸以及轨迹异常等嫌疑车辆进行分析,挖掘伴随车辆,健全和完善社会治安防控网络体系,建立起"快速发现、精准定位"的高效运行机制,提升反恐处突能力,减少涉车案件,提高侦破效率,促进社会稳定。

6. 交通大数据管理

汽车电子标识系统的应用将开启交通领域真正的大数据时代,推动"互联网+"在交通领域的应用。系统产生的海量涉车数据,可以实时分析车辆出行时空分布,实现更精准的交通态势研判和预测,从而支撑政府交通部门的决策,服务公交、出租、货运等行业监管和企业运营,满足公众对交通信息服务的需求。通过搭建业务平台,与政府部门、行业机构、保险、车厂、大型商店等共享信息,利用大数据技术,可以为各级政府部门、各行各业提供多种增值服务,为驾驶员提供吃住行游乐购全方位的优质服务。

7. 汽车电子标识+视频卡口的应用

"汽车电子标识+视频卡口""汽车电子标识+非现场"可实现视频提取到的物理车牌信息与RFID采集到的电子车牌信息融合比对,快速识别假牌、套牌、无牌、污损号牌等违法行为,同时克服了视频在雾霾、雨雪、光照不足、夜间等场景下识别率不高的问题。

8. 汽车电子标识+公交优先的应用

"汽车电子标识+公交优先"通过布设的汽车电子标识读写设备准确验明公交车"身份"信息后,由路口信号控制机及控制中心信号控制系统实时判断公交车的运行线路、路口转向、抵达时间等信息,通过动态延长绿灯通行时间或缩短红灯等待时间等方式,为公交车通行提供信号优先控制。

12.3.2 车联网系统

根据中国物联网校企联盟的定义,车联网(Internet of Vehicles)是由车辆位置、速度和路线等信息构成的巨大交互网络。通过 GPS、RFID、传感器、摄像头图像处理等装置，车辆可以完成自身环境和状态信息的采集；通过互联网技术，所有的车辆可以将自身的各种信息传输汇聚到中央处理器；通过计算机技术，这些大量车辆的信息可以被分析和处理，从而计算出不同车辆的最佳路线、及时汇报路况和安排信号灯周期。

车联网从整体架构上可以划分为感知层、网络层和应用层 3 个层次，如图 12.26 所示。车联网的感知层主要是指各种智能传感器，是可以实现车辆内部、车辆之间、车辆与网络之间通信的智能终端，其主要功能是采集车辆信息、感知车辆行驶状态及周围环境。车联网网络层是负责实现感知层信息的广域网信息传递。即建立车与车、车与路、车与人、车与网络的互联互通，通过有线、无线通信方式实现车辆与网络应用层的实时信息传输。车联网应用层是车联网的应用核心，与车辆相关的各类应用层均可以涵盖在其中，如智能车辆驾驶、道路导航、物流运输、4S 车辆服务、汽车修理和保养、紧急道路救援等。

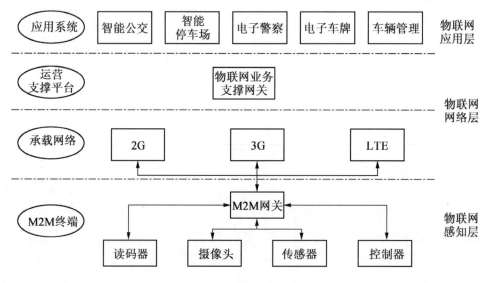

图 12.26　车联网系统整体架构图

车辆以队列行驶可以降低空气阻力，提高燃油经济性，然而驾驶人保持极小安全车距受驾驶能力限制。日本新能源产业技术综合开发机构（NEDO）于 2013 年 2 月 25 日，在产业综合研究所筑波中心北场地（日本茨城县筑波市）的测试道路上公开展示了通过转向控制和速度控制实现多辆卡车自动驾驶、短车距列队行驶的技术成果，4 辆卡车实现了时速 80 km/h、车距为 4 m 的列队行驶。NEDO 表示，缩短车距可以减少中间车辆受到的空气阻力，使队列行驶的 4 辆卡车的平均燃效提高 15% 以上。

队列行驶的前车手动驾驶，随动车辆通过立体摄像机、激光雷达识别前车与本车的横向偏移，控制装置自动地控制转向。车间通信采用 5.8GHz 无线通信模块和红外线通信模块，前方车辆的速度和加速度信息传递给随动车辆，根据前方车辆信息和车距进行控制（CACC）。图 12.27 表示 CACC 系统构成图。

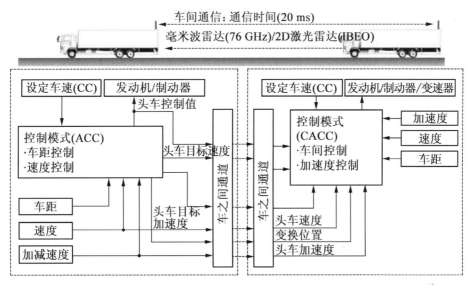

图 12.27 CACC 系统构成图

参考文献

[1] 严新平,吴超仲. 智能交通运输系统——原理、方法及应用[M]. 武汉:武汉理工大学出版社,2014.
[2] 曲大义,陈秀锋,魏金丽. 智能交通技术及其应用[M]. 北京:机械工业出版社,2011.
[3] 卫小伟. 城市智能交通控制系统研究与设计[J]. 现代电子技术,2010,(17):189-192.
[4] 李超龙. 基于 RFID 的车位感知模型研究及智能停车管理系统的设计与实现[D]. 北京:北京邮电大学,2015.
[5] 刘永祥. 基于视频检测的电子警察前端系统研究与设计[D]. 武汉:武汉科技大学,2010.
[6] 胡珉恺. 高清电子警察系统的分析与设计[D]. 长春:吉林大学,2014.
[7] 冯旸. 智能交通中电子警察系统的设计与实现[D]. 西安电子科技大学,2013.
[8] 唐震. 面向城市公共安全的高清治安卡口系统设计及应用研究[D]. 上海:上海交通大学,2014.
[9] 李超龙. 基于 RFID 的车位感知模型研究及智能停车管理系统的设计与实现[D]. 北京:北京邮电大学,2015.
[10] 王强. 智能停车管理系统的设计与实现[D]. 北京:北京交通大学,2016.
[11] 郭腾. 智能停车管理系统的研究与设计[D]. 北京:北方工业大学,2015.
[12] 蒋新华,陈宇,朱铨,等. 交通物联网的发展现状及趋势研究[J]. 计算机应用研究,2013(08):2256-2261.

[13] 李野,王晶波,董利波,等. 物联网在智能交通中的应用研究[J]. 移动通信,2010(15):30-34.

[14] 张青焱. 物联网技术在智能交通中的应用[D]. 北京:北京邮电大学,2011.

[15] 王建强,吴辰文,李晓军. 车联网架构与关键技术研究[J]. 微计算机信息,2011(04):156-158,130.

[16] 苏静,王冬,张菲菲. 车联网技术应用综述[J]. 物联网技术,2014(06):69-72.